古代日本語と現実の諸様態

私たちの歩いてゐる道は、道ではなくて桟橋ですから、どこかでそれが終つて、海がはじまるのは仕方がございませんわ。

『春の雪』

序説　モコソ・モゾと基本形終止

一

古代日本語を対象に、文に言語化された事態と現実世界がどのような関係にあるのかを考える。その際、本書の関心の中心は、文事態が現実世界と関わる三つのあり方—事実・非事実・反事実—のうち、複数に跨って事態を構成することのある言語形式である。以下、別段、目新しい定義でもないけれど、事実・非事実・反事実の別に触れておく。

まず、事実とは「現実世界にその姿を現したことが、言語主体によって知られている事態」を言う。その事態は完了していてもよいし、していなくてもよい。或いは一般論的なものでも構わない。また、上述の「知られている」とは、言語主体自身の体験なので「知られている」という場合もあれば、体験はしていなくとも、現実世界がその事態の存在することを前提している場所であるために、現実世界の一員たる言語主体も何となくその存在を受け容れており、そのことを「知られている」と称する場合もある。続く非事実と反事実は、「事実ではない事態」の中にさらに設けられた区分である。後者の方が話が単純で、「現実世界にその姿を現していない、もしくは、今後とも現しえないことを、言語主体が知っている事態」を反事実の事態と呼ぶ。一方、非事実とは、「現実世界にその姿を現したかどうか、言語主体が知らない事態」及び「未だ現実世界にその姿を現していないことを、言語主体が知っている事態」の双方がそれに該当する。

文に構成される事態が、かかる事実・非事実・反事実のどこかに跨る言語形式というのは、それほど珍しいものでもない。したがって、これから本書が主たる考察対象とするのは、それらに亘って事態を構成するという観点から分析されることによって、その理解が更新されるような言語形式である。そんな例の一つに、本章において扱われる次の如き文がある。

(a) 少将のもとより御文あり。「いかにぞ。よべの縫さしものは。腹又立ちいでずや。いと聞かまほしくこそ。……」とあり。……「腹はけしからず。人もこそ聞け。……」とあれば、（落窪　一）

(b)「まめやかには、夜などあなたにあらむ折は用意したまへ。けしからぬものなどはのぞきもぞする。……」（和泉）

(c) 母北の方うしろめたく思して、「などかまづ見えむとは思ひたまふまじき。我は、心地もすこし例ならず心細き時は、あまたの中にまづとり分きて、ゆかしくも頼もしくもこそおぼえたまへ。……」（源氏　若菜　下）

(d) 又の日かへりごとあり。「よろこびて」などありて、いと心ようゆるしたり。かのかたらひけることのすぢもぞ、この文にある。（蜻蛉　下）

これらは、いずれも文中にモ＋コソ、或いは、モ＋ゾという係助詞の連接を持ち、動詞の基本形によって終止している。なお、ここに基本形というのは、助動詞等を伴わぬ動詞単独のかたちのことで、以下、それぞれを

「モコソ基本形」「モゾ基本形」と称する。本書の確認した用例数はモコソ基本形が一九例。(1)なお、モコソ基本形には、述語が現れないもの（後出の用例(m)など）、述語にル・ラルを伴って受身を意味するもの（後出の用例(i)など）が含まれている。述語が現れぬ例に関しては、それが述語を持つとすれば基本形になったのではないかと考えられる。一方、ル・ラルの場合、よく知られるとおり、受身とは動詞の自他の延長線上に連なるカテゴリーである。それゆえに、ル・ラルを伴って受身を意味するものも基本形というものの外延に含めることが許されるであろう。なお、本書の調査の範囲内でモゾ基本形にはこのような例を見なかった。しかし、そのことによってモゾ基本形とモコソ基本形との間に有意の差が見出されるわけでもない。

モコソ基本形とモゾ基本形に関しては、「将来の事態を予測し、危惧する表現」と見るのが通説的理解と言えるであろう。(2)その理解のとおり、これらが「将来の危惧」を意味する文であるならば、そこに言語化されている事態は、当然、非事実ということになる。たとえば(a)で、落窪の君は、継母・北の方を悪く言う手紙を寄越した少将に返事を書いている。今後、そのような手紙が人目に触れる可能性がないとは言えず、そうなったら厄介なことになると抗議するものである。ゆえに、このモコソ基本形に言語化される「人が手紙を目にすること」とは、その実現が危惧される非事実との解釈が可能だろう。(b)は、帥宮が和泉式部に宛てた手紙であるが、この先、宮邸に移った後は人に覗かれるかもしれないので、その点に注意が必要である旨、述べられている。ここでもモゾ基本形が言語化する「人が覗くこと」という事態は、言語主体がその実現を危惧する非事実なのである。

しかし、同じモコソ基本形・モゾ基本形でも、(c)(d)の場合は事情が異なる。(c)は、病中の柏木が落葉宮のもとに滞在して自分の側にいないことを、柏木の母が咎めるものである。ここでのモコソ基本形「ゆかしくも頼もしくもこそおぼえたまへ」とは、柏木の母が柏木に会いたいと思い、頼りに思っていることの云いであるから、この事態は既に実現した事実である。また「危惧」の解釈とも無縁であろう。一方、(d)のモゾ基本形「かのかたらひけることのすぢもぞ、この文にある」は、この(d)より前の部分に記載される「禅師と兼忠女の会話の様子」が、兼忠女からの手紙を情報源としていることを注記するものである。(d)は地の文の例であるから、時制的なことを言い出せばいろいろと議論にもなりそうではあるが、少なくとも「兼忠女からの手紙に書いてあること」という事態が既に実現した事実であることは確かだと言える。むろん「危惧」の読みも成り立ちえない。

　このように、モコソ基本形とモゾ基本形には、「将来への危惧」という解釈が可能な非事実の例と、そうは解しえない事実の例が存する。本章は、かかるモコソ基本形・モゾ基本形が、言語主体のいかなる判断に対応した文であるかを考えるものであるが、その既説についてもう少し細かく見ておくことにする。

　まず、通説的理解であるが、その枠内にも多少の差異は見出される。たとえば「危惧」ではなくて「期待」と解すべき例の存在を指摘するもの[3]、「期待」の解釈を否定して「危惧」での統一を試みるもの[4]、また「危惧」「期待」等の「情意的意味」は「語用論的なレベル」で扱われるべきとして「予測」に重点を置くもの[5]等。しかし、これらは、先掲(c)(d)のような例を除外することによって存立する論である。(c)(d)等の事実を構成するタイプには、危惧・期待・予測のいずれであろうと、通説的理解が適用しえないことに変わりはないのであった。では、そうした(c)(d)の如きは、通説的理解の中でどのように扱われているのだろうか。たとえば、(c)は「ゆかしくも頼もしくも」とあって、モが「並列」されたかたちになっている。モコソのモは「極端」な例を示すモがその本来であるとの指摘も存するから[6]、その限り「並列」のモは異質ということになるのかもしれない。けれど、その「極端」や「並列」は「合説・添加」などと称されるモの最も一般的な意義と、どの程度異なっているのか。「極端」や「並列」を独立した類と見なす可能性もあろうが、同様に、現象上の小異として「合説・添加」に一括される可能性もある。「並列」ゆえに自明に例外を生じさせるとは言えないのである。一方の(d)のようなタイプに関しては、モコソと述語の間に他語が介在するものは通説的理解が成立しないとの見解が見られる。(7) それをモゾにも適用すれば、或いは(d)が例外になる理由が説明されるのかもしれない。しかし、そのような主張においては、「いとにくさげなるむすめども持たりともこそ見侍れ」（枕草子　一〇〇）の「見侍れ」を「見る」と「侍り」で二語とするかたわら、「神などは目もこそとめ給へ」（源氏　葵）の「とめ給へ」は「補助動詞が添えられたにほかなら」ないとして一語とされている。このように「他語介在」を認定する基準が説得的ではないのである。

以上の如く、モコソ基本形とモゾ基本形には、通説的理解が適用しえない例が存し、それらは通説的理解の枠組において例外とされるものの、そのことにもっともな説明があるわけではなかった。そうであるならば、そのような例外を生じさせる解釈自体を問い直してみてもよいであろう。つまり、通説的理解とは、一部の例がたまたまそうも読めたにすぎず、本当は例外が例外でなくなるような包括的な解釈があるのかもしれないということである。さらに、この点に加えて通説的理解にはもう一つの問題があるかと思われる。即ち、これまでモコソ基本形とモゾ基本形の差異はほとんど明らかにされていない。(8) けれども、両者からは、異なった助詞コソ・ゾが析出される。むろんそうであるからと言って、必ず両者に差異が生じるとも言えまいが、少なくともそれを探っておく必要はあろうと思う。

以上をふまえつつ、次節以降、モコソ基本形・モゾ基本形に関して、本書の観察したところを述べていく。

二

モコソ基本形とモゾ基本形の性格を考えるにあたって、それぞれの言語主体が対者と取り結ぶ関係のあり方に着目したい。もう少し具体的に述べれば、モコソ基本形・モゾ基本形は、言語主体が対者に向けていかなる発話をなす際に現れる文であるのかということで、以下、その検討を行う。よって本節では、対者の存在が明らかな（「心内文」や「地の文」ではない）例が扱われる。[9] まずモコソ基本形の例から示す。

(e) わらはなる子の言ふやう、「すべて上のあしくしたまへるぞ。何しに部屋にこめ給て、かくをこなる物にあわせんとしたまひしぞ。いかにわびしくおぼしけん。御むすめども多く、まろらも行さき侍れば、行きあい来あい、聞こえ触ることもこそあれ。いみじき事なりや」とおよすげ言へば、北の方、「やつはいづち行くともよくありなんや。行きあふともわれらが子どもいかがせん」といらへ給ふ。（落窪　二）

(f) 仲忠、「ただ今、わづらひにて侍り。えまかでで、せめて隠れ所を求むるに、ただ、ここに候はむのみなむ、心安かるべき」兵衛、「あなむくつけや。過ちしたらむ人をば、いかで隠さむ。言ひ懸けもこそし給へ」（うつほ　内侍のかみ）

(e)は、落窪の君の脱出後に継母・北の方とその実子・三郎君との間でなされた会話。(f)は、帝から琴を弾くよう迫られた仲忠が、兵衛の局に逃げ込んできたという状況である。それぞれの点線部に明らかなように、(e)と(f)において、モコソ基本形の言語主体は対者を非難するものと考えられる。(e)の三郎君は落窪の君を脱出にまで追い込んだ北の方の虐待を、(f)の兵衛は帝からの避難先にとやってきた仲忠の迷惑さを、それぞれ非難しているわけである。この「言語主体による非難」ということは、先の(a)においても同様に認められるので、次に再び引くこととする。

(a)　少将のもとより御文あり。「いかにぞ。よべの縫さしものは。腹又立ちいでずや。いと聞かまほしくこそ。……」とあり。……「腹はけしからず。人もこそ聞け。……」とあれば、（落窪　一）

点線部に端的であるが、ここで落窪の君は、少将からの手紙に北の方の悪口が書かれていたことを非難しているのである。

ここまでに見たモコソ基本形は、言語主体によって対者が非難される際に現れる文であった。一方のモゾ基本形はいかがか。次にその例(g)(h)を引き、類例の(b)も再掲する。

(g)　さて、このもとよりの人の聞くに、え気色ばみてはいはで、「おのが身はいとくちをしく、妹もなければ、この琴弾きたまふは、妹背山にやは頼みたまはぬ」と、男いへば、琴弾く女、「われも、兄なきわびをなむする。寄せむかし」といへば、……朝に文どもやるとて、

くづれすな妹背の山の山菅の根絶えばかるる草ともぞなる（平中　一九）

(h)　「……すこし思し慰みなむに、知らざりしさまをも聞こえん。憎しとな思し入りそ。罪もぞ得たまふ」と御髪を撫でつくろひつつ聞こえたまへば、（源氏　総角）

(b)　「まめやかには、夜などあなたにあらむ折は用意したまへ。けしからぬものなどはのぞきもぞする。……」（和泉）

見られるとおり、それぞれの点線部は命令表現であって、モゾ基本形の言語主体が対者に何らかの事柄の成立

を求めていることがわかる。個々に即して述べれば、(g)の平中は、女に対して「兄と妹のような関係」という建前を崩さぬよう求めている。この女は、平中がもともと通っていた女の親戚に当たるため、人目を憚る必要があった。(h)では、中君が匂宮と関係を持たされたことを恨みに思い、そんな中君に対して大君が、自分を憎むことのないよう諫めている。(b)は、先述のとおり、帥宮が和泉式部を自邸に迎える際、邸内は人に覗かれる危険があるので注意が必要と述べるもの。以上、これらのモゾ基本形は、言語主体が対者に事柄の成立を要求する際に現れる文と考えられるのである。

ここまでにモコソ基本形とモゾ基本形における、言語主体／対者の関係を確認した。モコソ基本形の場合、その言語主体は対者の言動を非難しており、また、モゾ基本形では、言語主体が対者にある事柄の成立を要求していた。そのような環境にあって、モコソ基本形とモゾ基本形はいかなる機能を果たしているのか。そこで、モコソ基本形で表される事態をX、モゾ基本形で表される事態をYとし、Xと「非難されている事柄」、Yと「成立が要求されている事柄」の関係に着目してみると以下の如くである。

モコソ基本形の場合、言語主体が非難している事柄は、Xに対する配慮を欠き、そのために非難の対象となっている。たとえば(a)の「北の方のことを悪く書いた少将の手紙」は【手紙の内容を人が知ること】への配慮を欠き（【　】内にX、Yの概要をまとめる。逐語的な正確さを期すものではない）、それゆえに落窪の君は少将を非難するのである。(e)(f)も同様で、(e)の場合、北の方の「やつは」以下の応答をふまえると、ここで三郎君が気にしているのは、落窪の君が権勢を手にした際、北の方の実子に報復する可能性が否定できないということであろう。「北の方の虐待行為」は、その【権勢ある落窪の君が、北の方の実子に報復すること】への配慮なく既に成立してしまったのであり、ゆえに、三郎君からの非難を受けるわけである。また、(f)の兵衛が「仲忠が帝から逃れて局にやって来たこと」を非難するのは【仲忠を匿った兵衛までが言いがかりをつけられること】への配慮がなされていないからにほかなるまい。このように、モコソ基本形の言語主体は、対者にXへの配慮がないことを問題視して批判を行うのだから、Xは、言語主体にとって「配慮される必要がありながら、それがなされていない事態」であると言える。そのように把握された事態は、モコソ基本形というかたちで言語化されるのであるから、モコソ基本形の表現機能も事態のそうした性格の提示に求めることができよう。

他方、モゾ基本形において言語主体が成立を要求する事柄は、Yに対する配慮の結果に当たり、それゆえにその成立が求められている。(b)の和泉式部が「宮邸での心用意」を要求されるのは、それが【人が覗くこと】を配慮した結果に当たるからである。(g)において【枯れ草となること＝平中と女の関係が絶えること】を配慮し、それを回避するためには、平中が女に求めた「兄と妹のような関係という建前を崩さないこと」が重要であろう。「もとよりの人」が二人の関係に不審を感じた場合、それに対して主張する口実は少なくとも確保され、それによって関係の妨害を防ぐことができるかもしれないからである。(h)では深く物を思いつめると来世への罪業を作るという発想のもと、【中君が来世への罪業を得てしまうこと】に配慮して、大君を憎まないよう求められている。以上のとおり、モゾ基本形の言語主体は、ある事柄がYへの配慮の結果に当たるがゆえに、対者にその成立を要求している。したがって、Yとは言語主体にとって「今後、配慮される必要がある事態」ということになるであろう。そして、そのように把握される事態はモゾ基本形によって言語化されているのだから、モゾ基本形の表現機能もそうした事態の性格を提示することに求められるのである。

確認してきたように、モコソ基本形とモゾ基本形の言語主体は、その表すところの事態に配慮を要すると考え、かつ、現時点でその配慮がなされているとは思っていない点で共通する。しかし「いま、配慮がないこと」に関わるか、「今後、配慮があること」に関わるかによって両者は分かたれるのである。つまり、モコソ基本形は、言語化時点で配慮がなされていないことを非難するのに対し、モゾ基本形は現状を問わない。その先、即ち、言語化時点以降に配慮がなされることを要求するのであった。

モコソ基本形・モゾ基本形に関して、ここまで述べてきたことを定義のように示しておく。

・モコソ基本形の言語主体は、モコソ基本形に言語化される事態への配慮が必要であると考えているが、現状においてそれがなされていないことを非難する。モコソ基本形は、かかる言語主体の判断を表す文である（以下、「無配慮・非難」と略称する）。

・モゾ基本形の言語主体は、モゾ基本形に言語化される事態への配慮が必要であると考え、今後、それがなされることを求める。モゾ基本形は、かかる言語主体の判断を表す文である（以下、「配慮・要求」と略称する）。

この規定が、本節で扱った、対者の存在が明らかなもの以外の例等、モコソ基本形・モゾ基本形の全体に妥当するのかどうか、次節において確認しなければならない。

三

【モコソ基本形】

（i）この障子は、とみのことにて、開けながら下りにけるを思ひ出でて、人もこそ見つけて騒がるれと思ひければ、まどひ入る。（源氏　蜻蛉）

ある所に、せ教し侍ける法師のずそうばらのゐて侍けるに、すだれのうちより花をりてといひ侍りければ　寿玄法師

(j)　いなをらじつゆにたもとのぬれたらば物思ひけりと人もこそ見れ　（拾遺　雑下　五三二）

【モゾ基本形】

(k)　北の方、典薬がもとにかぎ請いやりて、「あやしう、わがなきほどに人もぞあくる」とて、かぎ持ちて乗り給ぬることを、いみじくにくしとあこき思ふ。　（落窪　二）

(l)　大将の君、宮の御もとに、かく聞こえ奉り給ふ。「（略）」と聞こえて、「御返り言見て、御前へは参らむ。昨日のやうにもぞもて騒ぐ」と思して、しばし参り給はず。　（うつほ　蔵開　中）

モコソ基本形の例(i)(j)から検討しよう。(i)は、障子を開けたまま退出してしまった女房がそのことを思い出し、(j)では、簾の中から枝を折れと所望された寿玄法師がそれに応答する。見られるとおり、(i)にはモコソ基本形に伴って現れる判断（＝点線部）がなく、また、(j)のそれは「いなをらじ」という申し出の拒絶であって、ひとまずは「非難」に当たらない。しかし、(i)では、障子を開けたままにしておくと女主人が垣間見される危険性があって、ゆえに障子の開放を発見されれば騒ぎとなること、また(j)の場合は、枝を折るとその露で袂が濡れ、それを物思いの涙によるものと人に誤解されることが、それぞれ問題とされている。(i)(j)どちらの場合も、言語主体には容認できない事柄（＝障子が開けたままになっていること、枝を折ること）があり、それらが容認しえないのは、モコソ基本形で言語化される事態への配慮を欠くからなのである。即ち、(i)ではX【人が発見して騒ぎになること】、(j)ではX【物思いをしていると人が見ること】への配慮が欠けているわけだ。その点で、これら(i)(j)は、前節に見たモコソ基本形の諸例と変わるところがない。したがって、その機能も「無配慮・非難」のとおりと認められ、(i)(j)のいずれからも、そこには非難のニュアンスが読み取られることになる。(i)の場合は、障子を開けたままにしてしまったことを我ながら咎めだてるような気分が滲むであろう。また、(j)の点線部・申し出の拒絶とは、時にそのような申し出がなされたことへの非難として機能する。非難の表現が申し出の拒絶という状況において現れるのも、一つの自然であると言えよう。

次に、モゾ基本形の例たる(k)と(l)について。(k)では、落窪の君の継母・北の方が、外出に際して、聞こえよがしに留守中の用心（落窪の君を閉じ込めている部屋が開けられてしまわないように、という）を口にする。(l)の場合、帝への進講のため宮中での宿直が続く仲忠が、妻・女一宮に手紙を書いている。先日出した手紙の返事は帝の御前にいるおりに届き、帝の目に触れるなどの騒ぎになったため、今回は返事が来るまで伺候すまいと考えるものである。(k)(l)のどちらも、一見、事柄の成立を要求する際に出現しているというわけでもなかろう。(k)のモゾ基本形は何らかの判断と共に現れてはいないし、(l)の場合、共に現れる判断は意志の表現なのである。しかし、実際に要求こそされていなくとも、(k)では「北の方が鍵を持って出ること」、(l)では「女一宮からの返事が届いてから帝の前に行くこと」が、それぞれの言語主体には必要とされている。そして、それらの事柄が必要とされるのは、それらがモゾ基本形で言語化される事態への配慮の結果に当たるためである。(k)の「北の方が鍵を持って出ること」は、Y【誰かが鍵を開けて、落窪の君が脱出すること】を、また、(l)の「女一宮からの返事が届いてから、帝の前に行くこと」も、Y【女一宮からの返事を帝に見られて騒ぎになること】を配慮した結果に当たるのであった。したがって、(k)(l)双方とも、前節で扱ったモゾ基本形の諸例と変わるところなく、「配慮・要求」との理解が成り立つであろう。(k)では「鍵を渡してくれ」などが含みとして生じて、事実上、事柄成立の要求をするものと考えられるし、(l)の「返事が届いてから行こう」という意志は、自身に「返事が届いてから行くこと」という事柄の成立を要求することにほかならないのである。

ここまでに見た(i)から(l)のモコソ基本形・モゾ基本形は、端的な非難、端的な事柄成立の要求という環境に出現しているわけではなかったけれど、いずれも「無配慮・非難」「配慮・要求」という性格を認めることができた。では、次のような例はどうだろうか。

(m)　七日七日の御誦経などを、人の聞こえおどろかすにも、「我にな聞かせそ。かくいみじく思ひまどふに、なかなか道さまたげにもこそ」（源氏　柏木）

(n)　されど、けしからぬやうにもあり、又おのづから聞きつけて、うらみもぞする。あいなし。（枕　二五二）

(m)では柏木の父・大臣が、自分が柏木の弔いに関わると、哀しみが強すぎてその往生を妨げると述べている。点線部に明らかなように、このモコソ基本形は事柄成立の要求の際に出現するものと考えてみることができよう。(n)は人の噂話をするのは楽しいと述べた上での記述。点線部「あいなし」は、自省的なものか一般論かともかくも、噂をすることに否定的言及をしてみせたものと言え、そのような非難がましい文脈にモゾ基本形が現れるわけである。とすると、前節において先の結論を導いたのと同様の手順によって、(m)(n)からは逆の結論（モコソ基本形が「配慮・要求」、モゾ基本形が「無配慮・非難」という）が導きえ、それを先の結論と合わせれば、モコソ基本形・モゾ基本形共に「無配慮・非難」「配慮・要求」の双方をその機能として持つことになる。両者の差異が解消されもするのである。これは本書にとって不都合とも言えそうであるが、ここで再び用例(e)(g)を見ておく必要があると思う。以下、再掲する。

(e)　わらはなる子の言ふやう、「すべて上のあしくしたまへるぞ。何しに部屋にこめ給て、かくをこなる物にあわせんとしたまひしぞ。いかにわびしくおぼしけん。御むすめども多く、まろらも行きさき侍れば、行きあい来あい、聞こえ触るることもこそあれ。いみじき事なりや」とおよすげ言へば、北の方、「やつはいづち行くともよくありなんや。行きあふともわれらが子どもいかがせん」といらへ給ふ。（落窪　二）

(g) さて、このもとよりの人の聞くに、え気色ばみてはいはで、「おのが身はいとくちをしく、妹もなければ、この琴弾きたまふは、妹背山にやは頼みたまはぬ」と、男いへば、琴弾く女、「われも、兄なきわびをなむする。寄せむかし」といへば、……朝に文どもやるとて、

くづれすな妹背の山の山菅の根絶えばかるる草ともぞなる

（平中　一九）

前節で述べたとおり、(e)の三郎君は、落窪の君からの報復を気に懸けているのだから、北の方が虐待を改め、落窪の君の印象を良くするように振る舞えば、X【北の方の実子が、権勢ある落窪の君と関わりを持ち、報復されること】を配慮した結果にもなりうるであろう。しかし、落窪の君が脱出して手が届かなくなった現状では既に取り返しがつかない。いまさらXに配慮しようがないのであるから、ここでそうした無駄なことが求められているとは考えにくい。一方、(g)において相手の女に平中との関係の実質を漏らしかねない様子があったというのなら、平中がY【枯れ草となること＝平中と女の関係が絶えること】への無配慮を咎めることも起こりえようが、そうした記述は本文にない。本文に記された範囲では、Yへの配慮を欠いた女を平中が咎めるような状況ではないと考えるのが自然である。

このように、(e)のモコソ基本形を「配慮・要求」、(g)のモゾ基本形を「無配慮・非難」と解することには無理が伴う。つまり、モコソ基本形には「配慮・要求」の反例、また、モゾ基本形には「無配慮・非難」の反例が存するということである。以上をふまえると、やはり先の結論どおり、(m)のモコソ基本形は「無配慮・非難」、(n)のモゾ基本形「配慮・要求」の表現と見ておくのが適切であろう。即ち、(m)の点線部からは、弔いに関わらせようとする人々への、父大臣の非難の気持ちが滲むことになる。一方、(n)の点線部には、人の悪口を言うことに関して、その抑制を求めるかのような口吻が読み取られるのである。

次に、行論上、当然のことでもあるのだが、通説的理解における例外が本書では他の例と同様に解釈されることに触れておく。既に挙げた(c)(d)がその例であった。

(c)　母北の方うしろめたく思して、「などかまづ見えむとは思ひたまふまじき。我は、心地もすこし例ならず心細き時は、あまたの中にまづとり分きて、ゆかしくも頼もしくもこそおぼえたまへ。……」

（源氏　若菜　下）

(d)　又の日かへりごとあり。「よろこびて」などありて、いと心ようゆるしたり。かのかたらひけることのすぢもぞ、この文にある。

（蜻蛉　下）

(c)では、柏木の母が、病中の柏木が落葉宮のもとに滞在して自分の側にはいないことを責めていた。ここで咎められる「柏木の不在」が、X【柏木の母が柏木を愛し、頼りにしていること】への配慮を欠くものであり、それゆえに非難の対象とされていることは、これまでに述べてきたモコソ基本形の諸例と同様であろう。

一方の(d)であるが、これにはいささか注意が必要である。これは、蜻蛉日記におけるいわゆる「養女迎え」のくだりで、道綱母が兼忠女の女子を養女に迎える意向を示し、兼忠女はそれに応じる。(d)での「かへりごと」とは、その応諾の返事を指す。そして、傍線部「かのかたらひけるすぢもぞ、この文にある」は、日記中(d)より前に記載される兼忠女とその異母兄（禅師）の対面の顛末が、その「かへりごと」に記されていたことをいう（禅師は道綱母の使者として養女迎えの交渉にあたっていた人物）。さて、この傍線部のうち「この文にある」は諸注ほとんどがこの形で本文を立てるが、底本である書陵部本「この文もある」の意改である。さらに、蜻蛉日記全体の本文状況を考え合わせれば、このモゾ基本形には本文上の問題がある可能性も残ろう。このことに留意する必要はあるのだが、ここのモゾと基本形は共に異文がなく、[10] 現段階でこの(d)がモゾ基本形の例となることもまた確かである。ゆえに、これを本文に問題ありとして処理するのではなく、本書の立場から言及するならば、次のようになるであろう。まず、兼忠女と禅師の対面部分の叙述を示す。

異腹にてこまかになどしもあらぬ人の、ふりはへたるをあやしがる。「なにごとによりて」などありければ、とばかりありてこのことをいひ出だしたりければ、まづともかくもあらで、いかにおもひけるにか、いといみじう泣き泣きて、とかうためらひて、「ここにも今はかぎりにおもふ身をばさるものにて、かかるところにこれをさへひきさげてあるを、いといみじとおもへども、いかがはせんとてありつるを、さらばともかくもそこにおもひさだめてものしたまへ」とありければ、又の日かへりて「ささなん」といふ。

（蜻蛉　下）

この部分は蜻蛉日記の文章中、特色あるものとされ、かねてから注目を集めてきた。道綱母が直接に体験した（とされる）事柄以外は、推量なり引用なりの形式をとることが通例であるのに対し、この対面の模様は道綱母の体験の外にありながらそのようではなく、むしろ体験した事柄と同様に叙せられているからである。日記中、こうした叙述が他に例を見ないわけではないが、ここは状況の細部や他者の心理までが描写される点で（傍線部参照）際立っている。いわば叙述のあり方として最も「作り事」めいた部分なのであり、事実「物語的」との指摘も多い。そしてこのモゾ基本形も、ここが「作り事」めくことに関わるのではないか。つまり、道綱母が体験しえない兼忠女と禅師の対面の顛末が、状況の細部から他者の心理に至るまでこと細かく叙せられているけれど、それには兼忠女からの手紙という情報源がある、そこに配慮して「そらごと」を書いたとは思ってくれるな、という読者への働きかけを行うものと考えるのである。より厳密に言えば、対者（＝日記読者）が配慮すべき事態たる、Ｙ【兼忠女と禅師との対面の顛末が手紙に記されていること】を提示し、その含みとして対者に「対面の顛末を作り事だとは思わないこと」という行動を要求するもので、その点、これまでに見てきたモゾ基本形と共通しているのである。

こうして本書は、(d)のモゾ基本形を「叙述に関する注釈」かつ「読者への働きかけ」だと考えた。そのような表現は日記中、他にも確認され、(d)に対する以上の解釈も、蜻蛉日記全体の文脈に整合的かと思われる。まず「叙述に関する注釈」であるが、西の宮左大臣流罪のくだりに「身の上をのみする日記には入るまじきことなれども、かなしとおもひいりしも誰ならねば、しるしおくなり」という注記がなされている。あくまでこの日記が、道綱母の体験に基づくものであるとのスタンスを維持しようとする記述と言え、(d)のモゾ基本形もこれと共通の発想によるものなのだろう。さらに、このような叙述のスタンスは、著名な上巻冒頭で、この日記が「人にもあらぬ身の上」を記すものと規定され、その「人にもあらぬ身の上」が「世におほかるふる物語」の「世におほかるそらごと」と截然と区別されていることと同根であろう。一方、直接「読者への働きかけ」を行う表現には「かへし、口々にしたれど、わするるほどをしはからなむ」などがあって、(d)のモゾ基本形もこれらの一環ということになるのである。

これら(c)(d)の他にも、通説的理解を適用しえない例の中には興味深いものも多い。しかし、説明としては重複となるばかりであるから、次に二つほど示しておくにとどめる。

(o)　「この住吉の明神は、例の神ぞかし。欲しき物ぞおはすらむ」とは、今めくものか。……「幣には御心の行かねば、御船も行かぬなり。なほ、嬉し、と思ひ給ふべき物奉り給べ」と言ふ。また、言ふに従ひて、いかがはせむ、とて、「眼もこそ二つあれ。ただ一つある鏡を奉る」とて、海にうち嵌めつれば、口惜し。（土佐）

航海中、海が波立つので住吉の明神に幣を納めたものの、いっこうに鎮まる気配がない。そこで、再度、鏡を納めることにしたおりの発言にモコソ基本形が現れるのだが、これを「将来への危惧」と解釈することはできまい。このモコソ基本形「眼もこそ二つあれ」における「眼」とは貴重な物の例である。その「眼」でさえも二つあるのに、いま納めようとしている「鏡」は一つしかない。つまり、(o)でのX【眼でさえも二つあること】は「鏡の貴重さ」の云いである。その「鏡の貴重さ」に配慮することなく、「鏡」を納めざるをえない状況をもたらした住吉の明神に対し、言語主体は非難の気持ちを抱く。そのことは「今めくものか」「口惜し」(点線部)というフレーズに現れていよう。やはり(o)のモコソ基本形も、他と同様「無配慮・非難」の表現なのである。

(p) ……石橋に生ひなびける玉藻もぞ(毛叙)絶ゆれば生ふる打橋に生ひをれる川藻もぞ(毛叙)枯るれば生ゆるなにしかも我が大君の立たせば玉藻のもころ臥やせば川藻のごとくなびかひの宜しき君が朝宮を忘れたまふや夕宮を背きたまふや……　(萬葉　巻二　一九六)

本書の調べた範囲で、通説的理解が適用しえないモゾ基本形の例は先掲の(d)のみであった。が、萬葉集に目を転じてみると類例が追加されるようで、それが(p)の「明日香皇女挽歌」である。[11] この(p)には、二例のモゾ基本形が確認されるが、二つとも「将来への危惧」とは解せまい。このとき注意されるのは、(p)のモゾ基本形に現れる「玉藻」と「川藻」が、そのすぐ後の叙述で、生前の明日香皇女(=「我が大君」)が夫に寄り添うさまの喩となっている点である。実際の「玉藻」「川藻」は枯れてもまた再生するが、それに喩えられる明日香皇女の方は宮殿から姿を消したままである。点線部「なにしかも〜背きたまふや」では、そのような皇女の不在が歎じられているわけだが、ということは即ち「皇女がまた姿を現すこと」が望まれてもいる。(p)の点線部とは、

「事柄成立の要求」という気分が滲むような叙述であって、その点で、これまでに見たモゾ基本形の場合に通うのである。さらに、ここで求められる「皇女がまた姿を現すこと」は、モゾ基本形に述べられる事態Yへの配慮の結果に当たるであろう。つまり、(p)におけるY【実際の玉藻・川藻は再生すること】(モゾ基本形二つをこのように集約する)に配慮すれば、玉藻・川藻に喩えられる明日香皇女の方とて、また姿を現して然るべきではないのか、それを皇女に求めたい。(p)とは、かかる訴えがなされる歌かと思われる。通説的理解の外にあるこのモゾ基本形も、やはり中古の諸例と同じく「配慮・要求」の表現と解されるのであった。

四

ここまで、既説において「将来への危惧」を意味するものとされることの多かったモコソ基本形とモゾ基本形を、それぞれ「無配慮・非難」と「配慮・要求」の表現であるとした。この「将来への危惧」から「無配慮・非難」「配慮・要求」へという把握の転換は、モコソ基本形とモゾ基本形にとどまらず、基本形終止全体の理解にも示唆するところがあるように思われる。加えて、モコソ基本形・モゾ基本形の「無配慮・非難」と「配慮・要求」という差異は、モコソ基本形・モゾ基本形から析出される係助詞コソ・ゾの差異にも関連しているだろう。本節は以上二点についての言及を行い、モコソ基本形・モゾ基本形の考察への補論とする。本書の範囲ですべてを論じきれるわけではないのであるが、一定の見通しを述べておくことにしたい。

まず基本形終止全体の性格に関わることに触れる。本書の関心は、あくまで「(助動詞等を下接させない)単独の動詞」による終止の持つ性格にある。だから、本書の「基本形終止」には終止・連体・已然という異なった活用形の諸例が一括される。既説の中に、考察を「動詞の終止形」(或いは、「連体・終止形」)に限定する論のあることは承知しているし、活用形の別によって文終止のあり方に差異が生じることも事実であろう。しかし、文終止のあり方に見られる活用形ごとの異なりとは、本来「単独の動詞」のみならず、助動詞を伴ったもの、或いは、形容詞等も含めて考察されるはずのことだろう。本書では「単独の動詞」の中で各活用形の別を云々するよりも、活用形の違いを措き、「単独の動詞である」という同一性を問うことを優先しようと思うのである。

具体的には、基本形終止の「時間的性格」について。モコソ基本形とモゾ基本形には、その時間的性格を問うとすれば未来に当たる例と、非未来の例があった。しかし、そうした時間的性格の別は「無配慮・非難」「配慮・要求」の表現たるモコソ基本形・モゾ基本形にとっては、いわば現象上のヴァリエーションにすぎない。モコソ基本形・モゾ基本形を規定するものは、その時間的性格ではなかったのである。そしてこのことは、基本形終止全体に目を転じた場合も同じではないだろうか。基本形終止に関する既説は、テンス・アスペクトという時間の観点によるものが多い。しかしその反面、基本形終止のテンス・アスペクト的な振る舞いが多岐に亘って雑多と言えるほどであることもよく知られている。テンス的に現在、アスペクト的には継続が基本形終止の表すところの中心に据えられる一方、その規定に反して、テンス的には過去や未来と解釈されることになるもの、アスペクト的にも継続ではなくて、むしろ動作を全一的に把握していると考えたほうがよいような例も存するのである。(12)

こうした状況ゆえ、基本形終止に対する時間的な規定も明快なものとは言い難い。たとえば基本形終止に「不完成」という概念が適用されることがある。(13)「完成」とは【動作を全一的に把握している】ことを意味するものであるが、対する「不完成」とは【「完成」ではない(=動作を全一的に把握していない)】ことを表すのではない。【「完成」である（＝動作を全一的に把握している）との表示を行わない】という概念である。仮に「不完成」が【「完成」ではない】の意であるとするならば、「完成」的性格が見出される例を排し、継続及びその延長線上のものを一括する概念として、有効性あるものと言えるのかもしれない。しかし、その「不完成」によって基本形終止を規定することはできないであろう。基本形終止には「完成」的な例を見るからである。一方【「完成」であるとの表示を行わない】という意であれば、結局「完成」を含んだあらゆるものに妥当しうる。だから、基本形終止も「不完成」の形式と言って言えないことはない。しかし、そのような規定に意味があるだろうか。

もともと「不完成」とは、ロシア語等スラヴ諸語における「体」の研究の中で用いられてきた概念である。それらの言語において、動詞は形態論的に完成体／不完成体という二項対立の関係に置かれている(14)。つまり、それらの言語で動詞を用いる場合は、完成体／不完成体のいずれかを選択することになるのである。その際、不完成体とは、有標項・完成体に対する無標項である。完成体の側では【「完成」である】ことが積極的に示されるけれど、無標項の不完成体はあくまでも漠然と【「完成」であるとの表示を行わない】という括りにとどまるのである。以下の記述を参照されたい(15)。

不完了体には完了体に含まれているプラスの特徴の欠如以外に共通の意味をなにも帰せしめないほうがよい。

つまり「不完成」という概念は、何事も規定しないところにその特徴がある。「明白な二項対立をなし、かつ、その二項が有標と無標の関係にあったときの無標項」という前提を満たして初めて適用する意味があるような概念なのである。そして、基本形終止がその前提を満たしていないことは言うまでもない。以下の記述に留意すべきであろう。

> 「完了体」、「不完了体」、「完了性／不完了性」は個別のスラヴ語文法論の術語としてとりあげられるというのが正しいかと思われる[16]。

> アスペクトの存在するところでは、どこでもアスペクトの意味はスラヴ語のCBとHCB（引用者注：「完成」と「不完成」を指す）の意味と同じか、非常に近いかのように考えてはならない[17]。

そもそも時間的な性格とは、その気にさえなればあらゆる文から見出すことができるようなものである。だから、個々の用例に時間的な性格が見て取れたとしても、それは単に見かけ上のもの、言語形式によって意味されているわけではないという可能性が残る。基本形終止の場合も同様であって、テンス・アスペクト的になかなか有効な規定がしがたいのであれば、その枠組において解釈しなければならない理由などないのである。

一方、基本形終止に関わる既説の中にはテンス・アスペクトの観点によらぬものもある[18]。ただし、その場合は考察対象が「終止形」乃至「連体・終止形」に限定される傾向が見られるようである。さらに、そうした論では「動詞の（連体・）終止形」が持つ「何も下接させない」という形態的な無標性が意味的な無標性、即ち「積極的な特徴を示さない」ということにリンクされがちである。たしかに「動詞の（連体・）終止形」を「積極的な特徴を示さない形式」とするのであれば、実例の中にその規定に当てはまらぬものはないだろう。しかし、実際の「動詞の（連体・）終止形」は何であれ雑多に表すわけでもなく、そこには特徴的な幾つかの類型が認められる。その一例を挙げれば、たとえば次に引く(q)のようなタイプである[19]。

(q)　からうじておはしまして、「あさましく心よりほかにおぼつかなくなりぬるを、おろかになおぼしそ。御―

あやまちとなむ思ふ。……」とまめやかに御物語したまひて、（和泉）

久しぶりに和泉式部を訪れた帥宮が、無沙汰は和泉式部の責任だと思っている旨、述べる。本書の確認した基本形終止、全二一三例のうち、七一例がこの(q)のように言語主体自身の思考・感情を告知するものであった。これは相当な高率と言えるであろう。現代語においても「思う」等のいわゆる「スル形」による終止は多用されているから、この現象は、一見、当たり前のことのようにも感じられるかもしれない。しかし、(q)の如きタイプの多さとは、基本形終止に「言語主体の思考・感情の告知」に相応しい性格があることの現れにほかならない。つまり、基本形終止は、何らかの特徴を示すような文なのであって、そうした文に対しては、その特徴に基づいた積極的な規定が試みられる必要があろう。

それでは、本書が述べる「無配慮・非難」と「配慮・要求」という把握は、基本形終止全体の理解に対して何をもたらすのか。まず、これら「無配慮・非難」「配慮・要求」はモコソ基本形・モゾ基本形という個別に密着した概念であるから、より一般性のある姿に把握し直しておこう。そこで改めて用例(a)(b)を引く。

(a)　少将のもとより御文あり。「いかにぞ。よべの縫さしものは。腹又立ちいでずや。いと聞かまほしくこそ。……」とあり。……「腹はけしからず。人もこそ聞け。……」とあれば、（落窪　一）

(b)　「まめやかには、夜などあなたにあらむ折は用意したまへ。けしからぬものなどはのぞきもぞする。……」（和泉）

これまで本書は、モコソ基本形の点線部には「非難」、モゾ基本形の点線部には「事柄成立の要求」という性格が見出される旨、述べてきた。しかし、この「非難」及び「事柄成立の要求」とは、より大きく括れば「言語主体が対者に向けて提示する判断」である。そう考えてみると、モコソ基本形とモゾ基本形で言語化される事態も「言語主体が対者に向けて提示する判断の基盤」と捉え直されよう。例に即せば、(a)では、X【手紙の内容を人が知ること】を基盤として、言語主体・落窪の君が「けしからず」という判断（＝「非難」）をし、それが対者・少将に告げられる。(b)の帥宮は、Y【人が覗くこと】を基盤とした自身の判断「用意したまへ」（＝「事柄成立の要求」）を対者・和泉式部に向かって説いたわけである。ただし、たとえば(k)のように対者に向けて主張される判断が明示されていない例もあるにはある。

(k) 北の方、典薬がもとにかぎ請いやりて、「あやしう、わがなきほどに人もぞあくる」とて、かぎ持ちて乗り給ぬることを、いみじくにくしとあこき思ふ。（落窪　一）

しかし、判断の基盤となる事態が提示されさえすれば、逆に判断自体が含みとして生じもするであろう。たとえば事態「雨が降っている」を提示するだけで「傘を持って行け」という主張が可能となるように。よって(k)の如きも(a)(b)と本質的に変わるところはないのである。

述べてきたとおり、モコソ基本形・モゾ基本形は「対者に向けて提示する判断の基盤となる事態」を言語化するものと見なしえた。以下、これを「基盤提示」と呼ぶことにするが、基本形終止全体に眼を転じてみても、その「基盤提示」を行うものと解しうる例を見る。

(r) 「翁、年七十に余りぬ。今日とも明日とも知らず。この世の人は、男は女に婚ふことをす。女は男に婚ふことをす。その後なむ、門ひろくもなり侍る。いかでかさることなくてはおはせむ」（竹取）

(s) 「我をみそかに」と言ひわたり給へば、わが君の御事を否びがたくやありけん、いかでと見ありく。……

帯刀、「このたびだに御返り聞こえ給へ。しかじかなんのたまひて、『心にいれぬぞ』とさいなむ」と言へば、

（落窪　一）

(r)の竹取の翁は、かぐや姫に結婚するのは当然と説くが、その判断の基盤に当たる事態【男と女は結婚すること】【結婚が家門繁栄につながること】が基本形終止によって言語化されている。続く(s)は、帯刀があこきに対して、今度こそ落窪の君が少将からの手紙に返事を書くよう求めるもの。基本形終止に述べられる事態【少将が帯刀の努力不足を咎めること】は、帯刀の「返事督促」という判断の基盤をなすわけである。このように、(r)と(s)の基本形終止からは「基盤提示」という性格が看取された。そう把握してみると、モコソ基本形とモゾ基本形は、基本形終止という全体の中で(r)(s)などと同次元に並ぶことになるわけである。モコソ基本形・モゾ基本形の場合は、対者に主張される判断が「非難」と「事柄成立の要求」に限られ、またそれに伴ってそれぞれが「無配慮・非難」「配慮・要求」という表現性も帯びてくるけれど、大きく見れば「基盤提示」を行う基本形終止の一つとして、その類型の中に収斂していく可能性を有するのであった。

以上の「基盤提示」という把握は、モコソ基本形・モゾ基本形を基本形終止全体の中に位置づけ、ひいては基本形終止全体の性格を論じていくための仮説である。この仮説に基づき、また、先掲(q)の如き「言語主体の思考・感情の告知」等、基本形終止が示す、その他の振る舞いとも併せて基本形終止を検討していくと、そこにはどのような眺望が開かれるであろうか。機会を改めたいと思う。

本書はここまで、コソ・ゾ、或いはモという係助詞の問題には言及してこなかった。しかし、モコソ基本形とモゾ基本形との間に見出される「無配慮・非難」と「配慮・要求」という差異は、コソ・ゾによるところが大きいであろう。その一方で、モコソ基本形・モゾ基本形は共にモを持ってもいる。これらの係助詞はモコソ

基本形・モゾ基本形の意味するところに、いかなる関連を持つのであろうか。
まずモに関して。先述したとおり、モコソ基本形とモゾ基本形で表される事態は、その差異を捨象すれば「言語化時点において配慮がなされていない事態」であった。モコソ基本形・モゾ基本形は、そのような対者において配慮が空白である（と思われる）事態を言語化しているわけである。これは、対者の中で空白となっている事態を添加的に提示するものと言え、モはそのことに与っているのではないか。つまり「あなたには配慮されていないが、このような事態もあるのですよ」というニュアンスである。一方、モコソ基本形・モゾ基本形の差異とは「現時点での配慮がないことに否定的」（モコソ基本形）であるか、「今後、配慮があることに肯定的」（モゾ基本形）であるかという点に求められた。即ち、現状否定性の有無である。このとき、コソの卓立は排他的であり、ゾのそれは他と特段の関わりを持たないという理解に注意されよう。そうした理解の淵源には富士谷成章『あゆひ抄』の指摘があり、次にそれを引くことにする。[20]見られるとおり、いわゆる「終止用法」の例が挙げられているが、むろん「係」の位置にある例にも妥当するものとしての記述である。

「飯に炊ぐ物は米ぞ」と言ふは、粟・麦ありとも、そはともかくもあれとただ広く言ふなり。また、「飯には米こそ」と言ふは、粟・麦は良からず、米こそ良けれ、米の外はなしと狭く言ふなり。

モコソ基本形・モゾ基本形が言語化された時点で、対者には当該事態への配慮こそ空白である（と言語主体には判断される）が、状況をめぐっての種々の認識は当然ある。コソの卓立によってその一切を排し、当該事態のみを提示するところにモコソ基本形の現状否定性が生まれるのではないか。それに対してモゾ基本形の場合は、ゾが現状の様々については関与せず、ただ当該事態を卓立するものであるために現状否定性が生じないとも言える。係助詞については以上のことを展望しておく。

〔注〕

（1）使用した本文は以下のとおりである。引用に際して、表記を私に改めた部分もある。
・竹取物語、伊勢物語『新潮日本古典集成』（新潮社）
・土佐日記、落窪物語、蜻蛉日記、枕草子、紫式部日記
『新日本古典文学大系』（岩波書店）
・古今和歌集、後撰和歌集、拾遺和歌集『新編国歌大観』（角川書店）
・大和物語、平中物語、和泉式部日記、源氏物語
『日本古典文学全集』（小学館）
・うつほ物語『うつほ物語　全』（おうふう）

（2）その代表は本居宣長の『詞の玉緒』である（大野晋編『本居宣長全集』五巻、筑摩書房を参照した）。

（3）伊牟田経久「『もぞ』『もこそ』考」（『国語』六―一、一九五七年）、同「『もぞ』『もこそ』再考」（『鹿児島女子大学研究紀要』二〇―一、一九九九年）。

（4）松尾聰『源氏物語を中心とする語意の紛らわしい中古語攷』（笠間書院、一九八三年）。

（5）高山善行「複合係助詞モゾ、モコソの叙法性」（『語文』六五、一九九六年）。

（6）半藤英明「『もこそ』考―特殊用法の成立過程―」（『國學院雑誌』九七―一〇、一九九六年）。

（7）三浦和夫「『もこそ』の係り結びの型と意味との関係」（『国文学　解釈と教材の研究』一二―一一、一九六七年）。

（8）通説的理解の枠内で両者の差異に言及したものに、注（3）の文献がある。

（9）該当するのは、モコソ基本が三二例、モゾ基本形が一〇例である。

（10）上村悦子『蜻蛉日記　校本・書入・諸本の研究』（古典文庫、一九六三年）による。

（11）萬葉集の引用は『日本古典文学全集』（小学館）による。

（12）詳細については、鈴木泰『古代日本語動詞のテンス・アスペクト　改訂版』（ひつじ書房、一九九九年）、同『古代日本語時間表現の形態論的研究』（ひつじ書房、二〇〇九年）を参照されたい。

(13) 注(12)の文献。

(14) 以下、「体」に関する議論は、ラスードヴァ（磯谷孝訳）『ロシア語動詞体の用法』（吾妻書房、一九七五年）、及び、注(15)(16)(17)の文献を参考にした。なお、「完成体／不完成体」という用語は「完了体／不完了体」「完結体／不完結体」等、異なった訳が充てられている場合もある。

(15) マスロフ（菅野裕臣訳）「現代の外国の言語学における動詞アスペクトの諸問題」（『動詞アスペクトについて（Ⅰ）』学習院大学東洋文化研究所調査報告二九、一九九〇年）。

(16) マスロフ（菅野裕臣訳）「スラヴ諸語アスペクト論の基本的な概念と術語の体系」（『動詞アスペクトについて（Ⅱ）』学習院大学東洋文化研究所調査報告三五、一九九〇年）。

(17) マスロフ（菅野裕臣訳）「対照アスペクトの原理によせて」（『動詞アスペクトについて（Ⅱ）』学習院大学東洋文化研究所調査報告三五、一九九〇年）。

(18) 近時の論としては、仁科明「『名札性』と『定述語性』―万葉集運動動詞の終止・連体形終止―」（『国語と国文学』八〇―三、二〇〇三年）など。

(19) モコソ基本形・モゾ基本形以外の基本形終止の用例は次の作品から集めた。その数二一三。
竹取物語、土佐日記、伊勢物語、大和物語、平中物語、落窪物語、蜻蛉日記、和泉式部日記
従来、源氏物語の例を中心とした論が多いため、それ以外の作品に目を向けようとするものである。なお、「地の文」の例については、それがどのような状況で言語化されているのかが判然としないため、除外している。

(20) 中田祝夫・竹岡正夫編『あゆひ抄新注』（風間書房、一九六〇年）による。

第一部

第一章　ムと「連体形（＋ヨの）終止」

一

助動詞ムが終止の位置に現れるとき、普通、その意味するところは推量と意志（「命令」等、言語主体がその事態の成立を望ましく考えるものを「意志」に一括する）とに亘る。即ち、それらムの文によって構成される事態は非事実である。ところが、ムの連体形に助詞ヨが下接したかたちで終止する文には、推量・意志との関連を簡単には辿りがたく、むしろ事実を言語化しているように思われる例が存する。なお、ムの連体形＋ヨの文（「ムヨの文」と称する）には、主語を「の」でマークするものは見当たらず、またムは終止・連体が同形でもある。しかし、次の(a)のように終止・連体が異形であるものに関しては、ヨは連体形に下接している。それをふまえて、ムにおいてもヨ上接は連体形と判断するのである。(1)

(a) 日さし出でて軒の垂氷の光あひたるに、人の御容貌もまさる心地す。……ひきつくろふこともなくうちとけたるさまを、いと恥づかしく、まばゆきまできよらなる人にさし向ひたるよ、と思へど、紛れむ方なし。

（源氏　浮舟）

上述の、事実が言語化されているのではないかと考えられるムヨの文とは、次のようなものである。(2)

(b) 乳母なるべし、さやうの大人大人しき声にて「……親におはする殿に知られ奉り給へ、……」などいふ。「親子あるにやあらむ。あはれなることなりや。親を見ず知らざらむよ。誰ならむ」と聞き居給ふほどに、（うつほ　楼の上　上）

(b)は、物詣に来た仲忠が、聞こえてくる会話によって、隣室の子どもが父親を見知らないことを知る。このムヨの文に構成される事態は、言語主体・仲忠が耳にした会話の内容のとおりである。したがって、この事態の構成は、言語主体自身の推量なり意志といった作用とは無縁であろう。或いは「人間の脳の活動」といった見地からは、この(b)などにも推量の作用が見出される余地があるのかもしれないが、それは本書にとってあまり関係のないことである。文の運用者たる人間の実感としては、(b)の言語化に際して自らの頭の働きで判断に達したような気はせず、その意味で推量には当たらないとするのである（以下、本書に言う推量とは、すべてこの「言語主体による自覚的な推量」を指す）。むしろ、仲忠にとって、隣室の子どもは赤の他人であるから、聞こえてきた情報そのままに、「隣室の子どもが父親を見知らないこと」を事実と考えているであろう。本書の第一部では、このような助動詞ムと、それに纏わる諸問題について検討を進めていく。

いま本書は、(b)が、事実を構成する非推量・非意志のムの例だと述べた。次の(c)は、未来事態であるがゆえに事実でこそないが、非推量・非意志のムの例という点では、(b)と同質である。

(c) かかれば、いみじうくちをしと思ひて、帯刀が返りごとに、「……さても世の人は、今宵来ざらむとか言ふなるを。おはしまさざらむよ」と書けり。（落窪　巻一）

(c)の言語主体・あこきは、帯刀から届けられた手紙を見て、そこに書かれていた、「男君が今晩来ないこと」という事態を、そのまま自分の返事に記している。即ち、その事態の構成に、あこきの推量・意志といった作用は伴われていないのである。

ところで、ムと音形態を共有するラム・ケムも推量を意味する語と考えられている。これらは、ムが未来・不定時、ラムが現在、ケムが過去と、三者で時制を分担するような関係にあって、未来を担うムのみが意志の用法を持つ。意志とは未来事態に関わろうからである。このように、ム・ラム・ケム三者はそれなりの体系をなすものと目され、以下、これらをム系と総称することがある。そして、そのラムとケムが連体形＋ヨの終止に現れた時も、ムの場合と同様、言語主体の推量の作用とは関わりない文となるのである。それぞれを、先に倣ってラムヨの文・ケムヨの文と呼ぼう。本書の確認した用例数はラムヨの文が五例、ケムヨの文が七例であった。

(d)　鸚鵡いと哀れなり。人のいふらん事をまねぶらんよ。（枕　三八）

(e)　山のなかばかりの、木のしたのわづかなるに、葵のただ三すぢばかりあるを、世ばなれて、かかる山中にしも生ひけむよと、人々あはれがる。（更級）

(d)に言語化される「鸚鵡が人の言葉を真似ること」とは個別・具体的なものではないけれど、今もこの世のどこかで生じている一般的事実であって、推量の作用とは関係なく構成されうる。(e)は、東国の山中に葵を発見した都人の感慨であるが、いま山中に葵がある以上、「山中に葵が生えたこと」はそこから自動的に導出される過去の事実である。言語主体の推量判断によるようなものではないのである。

ところで、これらラムヨの文・ケムヨの文に加えて、連体形単独で終止する和歌においても、推量とは解しがたいラム・ケムの例が見出される(3)。本書の見るところ、古今和歌集・後撰和歌集・拾遺和歌集のいわゆる三代集に、ラムで二八例、ケムで一例あった。(4) 以下、これらを「らむ留歌」と総称するが、ラムをもって代表させたくなるほど、その用例数が突出する理由はわからない。ただラムとは、古今集歌に頻出し、発想・表現上も重要な役割を持つ形式なのだという。(5) 或いは「らむ留歌」もその現れの一つであるのかもしれないが、今そのことに立ち入る用意はない。

さくらの花のちるをよめる　　きのとものり

(f) 久方のひかりのどけき春の日にしづ心なく花のちるらむ　　（古今　春下　八四）

藤原かねすけの朝臣

(g) よそにのみきかましものをおとは河渡るとなしに見なれそめけむ　　（古今　恋五　七四九）

(f)の詞書をふまえるに、ここで「桜の花が散ること」という事態が実現済みの事実であることは、直接、言語主体に確認されており、そのような事態を推量するということはあるまい。一方、(g)の「評判を聞くにとどめておくべき相手を見そめてしまったこと」も、既に言語主体の身に起こった事実として詠まれていようから、それを推量するということもないのである。

確認してきたように、連体形終止、及び、連体形＋ヨの終止（以後、これらを「連体形（＋ヨの）終止」と一括する）に現れたム系は、文内容上、推量（乃至、意志）とは無縁であった。しかし、こうはっきりとム系がある以上、それを含んで文意を取らなければならず、ゆえに、多くの既説において、これらは、ともかくも推量を意味するものと見なされた。そして、そのことに伴って不在の疑問語が読み込まれた。(f)であれば「どうして散るのだろうか」の如く。中には反語など疑問の延長線上にある解釈が適用される例も存するが、そうした小異はあれ、疑問的意味を補って文意を通そうとするのが、通説的な態度だと言える。しかしながら、疑問の要素が顕在していないにもかかわらず、疑問の意を補って文意を通すとは、なかなか思い切った措置であろう。この点に関して、たとえば「喚体」性の文は疑念を含意しやすく、ゆえに「らむ留歌」にも疑問の読み込みが可能なのだとする見解も存する[6]。が、そう考える際には、八代集における連体形終止の和歌は、述語に推量などの「モダリティ」形式を伴わないという指摘[7]にも目を配る必要があるだろう。「らむ留歌」を推量と考えた場合、連体形終止の和歌に推量のラムが現れるという例外を生じさせることになるわけで、注(6)の文献の見解は、この問題を抱えることになるのである。

一方、「らむ留歌」に疑問の含みが生じうることを、歌中に反語的・逆接的な已然形＋ヤを持つタイプ[8]からの展開として説く向きもある[9]。三代集の「らむ留歌」は逆接的な文構造を持ち、そのことが「どうして～のだろうか」という意味内容の所以に当たるとするのである。ただし、その注(9)の文献の見解においても、「らむ留歌」は「いささか無理のある」表現と呼ばざるを得ず、また、これは「らむ留歌」を対象とした論であるから、ムヨ・ラムヨ・ケムヨの文にも敷衍できるのかは分明でない。しかしながら、「らむ留歌」が逆接句を好むこと自体は事実である。また、内容上、逆接的に読める例も多い。たとえば(f)も「春の日なのに」の如き逆接的な読み取りが可能であろう。けれども、既に注(9)の文献の指摘するところだが、「らむ留歌」の中には、次の(h)のように逆接性が感じられない例があって、それをどう扱うのかという問題が残されている。

家にふぢの花のさけりけるを、人のたちとまりて見けるをよめる　　みつね

(h)　わがやどにさける藤波たちかへりすぎがてにのみ人の見るらむ　（古今　春下　一二〇）

こうした「らむ留歌」と逆接の関わりの深さとは、結局、文法論というよりも表現論的な問題ではないだろうか。和歌に詠じられるのは、普通、何の変哲もない事態ではあるまい。良きにつけ悪しきにつけ、それは日常

という枠組の外に出たものであろう。この「日常の外に出ている」という性格が、逆接的な形式と結びつくとは、ありそうなことである。即ち、日常的なありようと、そこから外れたありようを「〜なのに、……だ」の如きかたちで言語化することも、ままあろうというのである。たとえば次の(i)。

　　人をわかれける時によみける　　つらゆき

(i)　わかれてふ事はいろにもあらなくに心にしみてわびしかるらむ

(古今　離別　三八一)

(i)は「『色』が『染みる』を実現させるのは当たり前だが、『別れ』は『色』ではないのに、『染みる』を実現させている」という内容を詠むものである。(i)の場合は、このような内容がそのまま逆接句というかたちを取っている。けれども、日常の外に出ているということが、逆接的内容に直結するとは限らない。だから、逆接と関わりのない(g)の如き例があったとしても、別段、不自然なことではないのである。さらに本書の見るところ、接続助詞の「つつ」を歌末に持つ和歌(＝「つつ留歌」)も、逆接句を骨子とする表現である。こうした点からも、文中に逆接句を持つということは、ム系における文法論的な問題ではないように思われる。なお、「つつ留歌」の詳細については第一部第三章で補足を行うことにしたい。

その他の論に目を向けてみよう。たとえば(f)のラムは「しづ心なく」の部分を推量しているのだと言われることがある。これは(f)の場合、少なくとも文脈の解釈としては可能のようである。ただし、注(9)の文献によれば、推量の対象など「焦点」の設定には係り結びを必須とするという。そのとおりであるならば「部分を推量する」という見解は、文法的には不適格ということにもなるであろう。さらに、既に言及されるように、(10)文の一部分を推量しているとは解しがたいものもあって、先の(i)などがそれに当たる。

一方、推量・疑問を前面に出さぬ解釈も提示されている。中で注(10)の文献は、これらを「どうして」の類の疑問文を経由した表現だとする。「どうして〜のだろうか」という疑問文の体裁をとって「いぶかしい気持ち」が表現され、その「いぶかしい気持ちがもっと極端にな」ると疑問語のない表現が生じるというのである。しかし、疑問語が落ちる理由への言及はなく、このままでは十分な指摘とはしがたい。また、「疎外感」をキーワードとして、各例から「自分自身納得しかね、あきれたと相手を疎外してゆく感情」を読み取る説も見られる(11)。(c)で言えば、あこきが、三日夜という節目の晩に通ってこないと言う男君に呆れていることになるわけである。この見解は、推量・疑問から離れた論として先駆的なものであるが、各例に見出される「疎外感」の内実には相当の隔たりがあるようだ。さらに、その「疎外感」が生じる所以に触れられてはおらず、そこにも疑問が残るかと思われる。

以上、先行研究を参看しつつ、「連体形（＋ヨの）終止」に現れたム系をめぐる問題を確認した。次節以降、実例の分析を進めていく。

二

はじめにムヨの文の検討を行う。再掲の(b)(c)も含めて用例を示すが、(c)(j)(k)が未来時、(b)(l)が不定時の例に当たる。

(c)　かかれば、いみじうくちをしと思ひて、帯刀が返りごとに、「……さても世の人は、今宵来ざらむとか言ふなるを。おはしまさざらむよ」と書けり。（落窪　巻一）

(j)　「さても、この人をばいかがもてなしきこゆべき。めづらしきさまの御心地もかかる事の紛れにてなりけり。いで、あな心うや。かく人づてならず心うきことを知る知る、ありしながら見たてまつらむよ」と、わが御心ながらも、え思ひなほすまじくおぼゆるを、（源氏　若菜　下）

(k) この三条が言ふやう、「……当国の受領の北の方になしたてまつらむ。……」と、額に手を当てて念じ入りてをり。右近、いとゆゆしくも言ふかな、と聞きて、「……今は天の下を御心にかけたまへる大臣にて、いかばかりいつかしき御仲に、御方しも、受領の妻にて品定まりておはしまさむよ」と言ふ。（源氏　玉鬘）

(b) 乳母なるべし、さやうの大人大人しき声にて「……親におはする殿に知られ奉り給へ、……」などいふ。「親子あるにやあらむ。あはれなることなりや。親を見ず知らざらむよ。誰ならむ」と聞き居給ふほどに、（うつほ　楼の上　上）

(l) すべて男の物見るに、只ひとり乗りて見るこそあれ。……若きをのこなどの、ゆかしがるをも、ひき乗せよかし。すきかげに只ひとりただよひて、心ひとつにまぼりゐたらんよ。（枕　一一六）

ここに新しく引いた(j)(k)(l)からも、前節に見た(b)(c)と同様、言語主体の推量（乃至意志）の作用は窺われないであろう。(j)は、光源氏が、女三宮の密通を知りつつ、この先も結婚生活を継続していくことを嘆じるものである。光源氏と女三宮の置かれた社会的な立場からすれば、何事もなかったかの体を取り続ける以外に途はない。だから「ありしながら見たてまつる」とは、この先の生起が自明であって、言語主体・光源氏の推量や意志といった作用に関わりなく構成されている。続く(k)の「玉鬘が受領の妻止まりになること」という事態は、言語主体・右近が、対者・三条の発言を受けて、それをそのまま言語化したものである。言語主体こそ右近であるが、実のところ、その事態の構成に右近の作用は伴われていないのだ。(l)の場合、言語主体にとって、祭見物とは複数で行って然るべきものとされている。しかし、それに反して、男が一人で見物するという場合があって、それを非難するものである。ここに言語化されている「（楽しみを分かち合わず）一人で見物していること」という事態は、一般的事実というほどの規模でこそないが、現実世界に確認される一つの傾向であるから、これも言語主体による推量・意志の作用とは無関係なのである。

以上のとおり、これらのムヨの文には、言語主体の推量・意志の作用は認められない。その反面、これらが言語化する事態には共通の性格が見て取れる。いずれも「言語主体にとって本来そうあるはずの姿とは齟齬を来たす事態」を構成し、それへの情意が発露されているのである。たとえば、(c)で男君が通って来られないと言う晩は「三日夜」である。そうした節目の晩に通って来ないなど、男君と落窪の君の取り持ちに奔走したあこきにしてみれば、本来のあり方に齟齬する事態であり、それへの憤懣やるかたないわけだ。(j)の場合、密通を知りながら、この先も従来どおりに続けていかなければならない結婚生活など、光源氏にとっては、当然、ありうべき姿に齟齬しており、不本意との思いを禁じ得ない。(k)の右近は、権門の娘であるはずの玉鬘が、受領の妻止まりになっても上々という状況にあり、それが本来のあり方から齟齬していると歎く。(b)では、石作寺に参詣に来た仲忠が、父親を知らないという子（小君）に遭遇して同情の念を覚える。子として親を知らぬとは、当然、人の世に本来とされているところではあるまい。続く(l)の言語主体・清少納言は、祭見物は複数で行ってこそのものと考えているから、そのような清少納言からしてみると、一人での祭見物など、本来のあり方に齟齬しており、それへの不満を抱くのである。

ここまでに確認してきたムヨの文の性格は、ラムヨ・ケムヨの文、及び「らむ留歌」からも同様に認められる。次にそれらの例を引こう。

(d) 鸚鵡いと哀れなり。人のいふらん事をまねぶらんよ。（枕　三八）

(e) 山のなからばかりの、木のしたのわづかなるに、葵のただ三すぢばかりあるを、世ばなれて、かかる山中にしも生ひけむよと、人々あはれがる。（更級）

(f) 久方のひかりのどけき春の日にしづ心なく花のちるらむ（古今　春下　八四）
さくらの花のちるをよめる　きのとものり

(g) よそにのみきかましものをおとは河渡るとなしに見なれそめけむ（古今　恋五　七四九）
藤原かねすけの朝臣

鸚鵡が鳥でありながら人の言葉を口にし、それに対する「あはれ」との思いが禁じ得ない（用例(d)）。のどかな春の日に散らずにあって然るべきにもかかわらず、桜は慌ただしく花を落とし、そのことが惜しまれる（用例(f)）。都人にとって葵とは葵祭の景物にほかならず、こんな東国の山奥にそれがあることに感慨を禁じ得ない（用例(e)）。結局、思うような関係になれない人なら、話に聞くにとどめておけばよかったのに、実際はそうではなく、後悔の念にとらわれる（用例(g)）。このように、ラムヨ・ケムヨの文、及び「らむ留歌」も「言語主体にとって本来そうあるはずの姿とは齟齬を来たす事態」を構成し、それへの情意を発露させるものと考えられる。この点、ムヨの文と共通するのである。

以上のとおり、ム系の「連体形（＋ヨの）終止」とは、「言語主体にとって本来そうあるはずの姿とは齟齬を来たす事態」を構成し、それに対する情意が表出される文であった。これを「連体形（＋ヨの）終止」全般に観点を広げて考えてみよう。たとえば「美しき花。」「美しき花よ。」等の、名詞（乃至、名詞＋ヨ）で閉じる文は、時にいわゆる「詠嘆」の表現を構成する。連体形も結局は名詞資格だから、「連体形（＋ヨの）終止」

にも「詠嘆」の表現が存することはよく知られるとおりである。そして、ム系の「連体形（＋ヨの）終止」も、結局はそうした「詠嘆」表現の一環ということになるのである。しかし、その「詠嘆」のあり方には一定の特徴も認められるので、以下、三点にわたって確認していく。

【A】「らむ留歌」における逆接句

前節でも触れたように、「らむ留歌」は逆接句との関わりが深い。「らむ留歌」二九例の中には、逆接句（及び、逆接的な句）を持つものが二十例あり、また、内容上、逆接的に読める例も多いのである。ことに、次に再掲する(i)の如きタイプには注意を要する。

(i)　わかれてふ事はいろにもあらなくに心にしみてわびしかるらむ　（古今　離別　三八一）
　　人をわかれける時によみける　つらゆき

この(i)のような和歌を【X↓x、Y≠X、Y↓x】型と呼ぼう。【X（＝色）が事態x（＝染みる）を実現させるのはもっともだが、Y（＝別れ）はそのX（＝色）でもないのに、事態x（＝染みる）を実現させてしまった】という内容を詠むもので[12]、このタイプが「らむ留歌」に対して示唆に富むのである。

本書の見るところ、三代集において連体形終止の和歌は四一例（ナレヤ等の例は数に含めない。注(4)参照）。うち、逆接句を持つものは十一例である。まず、逆接句を持つ「らむ留歌」は、その大半（十七例）が【X↓x、Y≠X、Y↓x】型となり、先の(i)はその典型である。次の(m)は(i)ほど端的ではないが、これも【X↓x、Y≠X、Y↓x】というモデルに還元されうるであろう[13]。

秋歌とてよめる　　つらゆき

(m) 秋の野の草もわけぬをわが袖の物思ふなへにつゆけかるらむ　（後撰　秋中　三一六）

（X＝「秋の野の草をわけ」た人、Y＝言語主体、x＝袖が濡れている）

一方、連体形終止の和歌の【X↓x, Y≠X, Y↓x】型は、次の(n)など三例ある。

(n) みるめかるあまとはなしに君こふるわが衣手のかわく時なき　（拾遺　恋一　六六七）

（X＝海士、Y＝言語主体、x＝衣手が乾かない）

これは「らむ留歌」よりもかなり低率であって、【X↓x, Y≠X, Y↓x】型とは「らむ留歌」になりやすい述べ方なのであろう。思うに【X↓x, Y≠X, Y↓x】型の言語主体は【X↓x, Y≠X, Y↓x】という分析的な視点を持って事態に相対している。【X↓x, Y≠X, Y↓x】型は「詠嘆」の表現ではあれ、ストレートな情意の表出とは一線を画するのである。そして「らむ留歌」は、そのような【X↓x, Y≠X, Y↓x】型の分析性に相応しい性格を持っているということであろう。一方の連体形終止の和歌は「らむ留歌」のような分析的な視点に馴染むという特徴があるわけではない。【X↓x, Y≠X, Y↓x】型の例も持ちつつ、次の(o)などではストレートな情意の表出もなされるのであった。

(o) 吹く風のさそふ物とはしりながらちりぬる花のしひてこひしき　（後撰　春下　九一）

【B】ムヨ・ラムヨ・ケムヨの文の「主語の人称」

ムヨ・ラムヨ・ケムヨの文、及び、その他の連体形＋ヨの文の主語を人称別にまとめる。なお「らむ留歌」

の中には、内容的には一人称であるが、表現上、三人称としての構えをとるものなどがあり、【B】の検討には「らむ留歌」の例を含めない。

①ムヨ・ラムヨ・ケムヨの文（全二十例）
「三人称」十六、「一人称」四
②その他の連体形述語＋ヨの文（全七五例）
「三人称」三七、「一人称」二六、「二人称」十二

①で一人称主語となる例は三人称主語例の四分の一。ムヨ・ラムヨ・ケムヨの文は、言語主体自身の行為を述べる際にさほど用いられないという傾向が窺われる。そしてこれは、ムヨ・ラムヨ・ケムヨの文の言語主体が「当事者」というよりも「第三者」的なスタンスで事態に向き合う傾向を有するためではないか。そうした第三者的な性格は、たとえば(b)(l)などに端的であろう。

(b)　乳母なるべし、さやうの大人大人しき声にて「……親におはする殿に知られ奉り給へ、……」などいふ。「親子あるにやあらむ。あはれなることなりや。親を見ず知らざらむよ。誰ならむ」と聞き居給ふほどに、
（うつほ　楼の上　上）

(l)　すべて男の物見るに、只ひとり乗りて見るこそあれ。……若きをのこなどの、ゆかしがるをも、ひき乗せよかし。すきかげに只ひとりただよひて、心ひとつにまぼりゐたらんよ。
（枕　一一六）

(b)の仲忠はその場に居合わせただけのまさしく第三者であるし、(l)は『枕草子』類聚章段の例で、世間の事象を枚挙し寸評する体のものなのである。なお、次に引く(p)は一人称主語の例だが、ここでも自身の行為が第三

者的に観察されており、三人称主語に一脈通じるものであることがわかる。

(p) 宮の御心のあまり頼もしげなき時々は、思はずなりける宿世かな、故姫君の思しおきてしままにもあらで、かくもの思はしかるべき方にしもかかりそめけんよ、と思すをりをり多くなん。（源氏　浮舟）

中君が匂宮との結婚生活へ踏み出してしまったことを後悔する。現在の視点によって過去の自分を眺め、その行動に批判的な感想を抱くものであって、「言語主体・中君」と「主語・中君」との切断が明らかであろう。一方、②の場合は三人称に比して一人称が特に少ないわけではない。さらに①とは異なり、一人称主語らしい一人称主語の例が見出される。

(a) 日さし出でて軒の垂氷の光あひたるに、人の御容貌もまさる心地す。……ひきつくろふこともなくうちとけたるさまを、いと恥づかしく、まばゆきまできよらなる人にさし向ひたるよ、と思へど、紛れむ方なし。（源氏　浮舟）

言語主体の浮舟が、いま直面している事態を嘆息するもので、この浮舟はまさしく当事者的である。そこに「言語主体・浮舟」と「主語・浮舟」との一致が見られてよい。

【C】ムヨ・ラムヨ・ケムヨの文が現れる「言表の形式」

ここでは「会話文」「心内文」「地の文」といった別を「言表の形式」と称する。ムヨ・ラムヨ・ケムヨの文と、その他の連体形＋ヨの文が出現する言表の形式の分布をまとめると以下のようである。なお、和歌集に収められる和歌の場合、言表の形式の別を問うても判然とせず、ゆえに【C】において「らむ留歌」は扱われない。

①ムヨ・ラムヨ・ケムヨの文（全二十例）

「心内文」十一、「対者特定」二、「地の文」五、「主体不定」二

②その他の連体形述語＋ヨの文（全七五例）

「心内文」三五、「対者特定」三二、「地の文」五、「主体不定」三

「心内文」の例が最多であることは①②に共通。ただし「対者特定」に顕著な違いが見られる。なお、ここに言う「対者特定」とは、特定の対者に向けられた言表の形式「会話文」及び「手紙文」を、そう一括したものである。まず、②ではその「対者特定」が「心内文」とほぼ拮抗している。「対者特定」とは、具体的な状況の下、特定の人物に向けられた言表の形式であるから、言語主体一人の中に思いとしてとどまる「心内文」とは対照的な性格を持っている。かかる両者を包含する②は言表の形式の如何を問わぬものと言えよう。一方、①は「対者特定」の例が「心内文」の五分の一以下にすぎない。さらに「地の文」と「主体不定」も「対者特定」とは相当に異質である。「地の文」は対者が判然としないことも多く、言語主体から対者に向けての伝達の場面も想定しにくい。一方「主体不定」とは物語などに見られる一つの叙述のあり方で、たとえば(e)がそれである。

(e)　山のなかばかりの、木のしたのわづかなるに、葵のただ三すぢばかりあるを、世ばなれて、かかる山中にしも生ひけむよと、人々あはれがる。（更級）

ここで叙述の焦点は、同じ集団に属する人々が思いを共有していることにのみ当たる。これを実体的にとらえ

て、皆が口々に言ったのかなどと考えても意味はない。「主体不定」とは、そもそも対他性という観点の埒外に置かれているのである。以上のように、ムヨ・ラムヨ・ケムヨの文は、対他性のない「心内文」及び、対他性と一線を画する言表の形式を中心に出現すると言える。

ここまで、ム系の「連体形（＋ヨの）終止」の例には【A】から【C】という性格が認められることを述べた。まず【A】で確認したように、ム系の「連体形（＋ヨの）終止」の言語主体は、本来そうあるはずの姿と齟齬する事態への情意を発露させるかたわら、【X→x，Y≠X，Y→x】という分析的な視点によってその事態を腑分けしようとする。事態に対する感慨はそれとして、状況を咀嚼してみる冷静さも持ち合わせているのである。続く【B】ではム系の「連体形（＋ヨの）終止」の言語主体が第三者的なスタンスをとっていることを述べた。これもム系の「連体形（＋ヨの）終止」には、感慨と分析性が同居していることの現れであろう。言語主体は、本来そうあるはずの姿とは齟齬を来す事態に当惑しつつも、「詠嘆」に浸りきることはなく、それを吟味するような態度を保っているということである。また【C】で見た、ム系の「連体形（＋ヨの）終止」が「心内文」を中心に現れるのも、これらと同根の現象であろう。つまり、本来そうあるはずの姿とは齟齬を来す事態に接しつつも、その状況を腑分けしようとする言語主体の内省的なありようゆえに、それらは、言語主体一人の言語たる「心内文」に現れやすいのである。

以上の如きム系の「連体形（＋ヨの）終止」に対応する現代語とはいかなるものであろうか。もっとも、対応する現代語は何かなどという問はさして重要なものではない。が、対応する現代語の表現を示されると、実感として理解しやすくなることも事実であろう。そのためにこの点に触れておこうと思うのだが、本書の見るところ、現代語にはこれらとそっくり対応するような文はない。そもそものム系自体が変わってしまった（ほぼ時制の別に応じてム・ラム・ケムが鼎立するという体制から、「推量」のダロウ及び「意志」のウ・ヨウという体制へと）わけでもあるし、現代語に一対一対応する表現が見当たらなくとも、別段、異とすべきことでもなかろう。しかし、「連体形（＋ヨの）終止」が言語化されるような場面で用いられそうな文ならそれなりにある。たとえば「こんなのどかな春の日に、桜の花が散っているのだなあ」の如きいわゆる「ノダ文」がその一つである。本書はノダ文の性格を論ずる場所ではないが、簡単に述べておけば、ノダ文には「背後化されているものを明るみに出す」というところがある。朝起きて地面が濡れていたので「夕べ雨が降ったんだ」と思うような場合、ここで言語主体の目に見えているのは「地面が濡れていること」という事態であるが、その背後にあって、事態「地面が濡れていること」をもたらしたものは「夕べ雨が降ったこと」という事態である。その背後にある事態がノダ文によって構成されているのである。こうしたノダ文の働きが、原因・理由に当たる事態においてのみ見出されるわけでもないことは周知であろう。先の「こんなのどかな春の日に、桜の花が散っているのだなあ」の場合、言語主体の目の前に存在するのは単に「桜の花が散っていること」という事態である。だから、そのまま「桜の花が散っている」としか思わないこともありえよう。しかし、この場合はそうではなかった。眼前の「桜の花が散っていること」という事態には、目に見えている以上の意味が潜んでいて、言語主体はそのことに注目する。眼前にあるのは、実は「のどかな春の日であるにもかかわらず、桜の花が散ってしまうこと」という事態なのである。ノダ文は言語主体のそのような判断を担っている。こうした、当面する事実に関わって言語主体がなにがしかの思いを巡らすおりに用いられる点で、ノダ文は「連体形（＋ヨの）終止」に一脈通じる面があると言える。が、それはあくまでも同じような状況で使用されるという類似点である。通説的理解に言う「どうして桜の花が散っているのだろうか」よりは雰囲気が近かろう、その限りにおいてここにノダ文を示したのであって、「連体形（＋ヨの）終止」の文法的性格がノダ文に一致するなどと主張するものではない。

第一節でも言及したが、八代集連体形終止の和歌の述語には、推量・意志等の「モダリティ」の助動詞が現れないという指摘がある。(14)「らむ留歌」も連体形終止の和歌の一種であるが、そこにはム系助動詞が存しており、連体形終止の和歌には「モダリティ」の助動詞が出現しないということの異例に当たるかのようである。本節ではこの点について関説する。

三

「モダリティ」の助動詞が出現しないとは、換言すれば、そこに言語化されるのが、推量・意志の如き意味合いとは関わりのない事態、つまりは事実ということだろう。たしかに次の(q)には、「我が身に恋の重荷がのしかかってしまったこと」という事実が詠ぜられている。

(q)　かしまなるつくまの神のつくづくとわが身ひとつにこひをつみつる　（拾遺　恋五　九九九）

そして、「らむ留歌」も事実を言語化していることは、前節で確認したとおりである。たとえば(f)の「しづ心なく花の散るらむ」に詠ぜられるのは「桜の花が散っていること」という事実だったのであり、その点で(q)と変わるところはないのだ。詳しくは次節で論ずるが、たしかに「らむ留歌」では単に事実が言語化されているのではなく、そこに言語主体の作用的側面が窺われる。しかし、これは(q)その他の連体形終止の和歌においても同じことであろう。「らむ留歌」以外の連体形終止の和歌には言語主体の作用に関わる側面が認められず、そこでは単に事実だけが言語化されているという保証などない。連体形終止の和歌に現れるム系以外の形式（用例(q)における「助動詞ツ」など）とても、それが完全に客体的・素材的な形式であるとは言い切れまい。「らむ留歌」におけるム系と同様（程度の差は認められるのかもしれないが）、それなりに「主観的」な色合いを帯びてもいるかと思われる。

以上のとおり、「らむ留歌」に現れたム系は、それを推量と解せば、八代集連体形終止の和歌全体の中で異例ともなるが、本書の見るところによれば、ことさらに異とするにも当たらないのである。そしてこのことは、連体形＋ヨの終止に目を転じてみても同様であろう。前節で確認したとおり、ム系助動詞の現れるムヨ（不定時）、ラムヨ、ケムヨの文においても、そこで言語化されるのは事実なのであった。

しかしながら、萬葉集にも調査対象を広げてみると、未来事態を表すムを持つ連体形終止の和歌が見出される。(15) 次の(r)の如きがその例であるが、未来事態ということは、それは事実ではなく非事実に当たるということである。

(r)　近くあれば名のみも聞きて慰めつ今宵ゆ恋の（乃）いや増さりなむ（南）　（萬葉　巻十二　三一三五）

さらに、前節に見たとおり、ムヨの文にも未来事態を構成する例があった。再掲の(j)(k)も含めてそれらを示しておく。

(j)「さても、この人をばいかがもてなしきこゆべき。めづらしきさまの御心地もかかる事の紛れにてなりけり。いで、あな心うや。かく人づてならず心うきことを知る知る、ありしながら見たてまつらむよ」と、わが御心ながらも、え思ひなほすまじくおぼゆるを、　（源氏　若菜　下）

(k)　この三条が言ふやう、「……当国の受領の北の方になしたてまつらむ。……」と、額に手を当てて念じ入りてをり。右近、いとゆゆしくも言ふかな、と聞きて、「……今は天の下を御心にかけたまへる大臣にて、いかばかりいつかしき御仲に、御方しも、受領の妻にて品定まりておはしまさむよ」と言ふ。

（源氏　玉鬘）

(s)　たびたび詣でさせしを、かひなきにこそあめれ、命さへ心にかなはず、たぐひなきいみじき目を見るは、といと心憂き中にも、知らぬ人に具して、さる道の歩きをしたらんよ。とそら恐ろしくおぼゆ。

（源氏　手習）

なお、本書は、次に引く(t)のムヨの文も未来時の例と考えているのだが、この例については、個別的に検討を加える必要もあるため、別途、次章で論ずることにしたい。

(t)　このふるさとの女の前にてだにつつみはべるものを、さる所にて、才さかし出ではべらむよ。

（紫式部日記）

これら未来事態を構成する例は、連体形終止全体の中にどう位置づけられるのであろうか。その際、注意されるのは、連体形＋ヨの終止には「反実仮想」のマシが現れもするということである。

(u)　ただ今書きたらんにも違はぬ言の葉どもの、こまごまとさだかなるを見たまふに、げに落ち散りたらましよと、うしろめたういとほしき事どもなり。

（源氏　橋姫）

薫が、柏木の遺した手紙を見て自身の出生の秘密を知り、もしこの手紙が世に流出していたとしたら大変なことになったであろうと考える。実際にはその手紙は流出しておらず、マシ上接の「落ち散る」とは反事実の事態に当たるわけである。このような反実仮想のマシヨの文については第二部第二章で論ずるが、本章の範囲では、以下のように言及しておきたく思う。

反事実の事態とは言語主体の作用によって構成されるほかない。しかしながら、その構成に先立っては、言語主体の外部に事実が存在していなければならない。(u)で言えば、そもそも「柏木の手紙が秘匿されていること」という事実があったからこそ、「柏木の手紙が世に流出すること」という反事実の事態が構成可能になるのである。即ち、マシヨの文に述べられる反事実の事態とは、外部から言語主体にもたらされた事実を裏返したものにすぎない。その「裏返し」という点に言語主体の作用の跡が認められはするけれど、それは言語主体の作用によってのみ導き出されるような事態ではない。結局は事実によって自動的に導かれたもので、事実を語る一つのヴァリエーションだとも言える。

このように、(u)の「連体形（＋ヨの）終止」に述べられる反事実の事態は、言語主体の作用を待って初めて構成されたものというよりも、「外部から言語主体に与えられた事態」であった。その「外部から言語主体に与えられた」という点で、(u)に言語化される事態は事実に通う性格を持つと言えよう。以下、そうした事実、及び、事実ではなくてもそれに通底する事態を「言語主体にとって所与的な事態」と呼ぶ。事実とは「言語主体にとって所与的な事態」の典型であろうが、「言語主体にとって所与的な事態」は事実に限られるわけではないということである。そして「連体形（＋ヨの）終止」に現れるムの未来時の例も、この「言語主体にとって所与的な事態」を構成するものと考えられる。

まずムヨの文の(j)(k)(s)であるが、これらが言語主体の推量・意志等の作用と無縁であることは既に述べた。「女三宮と従来通りの結婚生活を続けること」（用例(j)）と「馴染みのない尼達と道中を共にすること」（用例(s)）は、それぞれの言語主体・光源氏、浮舟にとって、現状がこのまま推移すれば確実に降りかかってくるような未来事態である。推量等、特別な作用によって言語主体自らが導き出したものではなく、外部から突き付けられた事態なのだ。この「外部から突き付けられた未来事態」という性格は、(k)からも見出されよう。つまり(k)の未来事態「玉鬘が受領の妻止まりになること」は、言語主体・右近自身の判断によって構成されたのではなかった。それは対者・三条が導き、口にした事態であって、右近からしてみれば自身の外部から突き付けられたものなのである。このように、ムヨの文（未来時）に述べられる事態とは、言語主体が自らの判断によって作り上げたものではなく、むしろ言語主体の外部からもたらされている。つまりは「言語主体にとって所与的な事態」なのであって、事実に通う性格が認められるのだった。そして、先に引いた萬葉集の例(r)の場合も、これらムヨの文（未来時）と同様である。(r)の言語主体の恋情はこれまで相手の評判を聞くことによってなんとか慰められてきた。しかし、言語主体は出立の日を迎え、もうその評判を耳にすることはできない。ゆえに、今晩から恋情がいや増すのは必然である。よって、この「恋情が増すこと」という事態は、言語主体自身が考えを巡らして導き出すようなものではなかろう。推量等の作用とは関わりなく、今後、自明に生ずる未来事態なのであった。それゆえに、(r)に構成される非事実の事態も「言語主体にとって所与的な事態」に該当するのである。

ここまでに見たとおり「連体形（+ヨの）終止」に構成されるのは「言語主体にとって所与的な事態」である。その「言語主体にとって所与的」という性格を認めうる限り、「連体形（+ヨの）終止」には、事実ならざる事態をも言語化されるのであった。そして「連体形（+ヨの）終止」の持つこうした性格ゆえに、「連体形（+ヨの）終止」を環境として、非推量・非意志のム系使用がなされたものであろう。つまり、終止の位置に立ったム系は、たいていが推量、或いは意志の表現となる。ところが「連体形（+ヨの）終止」に見られるム系は、終止の位置にありながら推量でも意志でもなかった。これは「連体形（+ヨの）終止」が、推量・意志といった言語主体の作用とは無縁な場所であって、それゆえに、そこに出現したム系も推量・意志とは関わりのない現れ方をするに至ったのである。

ところで「詠嘆」の文一般に対象を広げてみると、それが「言語主体にとって所与的な事態」を構成しなければならない理由はないだろう。言語主体が自らの判断によって何らかの事態を導き出し、それに対する情意が表出されることもありうるかと思われる。たとえば「明日はいなくなってしまうかもしれないなあ」のように。そうである以上「連体形（＋ヨ）の終止」に構成される事態が「言語主体にとって所与的な事態」に絞られてくるのは、そこに共通する「連体形述語」を所以としていよう。その「連体形述語であること」と「言語主体にとって所与的な事態」との関連がいかなるものであるかについては、名詞乃至名詞＋終助詞による「詠嘆」表現とも併せて、別稿を用意したいと思う。

四

ここまで論じてきた「連体形（＋ヨの）終止」におけるムは、推量や意志のムと、どのように関連しているのだろうか。本節ではその考察を行う。

(v)　出でて去なば心軽しと言ひやせむ世のありさまを人は知らねば　（伊勢　二一）

(w)　「まろがはべらざらむに、思し出でなんや」と聞こえたまへば、「いと恋しかりなむ。まろは、内裏の上よりも宮よりも、母をこそまさりて思ひきこゆれば、おはせずは心地むつかしかりなむ」とて、目おしすりて紛らはしたまへるさまをかしければ、ほほ笑みながら涙は落ちぬ。　（源氏　御法）

推量のムの例として(v)(w)を引いた。これら推量のムの性格を考えるにあたって注意を要するのは、それが「事態存否」に関わる疑問文を作るという点である。たとえば(v)の「心軽しと言ひやせむ」は「心軽しと言ふ」という事態の現実世界における存否が問われていよう。かかる「事態存否」に関わる疑問文を作るか否かの別が大きな意味を持つことは、既に論があり、(16)以下、その見解に関して本書の理解するところをまとめておく。

言語形式には、「事態存否」に関わる疑問文を作るものと「事態存否」に関わる疑問文を作らないものがある。「事態存否」とは「現実世界にその事態が生じる（生じている／生じた）かどうか」ということであるが、現実世界にその事態が生じる（生じている／生じた）かどうかが問題とされる際、万能ならぬ人間にはその判定をしかねるケースが必ず出てくる。だから、現実世界にその事態が生じる（生じている／生じた）かどうかが問題とされる文は、「事態存否」に関わる疑問文が作れるようにできている。こうした「事態存否」に関わる疑問文を作る形式を、注(16)の文献は「叙実法」の形式と称した。たとえば「明日、雨が降るだろうか？」という疑問文は、「明日、雨が降ること」という事態が現実世界に生じるか否かを問うものと考えてみることができる。ゆえにダロウは「叙実法」の形式とされることになるのである。注(16)の文献の言葉によれば、かかる「叙実法」の形式が用いられる文の場合、言語主体は、そこに言語化された事態について「事実言明」している。むろん、その文に言語化された事柄は、畢竟、言語主体の想像の一種には違いないけれど、単なる空想などとは異なり、一定の責任を持った述べ方となるのである。

一方の「事態の存否」に関わる疑問文を作らない形式は、「叙想法」の形式と呼ばれている。「叙想法」の形式による文とは「現実世界にその事態が生じる（生じている／生じた）かどうかは問題とされない文である。つまり、その文に述べられる事態は言語主体の単なる想定にとどまる。そのような事態を言語主体自身が疑問するなど無意味であろう。「叙想法」の形式に述べられる事態とは、注(16)の文献の言葉によれば「『私にはそう思われる』というときの『そう』の内容に当たる」ものなのである。例を示すと「明日、雨が降るにちがいない」「明日、雨が降るかもしれない」という文の言語主体は、「明日、雨が降ること」という事態が本当に現実世界に生じるか否かは存知の外である。それが事実になるかどうかはさておき、とにかく今の自分にはそのように思われるのである。だからこそ「明日、雨が降るにちがいないか？／かもしれないか？」という疑問文は存在しないのであった。こうしたニチガイナイ／カモシレナイの類は、注(16)の文献の枠組では「叙想法」の形式になるわけである。

本書は以上の如き注(16)の文献の見解に基本的に賛同する。しかし、本書における事実とは「既実現であることが確認済みの事態」のことである。よって、以下のような述べ方をしておきたく思う。

「事態存否」に関わる疑問文を作る形式の言語主体は、その文に言語化された事態が、「（現実）世界」に対応する事態を持つ旨、表明している。

上記「（現実）世界」という記載について。ほとんどの場合、「世界」とは「現実世界」を指す。しかし、「叙実法」の形式も、いわゆる「反実仮想」の文を作ることがあり、その場合、「世界」とは、たとえば「現実世界とは真理値が逆転した世界」の如きものになる。そうした例外を許容しないわけでもないということである。また、「（現実）世界」に対応する事態を持つとは、その事態が、単に言語上の（ということは、言語主体の観念上の）存在なのではなくて、言語主体の外界に実体を有するものとして言語化されているということを意味する。

そして、本書の扱う推量のム（及びラム・ケム）も、この「事態存否」に関わる疑問文を作るから、上述の「叙実法」の形式に該当することになる。たとえば先掲(v)の言語主体にとって、自身の推量する「世間の人が自分のことを軽率だと言うこと」という事態が、「（現実）世界」に対応する事態を持つか否か（事実となるかどうか）は、重大な問題である。それゆえに、ここで、その事態の「（現実）世界」における存否が問われることになるわけだ。また、(w)の言語主体・匂宮は、集約して記せば「紫上がいなくなったら恋しく思うだろう、嫌な気持ちになるだろう」と述べている。この発言は、匂宮が紫上に対する真率な心情を伝えるものだから、「恋しく思うこと」「嫌な気持ちになること」という事態が事実となるか否か自分には与り知らぬ、という述べ方が採られているとは考えられない。(w)の推量のムにおいても、やはり、それらの構成する事態は、「（現実）世界」に対応する事態を持つものとされているのである。

けれども、言語化された事態が「（現実）世界」に対応する事態を持つということには、その内実に質的な差異が存する。たとえば、日の出に気づいて「あ、朝になった」などと口にする場合。言語化された「朝になったこと」という事態が、「（現実）世界」に対応する事態を持つのは、そこに居合わせさえすれば、誰しもそう判断するはずである。言語主体もその万人の一人であるにすぎない。よって、そこで表明されるのは言語主体の個的な判断ではありえず、いわば「間主観的な判断」である。[17] それに対して、(v)で、【「世間の人が自分のことを軽率だと言うこと」という事態が、「（現実）世界」に対応する事態を持つ】と表明されているとき、その判断は、あくまでそう推量した言語主体一人のものである。換言すれば、その表明は言語主体の個的な判断による。かかる推量のムの性格は次のようにまとめられる。

【言語主体の個的な判断において、その文に言語化された事態が「（現実）世界」に対応する事態を持つ】

という表明

ただし、ここでさらに注意しておくべきは、「私は今朝、蛋餅を食べた」や「右足が少し痛みます」の如き文である。これらにおいては「私が今朝、蛋餅を食べたこと」という事態、「（私は）右足が少し痛むこと」という事態が、「(現実) 世界」に対応する事態を持つ旨、表明されている。そうした判断を言語主体の個的なものと呼んでも間違いではあるまいが、このような事態の言語化にムが用いられることはない。それはどうしてか。「私が今朝、蛋餅を食べたこと」や、「(私は) 右足が少し痛むこと」は、先の「あ、朝になった」の場合とは異なり、それに関わりを有するのは言語主体一人である。つまり、ここでの言語主体は、一人とは言え万人に相当する。したがって、そうした言語主体の個的な判断も、「間主観的な判断」と同次元に位置づけられる資格を持つ。要するに、これらの言語主体に個的な判断は、「間主観的な判断」に対置されるようなものではなく、それが推量のムを持つ(v)(w)との違いなのである。だから、これらの「私は今朝、蛋餅を食べた」や「右足が少し痛みます」という文は、ムの表す範疇の外となるのだった。

そして、「叙想法」の形式というものも存するかたわら、ムが「叙実法」の側に属するのも、この「間主観的な判断」に対置されるという性格を所以としているだろう。つまり、「叙想法」とは、現実世界における存否とは関わりなく、言語主体一人の想念において事態を構成するだけのものである。そうである以上、「叙想法」において「間主観的な判断」は成立しない。だから「叙想法」は、「『間主観的な判断』」と対置される『言語主体の個的な判断』」を担うムの領域とはならないのである。

このとき改めて想起されてくるのが、「連体形（＋ヨの）終止」に現れるムである。それらは、言語主体が、本来そうあるはずの姿から齟齬を来した事実（及び事実相当の事態）に直面し、それを詠嘆的に受理する文であった。再び「朝になったこと」という事態を例にとろう。仮にその「朝になったこと」が、言語主体にとっては、本来そうあるはずの姿から齟齬を来たすものであったとする。(18) その齟齬ゆえに言語主体は「朝になったこと」を受け容れがたく、それでも、そんな事態が存在してしまっていることを、何とか受け止めようとする。現代語で言えば「ああ、朝になってしまったのだなあ」のように。かかる事態の受理は、言語化された「朝になったこと」という事態が、現実世界に対応する事態を持つ旨、認めざるをえなくなったということである。かつ、この営為は、普通なら、誰しもが「朝になった」と認めるようなこと（つまりは「間主観的な判断」の対象）を、この状況においては、あえて言語主体の個的な判断として認めたのであって、「連体形（＋ヨの）終止」に現れるムも、【言語主体の個的な判断において、その文に言語化された事態が「（現実）世界」に対応する事態を持つ】旨、表明しているのである。その点、推量のムと変わるところはない。そして本書は、この性格が意志のムにおいても見出されると考える。

(x)「御返り言見て、御前へは参らむ。昨日のやうにもぞもて騒ぐ」と思して、しばし参り給はず。（うつほ　蔵開　中）

(y)「……御息所のわづらひたまふなるもとぶらひがてら、参でん」と、おほかたにぞ聞こえごちて出でたまふ。（源氏　夕霧）

(x)では、仲忠が、帝の御前にいるときに、妻からの返事が届くとからかわれるので、返事が届いてから伺おうと思案している。また、(y)は、夕霧が、御息所の病気見舞い等、改まった用事がある体裁を整えたうえで、落葉宮の許を訪れようとするものである。(x)の「仲忠が（妻の返事が届いてから）帝の御前に参上すること」という事態、(y)の「夕霧が落葉宮を訪ねること」という事態がこの後、実際に生起するか否かは、言語主体たる仲忠、夕霧の心づもり一つである。そうであるから、(x)では「しばし参り給はず」、(y)では「出でたまふ」と、言語主体によってコントロールされた動作が展開されているのである。つまり、意志された事態というものは、それが事実となるかどうか、言語主体個人の判断と行動によって決せられる。具体的な状況のいちいちにあっては、そうともいかない場合もあろうが、原理としてはそうなのである。仮に曲折はあったにしても、自分が実現できると思うから意志するということだ。したがって、意志の文の言語主体は、そこに言語化された事態を、実際に存在しうるものと把握している。換言すれば、言語主体は、意志された事態に「（現実）世界」に対応する事態があると判断している。そして、この判断が言語主体に個的なものであることは言を待たない。このように、意志のムにも、【言語主体の個的な判断において、その文に言語化された事態が「（現実）世界」に対応する事態を持つ】という性格が認められることになるのである。

終止の位置に現れたムは、非事実のみならず、事実を言語化することがある。より文脈に即せば、終止のムは推量、意志、所与的事態の詠嘆的受理等といった異なる意味合いを帯びている。しかし、それらが一つの形式に共存するのは、結局のところ、いずれもが【言語主体の個的な判断において、その文に言語化された事態が「（現実）世界」に対応する事態を持つ】という性格を持つからにほかならないのであった。

〔注〕

（1）挙例にあたっては、以下の本文を使用した。引用に際して適宜表記を改めた部分もある。
・源氏物語、和泉式部日記、堤中納言物語『日本古典文学全集』（小学館）
・うつほ物語『うつほ物語　全』（おうふう）
・伊勢物語、落窪物語、紫式部日記『新潮日本古典集成』（新潮社）
・蜻蛉日記、枕草子、更級日記『新日本古典文学大系』（岩波書店）
・古今和歌集、後撰和歌集、拾遺和歌集『新編国歌大観』（角川書店）

（2）本書が確認したムヨの文の用例数は八。その他の連体形＋ヨの文は七五である（後述するラム・ケムの連体形＋ヨの例を除く）。なお、ムヨの文を含む連体形＋ヨの文には意志・勧誘系の例も見られるが、それは除外してある。

（3）三代集においては、連体形終止の和歌にムの例は見られない。なお連体形終止の和歌で、その連体形がさらにヨを伴うものも見出されなかった。連体形述語＋ヨとは、和歌（少なくとも三代集の和歌）に用いられにくい形式であったのかもしれないが、その理由はよくわからない。

（4）三句末にヤがあるもの等は、それが区切れであるのか、或いは、係り結びとして下に続くのか何とも言い難い面があるため、ひとまず例から外してある。具体例は以下のとおり。

雪のふれるをみてよめる　凡河内みつね
ゆきふりて人もかよはぬみちなれやあとはかもなく思ひきゆらむ　（古今　冬　三二九）

（5）藤原克己「古今集歌の日本的特質と六朝・唐詩」（『文学』一九八五―十一、一九八五年）、同「古今集歌における日本的なるもの」（『日本の美学』九、一九八六年）、同「古今集歌の詩的本質と普遍性について」（『国文学』四五―四、二〇〇〇年）等、一連の論考。

（6）山口堯二「喚体性の文における疑念の含意―『しづ心なく花のちるらん』の基底―」（国語国文』一九八八―二、一九八八年）。

（7）近藤泰弘「〈結び〉の用言の構文的性格」（『日本語学』一九八六―二、一九八六年）。

（8）注（4）に引く古今集三二九番歌などがその例である。

（9）野村剛史「三代集ラムの構文法」（『日本語文法　体系と方法』ひつじ書房、一九九七年）。

（10）山田潔「『しづ心なく花のちるらむ』考」（『國學院雜誌』一九九三―四、一九九三年）。

（11）根来司「『むよ』『らむよ』『けむよ』」（『藤女子大学国文学雑誌』五―六、一九六九年）。

（12）この着眼は注（5）の文献に多くを負うている。

（13）「らむ留歌」のうち、逆接句を持つが【X↓x，Y≠X，Y↓x】型には当たらないものを示しておく。

ほととぎす声まつほどはとほからでしのびになくをきかぬなるらん　（後撰　夏　一五〇）

（14）注（7）の文献。なお、注（7）の文献自体の見解は以下のとおり。注（7）の文献は八代集連体止め歌の如き「連体止めの文」を「それ自体がひとつの独立したモダリティ」たる「感動文」と考える。それゆえ「連体止めの文」にはその他のモダリティ（命令・疑問・推量等）が現れないとするのである。

（15）既に、川端善明「空白のモダリティ―連体形終止の上代―」（『大谷女子大国文』二七、一九九七年）にも指摘が見られる。

（16）大鹿薫久「モダリティを文法史的に見る」（『朝倉日本語講座6　文法Ⅱ』朝倉書店、二〇〇四年）。

（17）一応、付言しておくが、これは、日の出に気づいて「あ、朝になった」と口にする場合に即して述べている。タという形式全般に話を広げて、タが万人共通の判断を表す形式である等の主張をするものではない。

（18）朝になることとは「本来そうあって然るべき事態」には違いないが、たとえば「決して始まってほしくない一日が始まってしまう」などの場合、言語主体の情意的には、本来そうあって然るべき姿から齟齬するということもあろう。

第二章　「才さかし出ではべらむよ」

一

左衛門の内侍といふ人はべり。あやしうすずろによからず思ひけるも、え知りはべらぬ心うきしりうごとの、おほう聞こえはべりし。うちの上の、源氏の物語、人に読ませたまひつつ聞こしめしけるに、「この人は、日本紀をこそ読みたるべけれ。まことに才あるべし」と、のたまはせけるを、ふと推しはかりに、「いみじうなむ才がる」と、殿上人などにいひちらして、日本紀の御局とぞつけたりける。いとをかしくぞはべる。このふるさとの女の前にてだにつつみはべるものを、さる所にて、才さかし出ではべらむよ。(1)

紫式部日記に見られるムヨの文「才さかし出ではべらむよ」を引いた。前章にも述べるとおり、このムヨの文には個別的に検討すべきことがあり、よって、本章をそれに充てる。

源氏物語を目にした一条天皇は、その作者が日本書紀に通じた学才ある人物であると述べる。それを受けて、女房・左衛門の内侍は、紫式部が己の才をひけらかしていると言い立て、「日本紀の御局」なるあだ名までつけた。こうした状況を「をかし」と評してみせた後、日記は傍線部の記述「才さかし出ではべらむよ」へと続くのだが、その傍線部に関わって、諸注は次に引くような解釈を提示している（以下、傍線部を「当該箇所」と称する）。

1　そうしたところでどうして学才をふりまわしましょうか。（『日本古典文学大系』）

2　そんな宮中のようなところで、どうして学問をひけらかしたりするでしょうか。（『日本古典文学全集』新編も同様）

3　どうして、そんな宮中などで学のあるところを披露に及ぶなどということをようするものですか。（『紫式部日記新釈』）

4　これは上に「など」「いかで」等の疑問副詞が省略されていると見るべきであって、（『紫式部日記総索引』）

5　そんな宮中なんかで、学問をひけらかしたりしましょうか。（『紫式部日記全注釈』）

6　そんな宮中のような場所で、学識をひけらかしたりいたしましょうか。（『新日本古典文学大系』）

7　宮中などで学問ありげな、賢さうな顔などはしない。（『日本古典全書』）

8　学識をひけらかすようなことはね。（『新潮日本古典集成』第一刷）

9　学識をひけらかしますなんて。（『新潮日本古典集成』第四刷）

見られるように、1から6は当該箇所を疑問（この場合、より限定的には反語）の文と了解する。「どうして」の類を読むか（1から4）、読まないか（5と6）という、問えば問えるような差異も認められるけれど、いずれにせよ、反語という形で「さかし出づ」を打ち消すのである。なお、7は、1から6のヴァリアントと言えるであろう。疑問（反語）という過程ではなくて、打ち消しという結果のみを示すわけだ。しかしながら、この疑問的理解とは、文中に疑問を表す要素がないにも関わらず、それを読み込んで文意を通そうとするものである。便宜的な処理との誹りを免れるためには、そうした読み込みが可能とされるだけの論理を提示しなければならないが、現状では、なかなか十分に説明されたとも言えないように思われる。この点については、既に前章でも触れた。一方、8と9は、これら疑問的理解と趣を異にしている。本書が参照した第一刷と第四刷の間には、ニュアンスに富んだ表現の模索の跡が窺えるのである。しかし、これら8と9においても、なぜそのように解釈しうるのか、明らかにされてはいない。

本章は、諸注に定見を見たとは言いきれぬ、この当該箇所の解釈を定めようとする試みである。

二

初めに、「さかし出づ」という動詞の意義を確認する。冒頭に引くように、諸注の多くは、「さかし出づ」の口語訳に「ひけらかす」「ふりまわす」といった否定的なニュアンスの語を充てている。なるほど、諸注の文意の取り方からすれば、そうした否定的なニュアンスの訳出は一つの自然であろう。しかし、「さかし出づ」という語自体が、否定的な意味合いを持つのか否かについては、改めて検討が必要であって、以下、それを行うことにする。

まず、単独の「さかす」が、どのように使用されているのかを見よう。[2]

(a)　みき丁のほころびよりはつかにみいれたり。大納言殿のまゐり給へるなりけり。……「み丁のうしろなるはたれぞ」ととひ給なるべし。さかすにこそはあらめ、たちておはするを、なほほかへにやとおもふに、いとちかうゐ給て、　（枕　一七七）

(b)　入道の領じ占めたる所どころ、海のつらにも山隠れにも、時々につけて、興をさかすべき渚の苫屋、行ひをして後の世のことを思ひすましつべき山水のつらに、いかめしき堂を立てて三昧を行ひ、（源氏　明石）

(a)の清少納言は、当時、出仕したてであったため、中宮のもとを訪れた伊周に物怖じして几帳の陰に隠れる。伊周は、几帳の奥に誰がいるのか好奇心を示し、その後、側にも寄ってきた。この、好奇心がただの好奇心では済まずに、接近という行動に至ったことに対して、「さかすにこそはあらめ」という注釈が付されている。即ち、「さかす」という事態があったからこそ、伊周の好奇心はそのままで終息せずに、行動へと駆り立てられたというわけだ。「さかす」は、伊周が行動に至ったことの原因に当たるのである。そして、諸注はこれを「（女房が伊周を）そそのかしたのであろう」の如く解釈した。実際、用例(a)の現場においては、そうした「そそのかし」がなされたのかもしれず、よって、大意を把握するという意味では、「そそのかす」でも、さほど大きく外れてはいまい。しかし「さかす」という語にとっては不都合ではないか。(b)など、「そそのかす」とは無縁の例をも視野に入れておかなければならないからである。では、(a)の「さかす」は、どう把握しておくのが適当か。(a)では、女房の「さかす」行為の結果、伊周の好奇心が行動にまで結びついたとされるのだから、ここの「さかす」は「好奇心を盛んな状態にする行為」であったと言える。そう考えると、(b)の「さかす」との関連も容易に辿りうるであろう。(b)とは、明石入道の住まいに、折々の興趣を「さかす」渚の苫屋が設けられていると述べるものである。「そこからの眺望によって、人の感興が盛んな状態になるよう、しつらえに工夫を凝らした苫屋」と解しうる。即ち、(a)(b)いずれの「さかす」にも「人間の興味・関心を盛んな状態にする」という性格が看取されるのである。そして、一見、趣を異にする次の(c)も、この類例ではないだろうか。

(c)　「さはありとも、音聞きあやしや。人はみめをかしきことをこそ好むなれ。『むくつけげなる鳥毛虫を興ずなる』と、世の人の聞かむもいとあやし」と聞こえたまへば、「苦しからず。よろづのことどもをたづねて、末を見ればこそ、事はゆゑあれ。いとをさなきことなり。鳥毛虫の、蝶とはなるなり」……とのたまふに、言ひ返すべうもあらずあさまし。……これを、若き人々聞きて、「いみじくさかしたまへど、いと心地こそ惑へ、この御遊びものは」「いかなる人、蝶めづる姫君につかまつらむ」とて、

（堤中納言　虫めづる姫君）

両親から、毛虫を愛玩することを咎められた姫君が、理詰めで反駁する。両親は返す言葉もなかった。そのやりとりを聞いた女房の言葉に「さかす」の語が現れており、ここでの「さかす」は、以下のように考えられてきた。

『増訂堤中納言物語評釈』（京都印書館）

「いみじくさかしうし給へど」「いみじくさかしくし給へど」などの誤写と思はれる。原文のままでは通じない。

『堤中納言物語全評釈』（有精堂）

「さかす」は、「取扱う、持てはやす、やりくりす、きりまわす」などの意。現在でも越後方面には日常の語として、「さばく、売る、商う」などの義にも使用して居る。蒲原郡地方は、日常一般に、何人にも使用せられて居る。「さかしかる」の「さかし」とは全く異なる語である。中央には死語であり、方言的に残っているに過ぎない。

『日本古典全書』

「興をもよほす」の意か。

『日本古典文学全集』

「さかす」は、持ち扱う意で方言にのみ残る古語。「時々につけて、興をさかすべき渚の苫屋」（源氏・明石）は下二段とされているが同類の語か。「揚」を「サカス」と訓ずる（類聚名義抄）。

『新潮日本古典集成』

いやにもてはやしなさるけれども、

『新日本古典文学大系』

不詳。「（虫を）探し給へど」の意か。東北方言に言う「上手に取り扱う」意の「さかす」と説く向きも。

『新日本古典文学全集』

「さかす」は、表だって取り扱う、ひけらかす、の意。「時々につけて、興をさかすべき渚の苫屋」（源氏・明石）も同類の語か。『類聚名義抄』に、「揚」を「サカス」と訓ずる。

見られるとおり、諸注の間で解釈が分かれるのである。また、これらを見る限りでは、どの説がもっともであるのかも判然としない。

そこで、もう一度、文脈を追うことにしよう。姫君の行動を「さかす」と評した女房の発言は、「これ（＝姫君と両親のやりとり）を聞きて」なされたものである旨、記されている。だから、この「さかす」も、姫君と両親のやりとりに関わる語と考えるのが自然であろう。そして、そのやりとりとは、姫君が弁舌によって両親をやりこめるというやりとりであった。『増訂堤中納言物語評釈』は、こうした文脈に沿って、「やりこめる」＝「さかしく振る舞う」と考え、「さかしくし給へど」等の誤写を想定したのであろう。しかし、本書は、別に誤写と見る必要もないと考える。先の(a)(b)において、「さかす」は、人間の興味・関心を盛んな状態にする動作の云いだったけれど、「さかす」の対象が興味・関心に限られなければならない理由はない。興味・関心とは「さかす」の対象の一部なのであって、「さかす」は、それら興味・関心を包含する、人間の思考・感情全般を対象としうるのではないか。即ち、(c)の「さかす」は、姫君の頭脳が、両親を理路整然と論破するほどに、盛んな状態にあることを表しているのだ。よって、ここで女房は、姫君が才気煥発さを発揮させて、自分の好尚を正当化しているけれど、やはり毛虫を愛玩する様は受け入れられないと述べていることになろう。

こうした(c)の「さかす」は、実は、当該箇所に見られる「さかす」と、よく似ているように思われる。当該箇所「才さかし出ではべらむよ」において、「さかす」の対象とは「才」、つまりは、紫式部の才知であった。このように、頭脳の活発な働きを述べる点、当該箇所は(c)に通う。つまり、当該箇所の「さかす」は、「自身の才知を盛んな状態にする」という事態を表すものかと思われるのである。

以上の如く、当該箇所に関しては、「さかす」を「人間の思考・感情を盛んな状態にする」意と見ておけば、それで過不足ない。しかし、「さかす」という語自体は、「人間の思考・感情を盛んな状態にする」ことにとどまらぬ広がりを持っているようだ。たとえば、次に引く(d)を見られたい。

(d)　色々の御衣ども、色を尽くし、解きほどき、御衣架を並べ、御調度、色を尽くし、品を整へ、御鬘ども、丈を整へ、数を尽くして、方々さかされたり。（うつほ　祭の使）

正頼邸での七夕の宴が、衣装や調度などを豪勢に整えて執り行われる。「方々さかされたり」とは、そうした諸々の支度によって、宴が盛大なものなることを指すわけである。そして、この(d)のような例を考慮に入れると、「さかす」とは、「人間の思考・感情」に限らず、ものごと全般を「盛んな状態にする」意と考えられるであろう。「さかす」は、その形態上、自動詞「さかゆ」に対応する他動詞形とされることがあるけれど、上述の性格を考え合わせると、意味的にも、もっともな見解と言えると思う。

ここまでは、単独の「さかす」について考えたが、当該箇所の「さかす」は「出づ」を伴って「さかし出づ」という形をとる。「出づ」を後続させた「さかす」は、いかなる意義を担うことになるのか。その際、参考になるのは、「さかし出づ」と同様、複合の前項が他動詞で、かつ、後項を「出づ」とするような例だろう。「さかし出づ」は、それら「〜出づ」と基本的な構造を共有するのである。以下、その「〜出づ」の例を示す。(3)

(e) 火の、おほきにてつゆ黒みたる所もなくめでたきを、こまかなる灰のなかより、おこしいでたるこそ、いみじうおかしけれ。（枕　二七九）

(f) 人にも見え給はで、逃げ出でたまひにけり。「愛宕になん」「清水に」などゆすりて、つゐに尋ね出でて、ながしたてまつると聞くに、（蜻蛉　中）

(g) むかし、世ごころつける女、いかで心情あらむ男に逢ひえてしがなと思へど、いひ出でむたよりなさに、まことならぬ夢がたりをす。（伊勢　六三）

(e)(f)(g)に見られる動詞、「おこし出づ」「尋ね出づ」「いひ出づ」を、【NヲV出づ】というモデルに基づいて考えていく。Vは前項の他動詞、Nは、Vと「出づ」の複合が、対象として取る名詞を指す。「V出づ」は、それ全体として、Nを目的語とするのである。これをVと「出づ」の単位に分けて考えると、Vは他動詞なのだから、Nは、Vに対しても、そのまま目的語としての位置に納まる。しかし、一方の「出づ」は自動詞であって、目的語を持つことはない。「出づ」にとってNは主語、動作「出づ」の主体として位置づけられるのである。即ち、「NをVして、Nが出づ」という構成である。こうした他動詞と自動詞の複合は、現代語にはなじみが薄いけれど、古代語には、まま見られる現象のようだ。そして、先の(e)(f)(g)それぞれを見ても、そこには、「Nに対してVの動作を行うことによって、Nが表に現れる（＝「出づ」）」という性格が認められるのである。まず(e)を単純化すれば【火をおこし出づ】となる。灰の中から「火」（N）を「おこす」（V）ことにより、立派な「火」（N）が現れ（＝「出づ」）、それを「おかし」と評するものである。(f)では、出奔した「西の宮左大臣」（N）を「尋ね」（V）、その結果、「西の宮左大臣」（N）が発見される（＝「出づ」）。(g)は、「心情あらむ男」との逢瀬を願うものの、「言ひ出づ」ることができない女に関わる。「願い」（N）を口に出して、即ち、「言ふ」（V）ことによって、その「願い」（N）が表沙汰となる（＝「出づ」）ようなきっかけがないわけである。

以上をふまえて、当該箇所の「さかし出づ」を検討する。前節で確認したとおり、ここでのV「さかす」とは、N「才」を盛んな状態にする動作のことであった。そのような「さかす」という動作を行った結果、「才」が表出される（＝「出づ」）のである。より当該箇所の個別に即して述べるならば、紫式部が己の才知を盛んな状態にした結果、その才知が顕わになるということだ。こうした「さかし出づ」という動作は、時により、或いは人により、「ひけらかす」「ふりまわす」といった感想が持たれることもあるだろう。だから、既説が「ひけらかす」「ふりまわす」の類を「さかし出づ」の訳出に用いていても、そこに文脈上、特段の齟齬が生じていたわけではない。しかし、それはあくまでも意訳である。本書は、これまで「さかす」について考え、さらに、それと「出づ」との複合について考えてきたが、そのかぎり、「さかし出づ」には、「ひけらかす」「ふりまわす」の如き否定的なニュアンスを読まなければならない理由はなかった。むしろ、(b)には、肯定的なニュアンスが看取されるのだから、これを併せて考えれば、「さかす」は肯定的・否定的の別に立ち入らない語とすべきであろう。したがって、当該箇所も、より中立的な解釈、たとえば「披露する」などとするのが適当であると考える。

三

本節では、当該箇所を、ムヨの文全体の中でどう解釈するのが適当であるか考える。次に、本書の確認した範囲でのムヨの文全七例を示す。(4)【A】【B1】【B2】という区分を設けてあるが、これについては後述する。

【A】

(h) すべて男の物見るに、只ひとり乗りて見るこそあれ。……若きをのこなどの、ゆかしがるをも、ひき乗せよかし。すきかげに只ひとりただよひて、心ひとつにまぼりゐたらんよ。　（枕　一一六）

(i) 三尺の木丁、おくのかたにおしやりたるぞあぢきなき。端にこそたつべけれ。おくのうしろめたからんよ。　（枕　三三）

(j) あはれなることなりや。親子と見ず知らざらむよ。誰ならむ、と聞きたまふほどに、（うつほ　楼の上　上）

【B1】

(k) 右近、いとゆゆしくも言ふかな、と聞きて、「……今は天の下を御心にかけたまへる大臣にて、いかばかりいつかしき御仲に、御方しも、受領の妻にて品定まりておはしまさむよ」と言ふ。　（源氏　玉鬘）

【B2】

(l)　かかれば、いみじうくちをしと思ひて、帯刀が返りごとに、「……さても世の人は、今宵来ざらむとか言ふなるを。おはしまさざらむよ」と書けり。（落窪　一）

(m)　「……かく人づてならず心うきことを知る知る、ありしながら見たてまつらむよ」と、わが御心ながらも、え思ひなほすまじくおぼゆるを、（源氏　若菜　下）

(n)　知らぬ人に具して、さる道の歩きをしたらんよ、とそら恐ろしくおぼゆ。（源氏　手習）

前章で述べたとおり、これらは、すべて「言語主体にとって本来そうあるはずの姿とは齟齬を来たす事態」を構成し、それに対する情意が表出される文である。たとえば、(h)の清少納言は、祭見物とは複数で行ってこそのものと考えている。そのような清少納言からしてみると、一人での祭見物など、その主旨に悖るのだ。(i)は、外からの人目を遮るための几帳が、外に面した部分ではなくて、部屋の奥に置かれていることに関わる。「おく」が「うしろめたし」など、本来あるはずがないと言いたいのだと思われる。(j)では、石作寺に参詣に来た仲忠が、父親を知らないという子（小君）に遭遇して同情の念を覚える。子が親を知らないとは、一般に本来そうあるはずとされる姿ではなかろう。(k)の右近は、玉鬘を受領に縁づけたいという三条の願いを耳にし、権門の血を引く玉鬘が、先々、受領の妻程度に納まるなど、本来の姿に齟齬することだと考える。(l)では、男君が「三日夜」に当たる晩に通って来られない旨、連絡をよこす。それは、男君と落窪の君の取り持ちに尽力したあこきにとって、自身の思いを踏みにじるようなことである。さらに、ここに見られる「今宵来ざらむ」とは、「ゆふけとふうらにもよくありこよひだにこざらむきみをいつかまつべき」（拾遺和歌集　恋三　八〇七）をふまえるという[5]。さすれば、ここには「三日夜に通って来ないような人に、先々の訪れは期待できない」という含みも読み取られ、あこきにとっては、ますます本来そうある姿とは齟齬を来たす事態ということになろう。

(m)の場合、女三宮の密通を知りつつも、これまでどおりの結婚生活を続けなければならないことが、言語主体の光源氏にとって、本来そうあるはずの姿から齟齬するのである。(n)の浮舟は、妹尼から長谷参詣に誘われるが、そもそも、その利益に疑念があるうえに、気心の知れない人々との道中を考えると気乗りがしない。浮舟は、できうる限り人との関わりを絶っていたく、他人との物詣でなど、本来そうある姿に齟齬する事態でしかないのだった。

以上、改めてムヨの文が、「言語主体にとって本来そうあるはずの姿とは齟齬を来たす事態」を構成し、それへの情意を表出する文である旨、確認した。こうしたムヨの文の性格は、当該箇所からも見て取ることができる。当該箇所において、紫式部は、自邸の召使いに対しても己の才知が目立つことのないよう、抑制的に振る舞っていると述べていた。そのようなあり方こそが、本来の自分の姿だというのであって、だから、人前で才知を示して、人々に知らしめるなどは、自分の当然とするところから外れたものにほかならない。そのような事態を言語化している点で、当該箇所は、(h)から(n)のムヨの文と共通するのである。

一方で(h)から(n)のムヨの文には、相互に異なった点も見受けられ、【A】【B1】【B2】という区分は、そうした差異に対応させてある。当該箇所をより詳細に理解するために、それら【A】【B1】【B2】の別に注意しておこう。まず、【A】と【B】という区分は時制上の差異によるもので、【A】が不定時、【B】が未来時である。このように、ムに不定時と未来時双方の例があること自体は、何もムヨの文に限った話ではないけれど、この別が、当該箇所の解釈にも関係するので、初めに確認しておく。

まず【A】の場合、ムヨの文の言語主体は、その不定時の事態に直接の関わりを持たない。【A】のうち、(h)と(i)は『枕草子』の「随想章段」「類聚章段」の例、つまりは、清少納言が世の中を見渡し、そこに観察された事象を、いつ・誰が、という個別性を捨象して綴る体のものである。言語主体自身の身に生じた出来事が語られているのではない。また(j)に述べられる「その子どもが親を知らないこと」という不定時の事態は、物詣でに来て偶々見かけた子どもへの感想なのだから、言語主体・仲忠はまさしく直接の関わりを持っていないのである。

対する【B】の(m)と(n)では、言語主体自身に生じる未来事態が述べられている。「光源氏が、従来どおり、女三宮との結婚生活を送ること」（用例(m)）と、「浮舟がよく知らない人と道中を共にすること」（用例(n)）は、共に、言語主体の光源氏・浮舟が動作主体となっていよう。一方、(k)と(l)の事態は、言語主体のあこきや右近を動作主体としているわけではない。しかし、「男君が訪ねて来ないこと」（用例(k)）、「将来、玉鬘が受領の妻に納まること」（用例(l)）は、いずれも、あこきが献身的に仕える主人・落窪の君や、右近の旧主・夕顔の忘れ形見たる玉鬘に生じる望ましくない事態であって、だからこそ、あこきや右近にとっても、本来そうあるはずの姿から齟齬した未来となっている。とすると、これら(k)と(l)は、先の(m)(n)の延長線上に置くことができるであろう。ムヨの文・未来時の系統に言語化される事態は、言語主体自身、もしくは、言語主体が一体感を抱く人物の身に生じる事態なのである。

見てきたような【A】【B】の差異を考慮に入れると、当該箇所は、不定時と未来時、いずれの例と了解されるであろうか。これは結局、どちらかの解釈が完全に不可能というわけでもなく、相対的な話になるけれど、本書は未来時の例と見るのが穏当であると思う。不定時の系統は、言わば他人事を述べるものであったのに対し、当該箇所の如き、言語主体自身に生じる事態は、未来の例においてこそ認められたからである。

こうして本書は、当該箇所が「未来事態を表すムヨの文」であるとした。しかし、ムヨの文・未来時の例は、さらに【B1】【B2】という区分を受ける。そして、そのことからも窺われるように、ムヨの文・未来時には、より限定的な質が認められるのである。初めに、【B1】に属する(k)だが、ここで言語主体は、自身の判断によって未来時の事態を構成してはいない。むろん、言語化された文である以上、(k)とて言語主体の判断によるものではあるが、仔細に見ると、その判断の内実には、言語主体の判断によって構成されるのではないと言いうるような面があるのだ。(k)の右近は、三条の「将来、玉鬘を受領に縁づけてほしい」という願いを聞き、それに基づいて、「将来、玉鬘が受領の妻に納まること」という事態を言語化している。右近自身はその時まで、そんな事態が出来するなど考えてはいなかった。三条の発言を聞かなければ、思いつきもしなかったであろう。その意味で、(k)の事態を右近の判断によるものではないとするのである。(k)のムヨの文で述べられるのは、直前の発言の事態を、そのまま言語化したものにすぎない。言語主体・右近は、対者・三条の言語化した事態に向けて、それが、本来そうあるはずの姿と齟齬を来たすものだとの評価を下しているのである。

もう一方の【B2】。これらの言語主体は、【B1】の場合とは反対に、そこで述べられる事態を、未来時において生起しうるものと考えている。つまりは、自らの判断としている。加えて、その事態は、言語主体にとって生起が避けられぬ事態、或いは、何か特別なことを起こして、現状を変更しようとでもしなければ、自動的に生じてくるような事態である。たとえば、(l)の「男君が訪ねて来ないこと」という事態は、男君からの「来られない」という連絡を受けて構成されたものであった。ここで、言語主体のあこきにできることと言えば、せいぜいが帯刀に不満を述べる程度。結局は、「男君が訪ねて来ないこと」という事態の生起を受け入れるのみである。(m)では、光源氏の立場からすれば、ことを荒立てるわけにもいかず、密通は見て見ぬふりでいるほかない。だから、「従来どおり、女三宮との生活を送ること」という事態は、この先、確実に生じてしまう事態と言える。(n)で浮舟は、妹尼から長谷参詣への同行を勧められるが、妹尼が長谷参詣を発意したのは、娘の生まれ変わりかとも思われる浮舟との邂逅を感謝するためであった。浮舟は、自身が寄寓する先の主からの、自身への思いのこもった申し出を拒絶してしまわぬ限り、長谷参詣に赴くことになる。そして、そうなったとすれば、当然、「よく知らない人と道中を共にすること」という事態が伴われてくるのである。

翻って当該箇所を、これら【B1】及び【B2】の例に基づいて解釈してみよう。まず、【B1】をふまえて考える場合。当該箇所は、地の文の例であるから、(k)の如き実際の対話がなされるわけではない。けれど、当該箇所の前には、左衛門の内侍による紫式部評「いみじうなむ才がる」が記されている。ゆえに、当該箇所が【B1】の類例であるのだとしたら、この左衛門の内侍の評を、対者の発言であるかのように見立て、それに対して、紫式部が一人で反駁してみせたものということになるだろう。左衛門の内侍の判断「いみじうなむ才がる」から、事態「才さかし出づ」を（ほぼ）そのまま構成し、その事態は、紫式部本来の姿からかけ離れたもの、本来そうあるはずの姿とは齟齬を来たす事態だと主張するのである。しかしながら、こう考えることには難点があって、それは、当該箇所が未来時の例である点に求められる。即ち、左衛門の内侍は「いみじうなむ才がる」という事態が既に生じた事実と考えて、それを誹っているのだから、対する紫式部の反駁も、その事実（と左衛門の内侍が思っているもの）に向かうはずである。が、本節で検討してきたように、当該箇所では未来時、つまりは非事実が述べられる。たしかに、これまで「左衛門の内侍の発言にある事態を、そのまま構成する」と言ってはきたものの、それはあくまで事態の内容に関してであって、文言までが完全に一致するのではない。けれども、逆に言えば、事態内容には大差がないわけだ。それなのに、なぜ当該箇所の言語化にあたっては、事態が事実から非事実に変更されるのか。そこに齟齬が生じて、解釈が行き詰まるのである。

こうして【B1】に基づく理解には難が生じてくるのだが、それでは、当該箇所を【B2】の類例と見る場合はいかがか。【B2】の諸例において、本来そうあるはずの姿と齟齬する事態の生起は、現状からの自然な推移であった。言語主体にはそれを回避しがたいか、もしくは、その阻止に特段の行動を要するのである。当該箇所をその類例と見るということは、紫式部にとって、事態「才さかし出づ」の生起は回避しがたいもの、あるいは、阻止に特段の行動を要するものということである。つまり、自分は召使いの前ですら謙抑に努め、それこそが本当の自分の姿だけれど（だから、左衛門の内侍の「いみじうなむ才がる」との評は、紫式部の当然とするところから外れた見当違いなもの、「いとをかし」きものである）、この先も「さる所」で才知を働かせ、それを人に披露してしまう結果になるのではないか。自分にそのつもりはなくとも、自ずと自分の才知が顕わになってしまうに違いないというのである。

確認されるとおり、この【B2】をふまえた解釈には、特に理屈の通らない点も見受けられない。したがって、本書は、当該箇所を上述のように解釈するのが適当であると考える。ただし、そう結論する前に、当該箇所が現れる文脈に目を向けておく必要があろうと思うので、次節でそれを行うことにする。

四

前節で導いた、当該箇所に対する解釈をまとめておく。

当該箇所とは、謙抑を当然とする紫式部本来の姿から齟齬する「宮中で才知を働かせて、それが人の知るところになること」という事態が、この先、避けがたく生じてしまうことを嘆息する文である。

この理解は既説とかなり食い違っているであろう。本書が、大まかに言えば、【今後「才さかし出づ」という事態が実現してしまう】と解釈するのに対して、既説とは、これも大まかに言って、【「才さかし出づ」という事態を打ち消す】解釈であった。こうした食い違いは、いささか紛糾的であるのかもしれない。よって、本節では、この解釈が、ただ他の用例から導かれたというだけではなくて、紫式部日記の文脈に返した時にも、首肯されうるものであることを確認する。

そこで、当該箇所に続く紫式部日記の記述を見ていこう。次に引く(o)は、当該箇所直後の部分で、紫式部の幼少時代に遡った記述である。

(o)　この式部の丞といふ人の、童にて書読みはべりしとき、聞きならひつつ、かの人は遅う読みとり、忘るるところをも、あやしきまでぞさとくはべりしかば、書に心入れたる親は、「口惜しう、男子にてもたらぬこそ幸なかりけれ」とぞ、つねになげかれはべりし。

漢籍の手ほどきを受ける兄弟（「式部の丞といふ人」）の傍らで、むしろ紫式部の方が優秀さを発揮する結果となったため、父を嘆かせたという。紫式部の才知が自ずと表に現れ、人の知るところになったという逸話である。「あやしきまでぞさとくはべりしかば」というフレーズや、父の言葉の引用に自賛の色が顕著であろう。

(p)　それを、「男だに才がりぬる人はいかにぞや。はなやかならずのみはべるめるよ」と、やうやう人のいふも聞きとめてのち、一といふ文字をだに書きわたしはべらず、いとてづつにあさましくはべり。読みし書などいひけむもの、目にもとめずなりてはべりしに、

(q)　いよいよ、かかること聞きはべりしかば、いかに人もつたへ聞きてにくむらむとはづかしさに、御屏風の上に書きたることをだに読まぬ顔をしはべりしを、

(o)に続く(p)と(q)では、一転、謙抑の逸話が語られる。子どもの頃は、自ずと表出するに任せていた己の才知だが、長じて後は、それを人に見せぬ方がよいと悟ったというのである。(p)は、「一」という文字すら書かず、書物からも遠ざかったとする部分。さらに(q)では、左衛門の内侍から誹りを受けたこともあって、屏風に書か

れた文字すらも読めないかの如く振る舞った旨、述べられている。

(r) 宮の、御前にて文集のところどころ読ませたまひなどして、さるさまのこと知ろしめさまほしげにおぼいたりしかば、いとしのびて、人のさぶらはぬもののひまひまに、をとしの夏ごろより、楽府という書二巻をぞ、しどけなながら、教へたてきこえさせてはべる、隠しはべり。宮もしのびさせたまひしかど、殿もうちもけしきを知らせたまひて、御書どもをめでたう書かせたまひてぞ、殿はたてまつらせたまふ。まことにかう読ませたまひなどすること、はたかのものいひの内侍は、え聞かざるべし。知りたらば、いかにそしりはべらむものと、すべて世の中、ことわざしげく、憂きものにはべりけり。

(p)と(q)で語られるとおり、紫式部は相当の謙抑に努めてきたけれど、やはり、その才知は表に現れる結果となった。(q)の後の(r)では、そのことが記される。中宮が紫式部に白氏文集を読み聞かせるよう求め、また漢籍の講義を望むので、紫式部は楽府の進講を開始した。けれどもそれは、「いとしのびて」「人のさぶらはぬもののひまひまに」「隠しはべり」と縷述されるように、ごく内密なものであったと、ここでも謙抑を語りはする。しかしながら、やがて、それが道長や天皇の知るところとなり、中宮に美本が献上されて紫式部が講読することとなった。結局、またも紫式部の才知が顕わになってしまったというわけである。この件を左衛門の内侍が知ったら、どれほど誹謗することかと憂慮して見せて、一連の記述は区切りを迎える。

見てきたとおり、紫式部日記中、当該箇所に続く(o)から(r)のくだりは、紫式部の来歴を辿り、これまで紫式部の才知が自ずと表出して人に知られてきたこと、それも、長じて後は、相当な謙抑にもかかわらずそうであったことが語られていた。そして、本書の理解する当該箇所とは、「宮中で己の才知を盛んな状態にし、表出させてしまうこと」という、紫式部が、自身では本来であるとしている姿に齟齬する事態が、今後、生起してしまうに違いないと慨嘆するものであった。この解釈は、確認してきた(o)から(r)の文脈と調和的であろう。当該箇所で示される判断に対して、(o)から(r)は、それを裏打ちするような事実を提示する機能を担うのだ。つまり、「自分は、これまでの人生においても、己の意思に反して、才知を表出させるような結果になっていた。だから、自分は、謙抑的な本当の姿には齟齬を来たす事態【才さかし出づ】を、この先も実現させてしまうであろう」。当該箇所と、それに続く(o)から(r)は、こうした流れを形作る。即ち、本書の当該箇所に対する解釈は、紫式部日記の文脈の中で、他の記述と有機的な関係を取り結ぶのである。

以上、当該箇所とは、言ってしまえば、紫式部による自慢である。むろん、既説のように「才知をひけらかすことはしない」と解釈しても、ある種の自慢にはなるであろう。「自分には才知がない」と言っているわけではないからだ。しかし、「謙抑に努めても、結局、己の才知は表に現れてしまう」とは、同じ自慢でも、なかなかあくの強い物言いかと思われる。当該箇所はわずか一文であるが、紫式部という人物について、我々に鮮明な印象を残す一文であった。

〔注〕

（1）新潮日本古典集成（新潮社）によった。なお、本章の用例採集の対象、及び、使用本文は以下のとおりである。引用に際して適宜表記を改めた部分がある。

『源氏物語』『和泉式部日記』『堤中納言物語』……日本古典文学全集（小学館）
『うつほ物語』……新日本古典文学全集（小学館）
『伊勢物語』『落窪物語』……新潮日本古典集成（新潮社）
『蜻蛉日記』『枕草子』『更級日記』……新日本古典文学大系（岩波書店）

（2）本書の調べる範囲で、七例の「さかす」を確認した（『うつほ物語』四例、『枕草子』一例、『源氏物語』一例、『堤中納言物語』一例)。なお、当該箇所に見られる「さかす」は四段活用だが、下二段活用の「さかす」もあるようだ。区別して扱ったため、上記七例に下二段活用のものは含まれていない。

(3)「〜出づ」に関しては、百留康晴「複合動詞と動詞連接—『〜出づ』を中心に—」(『国語と国文学』二〇〇三—八、二〇〇三年)の調査を参考にした。

(4)ムヨの文には、他に「意志・勧誘」系の例もあるが、明らかに別種であるため、数に含んでいない。

(5)引用は『新編国歌大観』(角川書店)による。

第三章　三代集の「つつ留」について

一

つつは、いわゆる接続助詞であり、基本的には何らかの主節に対して従属節を構成する。むろん、このことは和歌においても同様であって、特段、挙例の必要もないだろう。ところが、つつが主として歌末に位置したとき、歌中に、つつ節に対応する主節が見出されないことがある。たとえば、次に引く(a)のように。(1)

(a)　梅がえにきゐるうぐひすはるかけてなけどもいまだ雪はふりつつ　　（古今　春上　五）

中世以降の歌学は、かかる(a)の如き和歌に「つつ留」という名称を与え、それが何か特別なものであるかのように言及してきた。しかし、その内実に関する具体的論述は十分なものではなく、名称のみが先行しているような印象も否めない。

たとえば、和歌等の定型文芸においては、て・つつなどを持つ並列法述語によって閉じる文が、まま見られ、詠嘆の表現などとされる。本来、後続するはずの節なしで終止するために、余韻の如きものが生じ、それが詠嘆に馴染むというのである。これは一面もっともな考えであって異論はないけれど、そのような並列法終止全体の中で、「つつ留」が「つつ留」という一つの様式たりうるためには、単なる詠嘆にとどまらぬ、より限定的な性格が見出されなければならないであろう。もちろん、自然科学的法則などとは異なり、そのような性格が普遍的に認められるわけではない。様式に適うもの、外れたものがあって、さらには様式自体も時間の経過に伴って変質していくであろう。この点を考慮して本書は、三代集という枠の中で、「つつ留」が一つの様式とされるに足る内実を持っているのかどうかを考えていくことにする。

二

本節では、『あゆひ抄』を中心に歌学の記述を辿る。歌学における「つつ留」への言及は多岐に亘るのであるが、本書の目的はその確認自体にはない。それを通して「つつ留」の論点を把握する、その限りにおいて概観を行うものである。(2)

1　「つつ留」と認定する基準

『あゆひ抄』「つつ」の項では、「末のつつ」と称して、「つつ留」に関する言及を行い、そこには「多くは本・末のよみづめにあり」との記述が見られる。「つつ留」の場合、つつは歌末や三句末にあることが多いが、それに尽きるわけではないというのである。しかし、「つつ留」は歌末につつがある場合に限定されるのが、むしろ通例で、たとえば『春樹顕秘増抄』には「終句の外の四句にあるつつはそのたさに及ばず」とある。以下、これを「歌末性」と称するが、その歌末性を重視する姿勢のもっとも極端なものが、『てには網引綱』である。『てには網引綱』は、「つつ留」に関して「結句の末につつと留るは尤余情あるべし」と述べ、その上で

「種々の体ある」とされる「つつ留」から五種類を選んで言及している。その中には、「すべて上に断たる詞有はかへして聞べきなり」との注記がなされる、次の(b)のような歌も挙げられる。

(b)　こひしねとするわざならしむばたまのよるはすがらに夢に見えつつ　（古今　恋一　五二六）

歌末性は満たしつつも、つつ節に対する主節が歌中に存すると解しうる倒置的な例である。

しかしながら、かかる倒置的な例は、「つつ留」から除外されることが多い。たとえば『詞の玉緒』では「留りにあれども、上へかへる格なる故に、中にあるも同じことにて」と述べられている。『詞の玉緒』においては、歌末性も「つつ留」の基準ではあるが、同時に、歌中につつ節に対する主節のないことも基準とされているわけである。これを「無主節性」と呼ぶことにしよう。『あゆひ抄』は、先述のとおり、歌末性を「つつ留」たることの必須の条件とはしていないが、この無主節性に関しては「つつ留」と認定する基準とされている。そこが、無主節性は満たさずとも、歌末性さえ満たせば「つつ留」の範疇としている『てには網引綱』との違いである。

なお、『詞の玉緒』については、さらに「つつ留」の証歌への注記に注意しておく必要がある。何でもよいが、たとえば証歌冒頭に置かれる(c)。

(c)　春霞たてるやいづこみよしののよしのの山に雪はふりつつ　（古今　春上　三）

この(c)に対する注記には、「雪はふりつつ春とも見えぬ物をといふ意をふくめたり」とある。『詞の玉緒』が「つつ留」に与える規定とは、「つつといひすてて、上へかへらぬは、皆詞の外に意ふくめり」というものであるが、その「ふくみ」を、歌中には不在の主節として想定しているようだ。したがって、『詞の玉緒』において、歌中に主節を持つものが「つつ留」とされるはずもないのである。

以上をまとめておこう。『あゆひ抄』では、「つつ留」と認定する基準を、つつ節に対する主節がないこと（無主節性）に求めた。それに対して、『てには網引綱』では、つつが歌末に位置すること（歌末性）に求めた。つつの統語的性格と位置、いずれに着目するかの相違である。『詞の玉緒』は両者の中間的存在と言えよう。無主節性、歌末性の双方を重視するわけである。

2 「つつ留」の表現性

この点については、『あゆひ抄』を除けば、具体的な記述が乏しいようである。『弖爾乎波義慣鈔』が、「都追とまりの事、猶口決あらば聞かまほし」と述べる如く、「つつ留」の「秘伝」性が強調され、分析・記述を欠いている。あるいは、『てには網引綱』の「余情かぎりなくして千変万化するものなり」、『姉小路式手似葉傳』の「つつ留りの歌は深く心をこむると味へ知るべし」といった記述が見られる程度である。『あゆひ抄』とても、「この例きはめて心得やすからず」と明確な記述を与えているわけではない。ただ、「この例のつつは、里にテカラニと言ふにあたれりとて、口づから伝へられたる事あり」という言及がある。「テカラニ」という里言を挙げることによって、表現性の規定へと向かってはいるのである。この「テカラニ」については、次節で改めて言及することにしたい。

3 「つつ留」とつつの文法性との関係

これに関して『あゆひ抄』はきわめて明快で、「ただ一例の心に変はらねど、よみづめには、ことに心をこめたるのみ多ければ、ふと思ひ至りがたし」と述べている。「一例」とは、「中のつつ」と称される、通常のつつを指す。「中のつつ」も「末のつつ」も、つつの文法として変わるところはないが、「末のつつ」(即ち「つつ留」)は、詠者の「ことに心をこめたるのみ」多く、その点において相違するというのである。こういった、「つつ留」を文法ならぬ、和歌における文体の問題とするのは、今日、大方の認めるところかと思われる。あるいは、つつで文が閉じるという現象を、終助詞との連続等、文法論的に解釈してみてもよいのかもしれないが、既に指摘もあるように[3]、「つつ留」的つつの出現は、基本的に和歌に限られる。もし、「つつ留」的つつが文法現象なら、この偏りはおかしいであろう。和歌における文体の問題とされる所以である。

ここまで三点に亘って、歌学の記述を確認してきた。これらを念頭に置きながら、次節では、実際の三代集「つつ留歌」を検討していく。

三

前節に記すとおり、何を「つつ留歌」とするかについては、歌学書間にずれがある。しかし、これも前節から自動的に導かれることであるが、歌末性を満たし、かつ、無主節性も満たす歌は、共通して「つつ留歌」とされる。よって、「つつ留」の表現性を考えるにあたっては、まず、そのような和歌を対象とするのがよいであろう。そこで、三代集において、歌末性・無主節性を満たすことが自明な和歌のすべてを挙げる。その際、全体に【A】と【B】という二種の区分を設け、まず【A】の方から示していく。なお、先に引いた(a)も【A】に該当する例であるため、そこに再掲する。

【A】

(a) 梅がえにきゐるうぐひすはるかけてなけどもいまだ雪はふりつつ（古今　春上　五）

(d) 桃園の斎院の御屏風に
梅の花春よりさきにさきしかど見る人まれに雪のふりつつ（拾遺　雑春　一〇〇七）

(e) いたづらに行きてはきぬるものゆゑに見まくほしさにいざなはれつつ（古今　恋三　六二〇）

(f) こめやとは思ふものからひぐらしのなくゆふぐれはたちまたれつつ（古今　恋五　七七二）

(g) 法師にならむの心ありける人、やまとにまかりてほどひさしく侍りてのち、あひしりて侍ける人のもとより、月ごろはいかにぞ、花はさきにたりやといひて侍ければ
み吉野のよしのの山の桜花白雲とのみ見えまがひつつ（拾遺　春下　一一七）

(h) 女の物見にまかりいでたりけるに、ことくるまかたはらにきたりけるに、ものなど言ひかはしてのちにつかはしける　伊勢
郭公はつかなるねをききそめてあらぬもそれとおぼめかれつつ（後撰　夏　一八九）

(i) 延喜御時、歌めしければ　ただみね
秋ののにおく白露をけさ見れば玉やしけるとおどろかれつつ（後撰　秋中　三〇九）

(j) 大伴家持
山ざくらわが見にくれば春霞峰にも尾にもたちかくしつつ（古今　春上　五一）

(k) 天智天皇御製
春ののにあさるきぎすのつまごひにおのがありかを人にしれつつ（拾遺　春　二一）

(l) 秋の田のかりほのいほのとまをあらみわが衣手はつゆにぬれつつ（後撰　秋中　三〇二）

【A】の(a)(d)(e)(f)には逆接関係が認められ（二重傍線部参照）。いずれも、前件事態の存在によって、その生起に制約を受けて当然であるはずの後件事態が、実際には生じているという構造を持っている。個別的に見ると、(a)と(d)では、それぞれ春の兆しが窺えるにもかかわらず、依然、降雪が続く。降雪が続いたところで、むしろ当然とも言える時期ではあろうが、ここは春を待つ心の如きものを見、「せっかく春の兆しが見られるのに、いつまでも降雪がやまない」といったニュアンスを読んでおくのが適当だろう。(e)では、甲斐なく帰らざるをえなかった経験ゆえに、訪れても仕方ないとは知りつつ、また訪れようとしてしまう。(f)は、訪れがないと知っているなら、待つ必要はないのに、夕方になると待ってしまうというもの。上記より、【A】の諸例を「背反型」と称し、【αがＰ1であるのに、βがＰ2だ】とモデル化しよう(4)。

残る(g)から(l)の場合も、文形式こそ逆接ではないが、(a)(d)(e)(f)同様に【αがＰ1であるのに、βがＰ2だ】という性格が認められる。とりわけ(g)(h)(i)の三首は、より個別的に「ＸはＹでないのに、ＸをＹのように感じた」という構造に還元可能である（「ＸはＹでない」＝「αがＰ1である」、「ＸをＹのように感じた」＝「βがＰ2だ」）。具体的には、(g)の場合だと、今見えているものが「桜花（Ｘ）」であることはわかっているのに、それでも「白雲（Ｙ）」とのみ見えてしまうというのである。続く(h)では、ほととぎすの声をかすかに聞いた後は、「あらぬ＝ほととぎすの声ならぬ物音（Ｘ）」も「それ＝ほととぎすの声（Ｙ）」と混同されてならない。(i)においては、朝の野で「白露（Ｘ）」を目にした際、それがそこにあるはずもない「玉（Ｙ）」かと錯覚したわけである。なお、確認されるように、(g)と(i)は見立てである。見立てとは、よく言われるとおり、「ＸをＹに譬える」のではなく、「ＸをＹと見た」言語主体の身振りを含んだ表現であろう。そして、これら二首は、ＸがＹに見えてしまうことへの、言語主体の惑いの如き姿勢が、「そうではないのに」という背反型の構造をとることによって顕わになる仕掛けなのかと思われる。

続く(j)には、「言語主体が桜を見に来たこと」と「霞が桜を隠してしまったこと」との間に、背反的な関係がある。(k)では、捕獲を望むはずもにない雉が、妻恋ゆえとはいえ、鳴いて居所を知らせていることに背反性が見出されるわけである。そして、最後の(l)の場合は、歌集の中で、それが御製として存在するがゆえに、詠ぜられる内容に背反の構造が透視されることとなる。つまり、天皇であるにもかかわらず粗末な庵にいるという、その背反である。こうした背反性は、古注以来、「撫民」「諒闇」「皇室衰微」といった様々な解釈をもたらした。それら一つ一つの当否はともかくも、本書にとっては、そのような解釈を生じさせもした背反性の確認こそが重要である。

見てきたように、背反型の諸例は、意味内容上、すべて【αがP1であるのに、βがP2だ】というモデル化を受けた。逆接句を持つ(a)(d)(e)(f)とは、その意味内容が、たまたま文形式にも直結した例なのである。それでは、その意味内容とはいかに定義されるものであるか。これら背反型において、「αがP1である」以上、「βがP2である」という事態は、生起しないことが通常であるか、妥当であった。にもかかわらず、事態「βがP2である」は事態「αがP1である」に抑止されることなく生起してしまっていた。そこに、不満・惑い・訝しさなど、それぞれの感懐が読み取られうる。いわば、「βがP2である」という事態は、不在という通常性・妥当性を凌駕してしまった存在なのであり、そのような事態を詠むところに、背反型の共通点が認められるのである。

以上の【A】背反型は、「つつ留」歌に見出される二つのタイプのうちの一方であるが、それは、典型的には歌中に逆接句を持ち、そこに「つつ留」と逆接的構造との関わりの深さが窺えた。そして、この「つつ留」同様、逆接的構造との関連を有するのが、第一部第一章で論じた「らむ留歌」である。そのとき本書は、「らむ留歌」が逆接句を好むのは、ム系の文法的性格によるものではなく、和歌表現の問題であると述べた。それは、ム系とは無縁の「つつ留」においても、逆接的発想への好尚が確認されるからでもあった。しかし、ここで注意しておきたいのは、本書の調べる範囲で、「つつ留」には、「らむ留歌」に特徴的な【X↓x，Y≠X，Y↓x】型の例が見出されないということである。詳細は第一部第一章を参照されたいが、【X↓x，Y≠X，Y↓x】型とは、【Xが事態xを実現させるのはもっともだが、YはそのXでもないのに、事態xを実現させてしまった】という内容を詠むものである。たとえば、次の(m)がその例であった。

(m)　人をわかれける時によみける　　つらゆき
わかれてふ事はいろにもあらなくに心にしみてわびしかるらむ　（古今　離別　三八一）
（X＝わかれ、Y＝いろ、x＝しみる）

「つつ留」の場合、比較的この【X↓x，Y≠X，Y↓x】型と近そうなのは(g)(h)(i)であろうか。

(g)　み吉野のよしのの山の桜花白雲とのみ見えまがひつつ　（拾遺　春下　一一七）

女の物見にまかりいでたりけるに、ことくるまかたはらにきたりけるに、ものなど言ひかはしてのちにつかはしける　伊勢

(h)　郭公はつかなるねをききそめてあらぬもそれとおぼめかれつつ　（後撰　夏　一八九）

(i)　延喜御時、歌めしければ　　ただみね
秋ののにおく白露をけさ見れば玉やしけるとおどろかれつつ　（後撰　秋中　三〇九）

先述のとおり「XはYでないのに、XをYのように感じた」という内容が詠まれており、XとYの異同に注目する点では、【X↓x，Y≠X，Y↓x】型と一脈通ずるようでもある。しかし、これらの「つつ留」におい

ては「XをYと錯覚してしまった」という、言語主体自身の行為に焦点が当たっている。(g)であれば「桜」を「白雲」と「見えまがひ」、(h)は「あらぬ」を「それ」と「おぼめかれ」、(i)の場合は「白露」を「玉」かと「おどろかれ」たのである。対する【X↓x，Y≠X，Y↓x】型は「YがXでもないのにxを実現させた」という事態そのものを詠ずる。したがって、たとえば「つつ留歌」の(i)が、もし次に示すような歌であったならば、【X↓x，Y≠X，Y↓x】型に配されることになるだろう。

(I) けさ見れば露は玉にもあらなくに白き光を野辺に添へつつ　(作例)

共に逆接的構造を好む「つつ留歌」と「らむ留歌」との間には、以上の如き差異が存し、このことは、和歌表現の細部を分析していくうえで、興味深い材料を提供するかと思われる。けれども、それは既に本書の課題とする範囲を超えている。

【B】

池のほとりにてもみぢのちるをよめる　みつね

(n) 風ふけばおつるもみぢば水きよみちらぬかげさへそこに見えつつ　(古今　秋下　三〇四)

(o) ゆうさればいとどひがたきわがそでに秋のつゆさへおきそはりつつ　(古今　恋一　五四五)

年の果てによめる　在原もとかた

(p) あらたまの年のをはりになるごとに雪もわが身もふりまさりつつ　(古今　冬　三三九)

寛平御時后宮歌合の歌　としゆきの朝臣

(q) あけぬとてかへる道にはこきたれて雨も涙もふりそほちつつ　(古今　恋三　六三九)

秋歌とてよめる

(r)　袖にうつる月の光は秋ごとに今夜かはらぬ影と見えつつ　（後撰　秋中　三一九）

(s)　花すすきほにいでてこひば名をしみしたゆふひものむすぼほれつつ　（古今　恋三　六五三）

続く【B】であるが、二重傍線部に見られるように、(n)から(q)の四例は、～サエか、～モ～モという助詞を持っている。そして、(n)(o)の場合、そのサエに明らかであるが、そこには【αのみならずβまでもPである】というモデル化を可能とするような性格が見出される。(n)は、水底に落葉が見えるのは当たり前だが、散らぬ葉の影までもが映って見えることを詠ずる。(o)では、恋人を思って涙にくれることに加えて、露までが袖を濡らしている。一方、モを二つ持つ(p)(q)二例も、文脈的には単に同等のものが並列されているのではなくて、サエと同質だと言えよう。[5] (p)は、年の暮れに降雪がしきりであるのは季節柄の常であるが、さらに、明けて後の加齢までが迫っていると掛詞によって述べる。むろん、加齢とて自然の摂理ではあるが、そうと割り切って済むわけではないことも事実であろう。続く(q)は、別れの涙に雨が降り添い、いっそう濡れてしまうというもので、そこに「αのみならずβまでもPである」という性格が見て取れるのである。これら(n)から(q)の四例は、「α」に加えて「β」も、という項目が累加されるタイプであったが、残る(r)と(s)は若干、趣を異にして、「αがPである」という事態が累積的にあるものと考えられる。モデルとしては[n]【αがPである】とでもなろうか。(r)は、秋は毎年変わることなく涙で袖が濡れ、映る月の像もまた変わりがないというもので、その秋ごとの積み重ねに累積性が見出される。(s)では、表沙汰になった場合の名を惜しむためながら、恋の行き場がない鬱屈が募っていき、そこに事態の累積性が認められるだろう。以上、【B】に属する諸例を「累加・累積型」と称する。[6] このタイプでは、「αがPである」に加えて「βがPである」という事態までもが生じるために、或いは、「αがPである」という事態それ自身が累積されるために、言語主体は、何かしら著しく、やり過ごせない状況に身を置かざるをえなくなっていた。即ち、当該事態とは、それが存在することによって、通常性や妥当性を凌駕してしまうような事態なのであり、それゆえに、驚きや嘆きといった種々の感懐が読み取られるのである。

いま、累加・累積型に見た「事態の、通常性・妥当性を凌駕した存在のあり方」からは、背反型との共通点が見て取れよう。背反型においては、存在しないことを通常・妥当とする事態が存在することによって、通常性・妥当性の凌駕が認められたのであった。つまり両型は、具体的な様相に違いはあるものの、等しく、ある事態の存在に通常性・妥当性の凌駕を見ているのである。換言すれば、背反型も累加・累積型も「事態の、通常性・妥当性を凌駕した存在のあり方」という意味内容が現象する姿のそれぞれであって、結局は統一的に把握されるのだ。さらに言えば、両型の設定は、「つつ留」の理解を目的とした整理なのであって、創作においてこうした区別が截然となされていたわけでもなかろう。だから、時にどちらともつかぬ例もありえ、たとえば先には累加・累積型とした(n)をそう解してみてもよい。即ち、「葉が池に落ちていないこと」と「その葉が池の底に見えること」の背反をも見て取れる。分類自体が目的なのではないということである。

これまで述べてきたように、三代集の「つつ留」は、共通して「事態の、通常性・妥当性を凌駕した存在のあり方」を詠むものであった。「つつ留」は、その性格においてこそ、一つの様式とされるに足りるのである。それを詠嘆の表現とするにしても、「何を詠嘆するか」という点で、より限定されるということだ。たしかに、これら「つつ留」の和歌一つ一つの情調は相当異なっている。『てには網引綱』の言葉を借りて「一首の体によりてさまざまに」変わると言ってもよい。しかしそれは、先に倣えば「どのように詠嘆するか」による差異であって、「つつ留」という様式に帰せられるものではない。そのような情調の差異が、一首の解釈にとって重要であることはむろんであるが、その背後にあって、「つつ留」を「つつ留」たらしめる所以となる、構造の等しさを確認することこそが本書の課題であった。

そして、ここに至って再び注目されるのが『あゆひ抄』の「テカラニ」という里言である。「テカラニ」近世期の例を検するに、「コレ、コレ。やかましい。年寄のくせに出しゃばってからに（浮世風呂）」、「ムム誰だと思ったら清さんか。無躾千万な。案内もなく他の庭へ来てからに（閑清末摘花）」などを見る。[7]いずれも、容認される枠を逸脱した行動に関わる。そして、その「容認される枠からの逸脱」という事態の性格に、結論した「つつ留」の表現性と一脈通ずるようなニュアンスが看取されるであろう。もし『あゆひ抄』が、このニュアンスゆえに「テカラニ」を里言としていたのなら、「つつ留歌」に詠まれる事態の質を押さえていたと言える。たとえば(n)には批判的な含みはなく、むしろ水の清さへの称賛があって、これを「散らぬ影までが底に見えてからに」などとすれば誤りになるであろう。しかし、表層の口語訳に機械的にあてはめて齟齬を生じる例が出たとしても、事態の構造としては勘所をついているのである。

以上は、歌末性と無主節性の双方を自明に満たす例についての考察であった。これらは各歌学書が共通して「つつ留歌」とする、いわば、もっとも「つつ留」らしい「つつ留」である。この他に、歌末性・無主節性のいずれか一方のみを満たす例があるのだが、無主節性のみを満たす例は、本書の調べる範囲で見出せず、また、このようなものを「つつ留歌」とする『あゆひ抄』にも証歌は挙げられていない。よって、具体例を離れた話となり、これ以上は立ち入らないこととする。それでは、歌末性のみを満たすものはどうか。実例は、倒置的に上に返すのか、二文併置として返さぬのか、定かには言い難いものも多いが、ともあれ倒置的に解する可能性のある例からも、結論した「つつ留」の性格が認められることがある。これらには興味深いものも見られるのであるが、説明が重複となるため、言及は省略に従いたい。[8]そして、このようなものを、「つつ留歌」と呼ぶべきか否かという設問にはあまり意味がないであろう。【A】【B】の如き典型的な「つつ留歌」の延長線上に置いて了解すればよいのである。

四

ここまでに述べた三代集の「つつ留」の性格は、助詞つつの文法とどのように関連しているのであろうか。はじめに、つつの文法的性格について、本書に必要な範囲での概観を行う。一般に、つつ節事態の性格として、その「反復・継続」的であることが、まず指摘されるであろう。それはそれでもっともなのであるが、いま重要なのは主節との関係の方である。この点については、「『つつ』の接続表現にとって、同時性の関係は常に認められる最も基本的な意味関係である」との指摘が見られる。(9) たしかに、次の(t)などは、つつ節事態「雪が降ること」と主節事態「鶯が鳴くこと」が同時的な関係にあると考えられよう。(10)

(t) かきくらし雪はふりつつしかすがにわが家のそのに鶯ぞなく　（後撰　春上　三三）

この(t)の如き例は多いのであるが、次に引く(u)や(v)のようなタイプも決して無視できるというほどではない。

(u) 思ひつつぬればや人の見えつらむ夢としりせばさめざらましを　小野小町　（古今　恋二　五五二）

(v) たのめつつこぬ夜あまたに成りぬればまたじと思ふぞまつにまされる　人麿　（拾遺　恋三　八四八）

(u)は、思い続けているうちに、そのまま眠りについたものと考えられようし、(v)では、「頼む」後に「来ぬ」が生じ、それがセットとなって反復的にあるのだろう。いずれも、つつ節事態と主節事態の関係には、継起的な側面が認められる。もちろん注(9)の文献も「同時的なありようにも程度差はあるが」として、同時の概念に幅を持たせている。(u)や(v)のような例も包含する規定を企図しているのであろう。たしかに、(u)や(v)が同時の例とされるような話の運びも可能かもしれないが、別段そうしなければならない理由もない。そこで本書は、つつ節事態と主節事態との関係を「一体的」とでも称するのがよいと考える。(t)のように明らかな同時の例は、その同時性ゆえに一体的であるとされる。(u)のタイプは、つつ節事態の継続中、切れ目なく主節事態が生ずるところに一体性が見出されるであろう。また(v)などでは、両事態がセットとなって反復されるのだから、一体的なのである。こうして本書は、つつ節事態に、ある事態と一体的に存在する事態という性格を認めた。そして、先述の、逆接的発想への好尚が「つつ留」においても実現したと考える、その「つつ留」と逆接との接点も、この一体的な性格に求められるのではないか。

「つつ留」の場合、後続するはずの主節なく、文がつつによって断止される。そのイレギュラーな使いざまによって、つつ、ひいては、つつ節事態が目に立つようになる。その際には、つつ節事態の持つ性格も、当然クローズアップされることになるだろう。換言すると、「つつ留」においては、つつ節事態の持つ一体的な性格が目に立ちうる。そのように、一体性を際立たせて作歌する以上、その一体的なあり方とは、ありきたりなものにとどまらず、何か特別な意味合いを持っていよう。たとえば、具体的な意味合いの一つとして「一体的であるのに相反する」場合を考えることができ、それは即ち背反型である。ここにおいて「つつ留」は、逆接的発想への好尚と接触するのであった。つつ節事態の持つ一体的性格が、背反型の意味内容を宿らせたわけである。

しかしながら、ここで注意されるのは、つつ節事態が一体的に存在するその相手は、そもそも主節事態であったはずなのに、「つつ留」においてはその限りでないということである。再び(a)を例にとろう。

(a)　梅がえにきゐるうぐひすはるかけてなけどもいまだ雪はふりつつ　（古今　春上　五）

この(a)で、つつ節事態「雪が降ること」と一体的にあるのは「鶯が鳴くこと」であるが、これは、つつ節に対する主節ではなくて、むしろ従属節の事態なのであった。つまり、三代集のつつ留は、つつ節事態の一体的性格を活用したものではあるが、もはや文法の枠を越えて、一体的である相手が、歌の解釈によってのみ求められるような例をも生んだのである。

ここまでは背反型についての言及であったが、「つつ留」のもう一方をなす累加・累積型と助詞つつとの関係はいかがか。この場合、累加的なタイプと累積的なタイプでは、助詞つつとの関わりに差異が見られるようである。初めに(n)から(q)の累加的なタイプについて。(n)のみを再掲しておく。

(n)　風ふけばおつるもみぢば水きよみちらぬかげさへそこに見えつつ　（古今　秋下　三〇四）
池のほとりにてもみぢのちるをよめる　みつね

(n)等の累加的なタイプでは、「つつ留歌」に見られる、助詞つつの文法的性格との関わりが、背反型の場合のそれと同様だと考えられる。つまり、あえて、つつ節事態の一体的な性格を用いて作歌するにあたり、助詞サエに端的に現れるような、「一体的に存在することによってもたらされた著しさ」の如き意味合いが選ばれたものであろう。

一方、累積的な(r)と(s)の場合は、背反型や、累加的なタイプとは事情を異にしている。即ち、これらにおいては、つつ節事態が反復的でありうることが、その累積性の所以になっているのである。たとえば(r)。

秋歌とてよめる

(r)　袖にうつる月の光は秋ごとに今夜かはらぬ影と見えつつ　（後撰　秋中　三一九）

この「つつ留歌」に詠まれるのは、秋ごとに袖の涙に月を見るという累積である。そして、その累積という性格は、「影と見えつつ」という、つつ節事態によって言語化されている反復性からもたらされたものにほかならないのである。

本書の、三代集「つつ留歌」に対する言及は以上である。「つつ留」は、後代にも、三代集の様式に適った歌を生んだ。勅撰集で言うと、その歌数は後拾遺から千載までで計二一首。しかし、新古今において「つつ留」の捉え直しとでも称すべき、また新たな展開がおこる。新古今における歌数は二九と増え、内容的にも独特のタイプが生じるのである。最後にそれを概観しておきたい。

【甲】

和歌所にて、春山月という心をよめる　越前

(イ)　山ふかみなをかげさむし春の月空かきくもり雪は降りつつ　（新古今　春上　二四）

俊恵法師

(ロ)　み吉野の山かきくもり雪ふればふもとの里はうちしぐれつつ　（新古今　冬　五八八）

赤人

(ハ)　田子の浦にうちいでて見れば白たへの富士の高嶺に雪は降りつつ　（新古今　冬　六七五）

(ニ) み山路にけさやいでつる旅人の笠しろたへに雪つもりつつ　大納言経信（新古今　旅　九二八）

【乙】

旅宿雪といへる心をよみ侍ける　修理大夫顕季

(ホ) 松が根にお花かりしき夜もすがらかたしく袖に雪は降りつつ（新古今　旅　九二九）

百首歌中に　式子内親王

(ヘ) 見るままに冬は来にけり鴨のゐる入江のみぎはうすごほりつつ（新古今　冬　六三八）

慈円

(ト) 世をいとふ心の深くなるままに過ぐる月日をうち数へつつ（新古今　雑下　一八二四）

【甲】の(イ)は、萬葉集から見られる「春の兆しと降雪」というテーマを受け継ぐものであるが、春の兆しと降雪が併存することの背反といった趣は、もはや希薄であろう。むしろ、「なをかげさむし」とは言いながら「春の月」があり、一方で雪も降るという、異質なものが渾然とする奥山の景、それ自体に主眼がある如くである。そして、風景において異質なものを見出すという姿勢は、(ロ)においても認められるようだ。「吉野の山」と「ふもとの里」の二点を大きく一首に包摂し、それぞれ、雪と時雨という異なった景が配されるのである。

以上は、ある一つの空間に異質な景が併存していた例だが、続く(ハ)(ニ)は、人間の空間移動により、それまで感知することのなかった異質な景に接したり、または思いを致したりするものである。まず(ハ)は、言語主体が見晴らしの良い田子の浦に出てみると、富士山に雪を発見したというもので、それ以前にどのような景の下にあったのかは不明ながら、ともあれ、移動によって異質な景に接したわけである。一方、(ニ)は、旅人の笠に積もる雪によって、山奥の降雪を知ったことが詠まれる。(ハ)が言語主体自身の空間移動によって新しい景に触れたのに対して、これは、言語主体が旅人（つまりは空間移動する人）の様子から、自身のいる麓とは異なる山奥の景を思うのであった。

続く【乙】であるが、(ホ)は、旅寝の袖に一晩中、雪が降り続くことを詠ずる。そのような降雪の継続を、言語主体の意向に反するものとするニュアンスを強く感じるならば、従来の累加・累積型に通う把握も可能であろう。しかし、ここには、雪が袖に降り続く現象を通じて、夜が深まっていく経過を観賞するような趣もあり、特に、続く(ヘ)と(ト)の二首はその線で解すべきかと思われる。これらは、いずれも「ままに」を歌中に持ち、何かが進行する間に、別の何かも進行したり、変化を遂げたりすることが詠まれている。(ヘ)では、眺めていた水面にだんだんと氷が張るようになり、いつのまにか冬が来ていたことを知るわけで、自身の営為のうちに時の推移を感受する姿勢が認められよう。対する(ト)には、身体的な感覚性が見られず、より心理的である。自身の内面において厭世の気分が深まっていく実感により、厭いつつも世を捨てきれずに日一日と過ごしてきた時間が思われるのである。

ここまで【甲】【乙】の二類に分けて、「つつ留」歌の新古今における新たな様相を眺めた。【甲】に関しては、異なる二つを対置する点で背反型に一脈通ずるところがあり、また【乙】は、感覚・心理の持続が累積的である。即ち、三代集との関連性をそれなりに保ちつつ、新しい展開を遂げたものと言えよう。そして、これらを詠む歌人の顔ぶれから、いわゆる「新古今歌人」が、異色・斬新な歌風とされる、あるいは方法論に自覚的な歌人を先駆としつつ、新たな表現をもたらしたさまが見て取れるのだった。

〔注〕

（1）和歌の引用は『新編国歌大観』（角川書店）による。

（2）歌学書は『あゆひ抄』が、中田祝夫・竹岡正夫『あゆひ抄新注』（風間書房）、『詞の玉緒』が大野晋『本居宣長全集』五巻（筑摩書房）によったほかは、すべて『国語学大系』七、八巻（国書刊行会）による。

（3）山口明穂「中世文語における『つつ』についての問題」（『中世国語における文語の研究』明治書院、一九七六年）。

（4）ただし、後出するように、XとYが同一の対象を指示する場合もある。

（5）【A】に配した(j)にも～モ～モとあるが、要素間に軽重を見る必要がなく、【B】の類における～モ～モとは性格を異にしている。

（6）先に「累加」とした(o)は、「年のをはりになるごとに」とあって、「累積」を解釈してもよい。結局は一つの型なのであるから、このような幅もありうることかと思われる。

（7）『日本国語大辞典』（小学館）を参照した。

（8）それぞれに属すると考えられる歌の番号のみ挙げておく。

【背反型】「古今」三、二一、二四〇、四二六、四五四、「後撰」一三二、三四〇、三四五、九七五、一〇二六、一〇四〇、一〇八八、一二八七、「拾遺」四九二、五五四、九八六

【累加・累積型】「古今」二一四、五二六、九六六、「後撰」一八二、二四五、四二四、四八五、五一二、七一五、九一七、一一〇四、一三六六、一四〇七、「拾遺」四四、一九六、二四九

（9）山口堯二「『て』『つつ』の表現性」（『古代接続法の研究』明治書院、一九八〇年）。

（10）「降雪・鶯」の取り合わせという点で、「つつ留歌」たる(a)とほぼ変わらず、つつの使用が通常の文法どおりという例である。また、このつつは逆接句構成的であることにも注意されよう。既述の如く、「つつ留」は逆接的発想への好尚が、その成立基盤の一つである。もはや「つつ留歌」とは言い難いこの(t)も、同じく逆接的な性格を持つがゆえに、「つつ留」のヴァリエーション的隣接例と言えるだろう。

第四章　連体修飾のム

一

ここまで本書の第一部は、終止の位置に立ったムが、【言語主体の個的な判断において、その文に言語化された事態が「（現実）世界」に対応する事態を持つ】ことを意味するものであると述べ、さらに、その周辺にある問題にも触れてきた。第一部を閉じることになる本章では、連体修飾のムを取り上げ、その意味するところの検討を進めて、それと、終止のムとの関連を考える。

(a)　思はむ子を法師になしたらむこそ、心苦しけれ。……精進物のいとあしきをうち食ひ、寝ぬるをも。若きは、物もゆかしからむ。女などのある所をも、などか忌みたるやうに、さしのぞかずもあらむ。それをもやすからず言ふ。まいて、験者などは、いと苦しげなめり。困じてうちねぶれば、「ねぶりをのみして」などもどかる。……これ昔の事なめり。今はいとやすげなり。（枕　五）

見られるとおり傍線部では、ムを下接させた述語が名詞「子」を修飾している。従来、この「思はむ子」は、そうした連体修飾のムの代表的な例とされてきたが、かかる連体修飾のムによって名詞「子」はいかなる意味づけを受け、また「思はむ子」を含んだ文全体が帯びることになる表現性とはどのようなものか。[1] はじめに諸注の述べるところを確認しよう。

日本古典文学大系『枕草子』（池田亀鑑、岩波書店）

【訳】愛児を法師にしている人は、まことにいたいたしいものだ。

『枕草子全注釈』（田中重太郎、角川書店）

【訳】かわいい子があってその子を法師にした時は、ほんとに気の毒なことである。

【注】この「思はむ子を」の解釈については、山岸徳平氏が、つとに次のように述べておられる。（中略）「（前略）さう言ふ仮想の職能を持つ『む』を生かして解釈するならば、前記の枕草子の文は、次の如くになるであらう。『若しも、可愛く思う子があるとして、その子を』とか、『たとへば可愛く思ふ子がある場合に、その子を……法師にしたならば……それこそ……』の様な意味になる。（以下略）」

（『国語教育誌』）

『新版　枕草子』（石田穣二、角川書店）

【訳】かわいく思う子供を坊さんにしたのは、たいへん気の毒なものだ。

『枕草子解環』（萩谷朴、同朋舍）

【訳】大切な子を坊さんにしたような親御は全く、気の毒なことだ。

（※　同じ注釈者による『新潮日本古典集成』にも同じ訳が見られる）

【注】世間一般の人の子の親の心の中を察して同情する文章であるから、「思はむ子を」と、推量助動詞のムを用いた。

新日本古典文学大系『枕草子』（渡辺実、岩波書店）
【訳】愛しい子を法師にした親の気持ちを思うと、心が痛む。
日本古典文学全集『枕草子』（松尾聰・永井和子、小学館）
【訳】かわいい子を法師にしているような場合こそは、たいへん気の毒である。
【注】直訳すれば「その子をもし親がかわいがっている場合、その子をもし僧にしているなら、その事こそ」
新編日本古典文学全集『枕草子』（松尾聰・永井和子、小学館）
【訳】かわいい子を僧にしたのは、まったく気の毒である。
【注】直訳すれば「その子をもし親がかわいがっている場合、その子をもし僧にしているなら、その事こそ」
『枕草子［能因本］』（松尾聰・永井和子、笠間書院）
【訳】かわいい子を法師にしているような場合こそは、たいへん気の毒である。
【注】その子をもし親がかわいがっている場合、その子をもし僧にしていようなら、その事こそは。

文全体の解釈に関して、諸注、大まかには異同がない。また、「思はむ子」のムが何をしているのか必ずしも詳らかではないという点においても、諸注は一致していると言ってよいだろう。まず、「愛児」「かわいい子」「愛しい子」等の場合は、ムの存在が訳に反映されていない。一方、反映させていた場合でも、それは「もし親がかわいがっている場合」の如く、「仮定」説に基づくものである。たしかに、連体修飾のムを「仮定」或いは「婉曲」の表現と見る向きは多く、たとえば次のような言及が見られる。(2)

婉曲・仮定。事実としてそのままに言ってよいところを、不確かなこと、仮定的なこととして表現するのに用いる。

しかし、この婉曲・仮定説は「可愛く思っているような子を」とか「子を可愛く思っているなら」と訳してそれなりに文意は通るけれど、「婉曲・仮定」と結論するに足る、特段の根拠を持ち合わせてはいないように思われる。まず「婉曲」であるが、「ムとある以上、『断定』ではなかろう」「かと言って『推量』も不自然である」「それなら『婉曲』でもあろう」ということ以上の、本当に「婉曲」という規定に値する表現であるのかを精査した跡が窺われない。したがって「婉曲」の内実も判然としないままである。一方、「仮定」の場合も、他に仮定条件文があるにも関わらず、なぜ連体修飾という場所でムによる「仮定」が行われるのか、仮定条件文における「仮定」との差異は何か、といったことが分明ではない。さらには、これら「婉曲」と「仮定」が、同じムの中でどう相関しているのかという点についても説明のない状態である。「婉曲」は連体用法が多く、「仮定」は準体用法が多いという趣旨の指摘も見られはするのだが[3]、仮にそうした傾向があるのだとしても、その所以は不明であるし、また、「婉曲」と「仮定」の相関のあり方が説かれたわけでもない。

こうした「婉曲・仮定」説に代わる見解も、比較的近年、見られるようになってきた。まず一つには、次に引く「事実の映像」という概念が提出されている[4]。

事物や事象を、話し手（書き手）の心の中に［事実の映像］で描き出して表現し、さらに、それを後続の体言に結合していく。

さらに注（4）の文献は、(a)の「思はむ子」に即して、

まず、親が子をかわいがっている現実の様子を心に浮かべた。「思ふ子」という抽象的な事柄で思考したのではない。そこには世間の親に対する同情心が働いていたであろう。そうした思いは、抽象的な「思ふ

子」ではなかなか働かない。具体的な［事物の映像］を思い浮かべるときに起こってくる思いである。

とも述べている。しかし、主張の根拠として挙げられたいくつかの事実から、なぜ「事実の映像」という結論に到るのか、その理路が示されているわけではない。一方、ムが修飾する名詞を「人」に限定した考察も見られる。(5) 修飾される名詞「人」が「存在詞述語やテンス・アスペクト形式を持った述語と共存しない」こと、「時間表現、場所表現と共存しにくく、したとしても、［不特定］の時間・場所を表すものである」ことなどに基づき、名詞修飾に用いられるムは、その名詞の「非現実性」を明示する機能を持つ旨、結論されている。しかし、「人」以外の名詞に目を向けると、この見解に抵触する例も見受けられるのである。

(b)「殿なむ『……そこにあらむ子はいかがなりたる。大きなりや。ここちつきにたりや』などのたまひつるを、……」（蜻蛉　下）

この(b)で「そこ」と言われているのは、「道綱母の家」という個別的な空間だから、「特定の時空に結び付けられない」という見解は適用しえまい。また、この文の述語は「たり」というアスペクト形式であり、これも「アスペクト形式と共存しない」という主張の反例になるかと思われる。さらには、次の(c)(d)の如き例も問題であろう。

(c) たけの高く、短からむ人などやいかがあらむ。なほ世の常の人は、さのみあらむ。（枕　七三）(6)

(d)「今日この山作る人には日三日給ぶべし。またまゐらざらむ者は、また同じ数とどめむ」など言へば、（枕　八三）(7)

共に「人」名詞に関わって、ムを持つもの（傍線部）と持たないもの（二重傍線部）が対照されている。(c)の「たけの高く、短き人」と「世の常の人」、(d)の「この山作る人」と「まゐらぬ者」という対は、そこに「非現実性」を認めるのなら、対をなす双方が同等にそれを有するはずだ。しかし、実際には対の片方にしかムが現れておらず、それがどうしてなのか、よくわからないままである。結局、注(5)の文献の見解では、ムによって「非現実性」を表示しようとする動機、また、それが表示されたことによって文にもたらされる表現効果がはっきりしないのだった。

確認してきたとおり、連体修飾のムは、依然、明確に規定されたとは言いがたい。このような現状をふまえて、次節では本書の観察したところを報告する。

二

連体修飾のムは、後続する名詞及び文全体に何をもたらすのか。次の用例(e)を用いながら、本書の見解の大枠を提示する。

(e)「これにただいまおぼえむ古き言一つづつ書け」と仰せらるる。……「とくとくただ思ひまはさで、難波津も何も、ふとおぼえむことを」と責めさせたまふに、（枕　二一）[8]

中宮が女房たちに「この紙に何か古歌を書いて見せよ」と要求する文脈に「ただいまおぼえむ古き言」「ふとおぼえむこと」という「連体修飾のム＋名詞」が現れる。ここで注意されるのは、女房たちがどの古歌を思いつき、紙に書き記すのか、言語化時点の中宮には知りえないということである。換言すれば、ここで「古歌」という対象は「ただいまおぼえむ古き言」「ふとおぼえむこと」という内容以上には、言語主体からの限定を受けることがない。続く(f)も同様である。

(f)「まろは、目はただざまにつき、眉は額ざまに生ひあがり、鼻は横ざまなりとも、ただ口つき愛敬づき、頤の下、頸清げに、声にくからざらむ人のみなむ、思はしかるべき……」　（枕　四七）

(f)の言語主体・頭の弁が、自分の好ましい女性を例示しており、その例示された女性像の言語化に当たるのが連体修飾のムである。かかる例示という発話の性格上、その女性が誰であるのかといったさらなる限定は、この文脈とは無縁であろう。ここでも、言語主体が対象「女性」に対して行う限定は「連体修飾のム＋名詞」の内容で尽きているのである。

見られるように、(e)(f)において、言語主体が対象に施す限定とは、「連体修飾のム＋名詞」で表される内容ですべてであった。これを「対象限定の極限性」と呼ぶことにしよう。結論的なことを先に述べれば、この「対象限定の極限性」が連体修飾のム全般から看取され、それゆえ本書は、連体修飾のムの機能が「対象限定の極限性」の表示にあると考える。文に現れた連体修飾のムには、言語主体による対象への限定はこれですべてである旨、表示する機能があるということである。本書の観察によれば、連体修飾のムが現れる文は、この「対象限定の極限性」に連動して特定の性格に収斂し、そこには四つのカテゴリー（「1甲」「1乙」「2」「3」）からなる連続相が形作られていく。

【カテゴリー「1甲」】

(g)「いかで思ふやうならむ人に盗ませたてまつらむ」と、明け暮れ「あたらもの」と言ひ思ふ。（落窪　一）

(h)「今は身に堪へむことは仕うまつらむとなむ思ひたまふるを、思さむことは、なほ、宣はむなむ、うれしかるべき」と申したまへば、（落窪　三）

まず、カテゴリー「1甲」に属する諸例を挙げる。(g)は、あこきが、落窪の君を然るべき男に盗み出させたいと、あてどなく願うもの。したがって、言語主体が、その男をこれ以上、誰と限定するような文脈ではない。(h)の男君は、中納言に「自分のできること」は何でもするから、「あなたが願っていること」を言ってほしいと伝える。ここでも、それらの事柄が具体的に何であるか、言語主体は限定していない。(g)(h)共に「対象限定の極限性」を認めうるのである。

確認されるとおり、これら(g)(h)の文が持つ性格は、「願望」「意志」「要請」と、一見さまざまである。しかし、それらの背後には、言語主体が、そこに述べられている事態を、自身の問題として肯定的に評価しているという共通点が存在する。「落窪の君が救出されること」（用例(g)）、「中納言のためにできることをすること」「中納言が願いを伝えること」（用例(h)）。いずれも言語主体自身に望まれる事態なのであって、つまりは肯定的評価の対象である。その肯定的評価が文に現象するにあたっては種々の姿をとり、それが「願望」「意志」「要請」等なのだ。そして、先掲(e)(f)もこれらの類例であろう。(e)の言語主体・中宮は「女房が古歌を書くこと」を肯定的に評価するからこそ、それを命令するのだし、(f)における「好ましい女性の例示」とは、言語主体による肯定的評価の対象が示されるにほかならない。

以上「1甲」では、言語主体自身にとって肯定的な評価に値する事態が言語化されていることを述べた。しかし、言語主体にとって好ましい事態であっても、そこには「連体修飾のム＋名詞」によって「言語主体による限定は、これがすべてである旨、表示された対象」が含まれている。肯定的評価を下すかたわら、言語主体は、対象の具体化にこれ以上コミットしないことを述べてもいるのである。その結果として、「1甲」に現れる肯定的評価はさまざまなニュアンスを帯びることになる。たとえば(g)は、自分では限定しえない対象を求める、まったく茫漠とした願望の文であるし、(f)の場合は、好ましい対象を示しつつも、それはあくまで「例」に止まり、具体性を欠く。(h)では、言語主体が「自分ができること」「あなたが望むこと」以上の限定をしないため、結果的にその具体化は聞き手の側に回ってくる。いわば「何でもするから、何でも言ってください」といった、聞き手の意向を第一とする口吻が形作られることになるのである。逆に(e)においては、こういう古歌と限定されたリクエストならば、要求された側にとって、まだ取りつく島もあるのに、ただ「何を書くかはお前次第」という押し付けがなされる。これは、かなり一方的な命令と言えようが、その性格は、中宮の言葉に現れる「とくとく」や、その行為に「責めさせたまふ」という表現が選ばれていることとも合致しているだろう。

「1甲」の文が纏う、かくの如き表現性をもたらすために、本来、限定可能な対象であるにも関わらず、あえて連体修飾のムを用いてみせた例も存在する。

(i)「ここは、いみじう参り来るも人げなき心ちするを、渡したてまつらむ所におはしなむや」と宣へば、（落窪　一）

男君が、落窪の君に自分の屋敷へ来るよう勧めているのだから、当然、ここでの対象は「男君の屋敷」と限定されている。しかし、実際に限定されてはいても、言葉の上では言語主体・男君が限定しきらない対象を残すことによって、男君がすべてを決するのではなく落窪の君に委ねるのだという、先の(h)にも通う聞き手尊重のニュアンスがもたらされるのである。現代語でも「うちはどうですか?」と言いたいところを、あえて「うちなんかどうですか?」と、選択肢の一つという体で言語化し、「聞き手に対して主張している」との印象を和らげることがある。それに通う表現なのかと思われる。「1甲」における展開的な例に当たるのである。(9)

【カテゴリー「1乙」】

この「1乙」に属する諸例は、言語主体によって肯定的に評価される事態を言語化する点で、先の「1甲」に連続している。

(j) おほやけ所に入り立ちたる男、家の子などは、あるが中によからむをこそは選りて思ひたまはめ。およぶまじからむ際をだに、めでたしと思はむを、死ぬばかりも思ひかかれかし。(枕 二五〇)

(k) 「わざと消息し、呼び出づべき事にはあらぬや。おのづから端つ方、局などにゐたらむときも言へかし」とて笑へば、(枕 六)(10)

(l) これも悪しも善しも知らねど、かく記しおくやうは、かかる身の果てを見聞かむ人、夢をも仏をも、用ゐるべしや、用ゐるまじやと、定めよとなり。(蜻蛉 中)

(j)では「身分の高い女性に思いを寄せること」が称揚され、(k)は「自室に控えているときに言うこと」を当然視し、(l)の場合は、読者に「自ら当否の判断を下すこと」が求められる。具体的な表現性は多様であるが、どの言語主体も、そこに言語化されている事態を是としているわけだ。けれども「1乙」の言語主体は、その肯定的に評価されている事態に直接の関わりを持たない。そこが「1甲」との差異である。いわば非当事者的な肯定なのだが、そうした文に「対象限定の極限性」を有する連体修飾のムが現れる。即ち、その文は、これが言語主体による限定の極限であること、換言すれば、これ以上、言語主体が関与しないことを表明された対象を含んでいる。その結果、文全体としても、言語主体には、これ以上は関わりのない事態への言及という非当事者的色彩が露わになるのである。例に即して確認していこう。

(j)が記される『枕草子』二五〇段は「男こそ、なほいとありがたくあやしき心地したるものはあれ」という文に始まり、女の視点から他者たる男を語る一般論的な章段だと言える。そのような、非当事者という立場からの言語化がなされやすい文脈において、(j)は、「手の届かない身分の女」を例示し、そんな相手でも容姿の優れた女に恋い焦がれよと主張している。

連体修飾のムが、かかる例示の表現をなすのは、先掲(f)の場合も同様であり、また、他にも例を見る。この例示表現の散見という現象も、連体修飾のムの「対象限定の極限性」を所以とするのである。たとえば現代語で「お茶漬けのようなものが食べたい」と言うとき。ここでの言語主体は、何が食べたいのかを限定してはいない。「お茶漬け」を例として示す以上には、対象「食べたいもの」が限定されることはないのである。即ち、例示という営為には、「そこに例示している以上には、対象物を限定していない」という性格がある。その点、例示は、連体修飾のムの持つ「対象限定の極限性」と親和的であると言えよう。だからこそ、連体修飾のムにおいて例示の表現がまま見られることになるのだ。

続く(k)も、その例示の表現である。大した用事でもないのに、御前から清少納言を呼び出した生昌を、居合わせた女房たちが「そんなことは自室に下がっている時にでも言えばよい」と嘲笑している。「自室に下がっている時」を例に挙げて、「その時に言うこと」を是とするわけである。しかし、言語主体・居合わせた女房は、そもそもこの事態に直接の関わりを持たない。さらに女房たちは、生昌を普段から取るに足らない存在と見なしているから、これも本来、いつであれどうでもよい（＝限定不要な）ことと把握されていよう。いずれにしても、この女房は非当事者なのであり、連体修飾のムも、その非当事者としての口吻に関与するのである。(l)は、日記に「体内の蛇が身を食う夢」について記したのは、「夢や仏が信ずるに値するか、読者が判断せよ」と考えてのことである旨、注記するもの。「読者が判断すること」への肯定的評価が「命令」という姿をとった例である。その際、言語主体・道綱母は連体修飾のムを用いて「見聞きする人」を限定するつもりのないことを表明する。「誰かは知らぬが、誰であれ読者が判断しろ」と、我が身から切り離し、人に任せてしまう物言いが形成されるのだった。

次に引く(m)は、言語主体による限定が可能な対象を非限定と表現してみせるタイプで、「1甲」における(i)の如き展開的な例である。

(m)「あまりにも遠くも申しつるかな。……」と、下には思へど、「さはれ、さまでなくとも、言ひそめてむ事は」とて、かたうあらがひつ。（枕 八三）

「庭に作った雪山がいつまでもつか」という問に対し、清少納言が「ずいぶん先までもつ」と答えたことを悔いつつも、このまま押し通そうと決心している（即ち「このまま押し通すこと」が是とされる）。ムが修飾する「事」は自身の発言を指すから、当然、言語主体にはその限定が可能である。しかし、ここでも、対象を限定しないと表明することを通して、それが自身の関与の外であることを示し、「一度、口にしてしまった以上、もう自分の手を離れてしまっている」という、言わば捨て鉢な口ぶりをなすのであった。

(n)「世にあらむ人、継子憎むな。継子なむ、うれしきものはありける」と宣ひて、（落窪 四）

傍線部「世にあらむ人」の指示するものが「世間一般の人」であることは、ムを用いずに「世にある人」と述べた場合でも同様である。つまり、ここでムが用いられている意味は、「世間一般」ということの表示などではない。言語主体・北の方が、「世間一般の人」と言う以上には、対象を限定するつもりのないことを表示しているのである。北の方は、自身がその「世間一般の人」つまりは「継子を憎む可能性を有する人々」と切り離された立場であることを主張している。継子いじめの当事者が、ムによって非当事者性を示しつつ、「継子を憎むな」（即ち「継子を憎まないこと」への肯定的評価）などと述べる、滑稽な文脈を形成するのだった。

【カテゴリー「2」】

先の「1乙」では、非当事者的な立場からのものではあれ、言語主体は文に叙せられる事態に対して、何らかの肯定的評価を下していた。その非当事者性においては「1乙」に通いながらも、もはや肯定的評価には当たらない判断が展開されるのが、続く「2」というカテゴリーである。その判断の中にあっても、連体修飾のムは「対象限定の極限性」を表示するから、そこで繰り広げられる判断には「言語主体が、これ以上、自らは限定しない旨、明示する対象」が含まれることになる。その結果として、判断全体も、言語主体の関与の外の事項であるというニュアンスを帯び、言語主体の非当事者的な性格が表出されるに至るのである。

(o)「この祖のうはおそひは何の色にかつかうまつらすべき」と申すを、また笑ふもことわりなり。……「さてこそは、うはおそひ着たらむ童もまゐりよからめ」（枕　六）[11]

(p)「この人、よげに物したまふめり。御文書き、手つき、いとをかしかめり。誰がむすめぞ。これにて定まりたまひね。女子持たれば、人の思さむことも、いとほしう、心苦しうなむおぼゆる」と、少将に申したまへば、……「いかでか。けしからず。さらに思ひきこゆまじき御心なめり」と笑ひたまふ。（落窪　一）

(q)「……かくて人も仰せざらむ時、帰り出でゐたまへらむも、をこにぞあらむ。さりとも、いま一度はおはしなむ。それにさへ出でたまはずは、いと人笑はえにはなり果てたまはむ」など、ものほこりかに言ひののしるほどに、（蜻蛉　中）

(o)は、清少納言が「うはおそひ」という生昌の言葉づかいを揶揄するものである。連体修飾のムを用いて、「対象限定の極限性」を明示することにより、「うはおそひ」とやらを着た童など与り知らぬという物言いをしてみせたものであろう。次の(p)では、男君の母が「男君が他に妻を迎えるようなことがあれば、落窪の君がどう思うか気の毒だ」と述べている。男君の母が、他者たる落窪の君が思っていることを限定しえないのは当然であろう。しかし、ここではわざわざ「対象限定の極限性」が強調されており、その背景には、このときの男君の母が、落窪の君とはほぼ赤の他人（文通をした程度）だという事情がある。(p)の波線部に見られるとおり、男君の母の落窪の君に対する感情とは、自分にも娘がいることから連想的に生じてくる同情にすぎない。「いとほし」「心苦し」とは言うものの、あくまで男君の母は非当事者であるにとどまり、落窪の君の思っていることが何であれ、結局のところ、大した問題でもないのだ。だからこそ、男君が諭しを聞き入れず、このまま他の縁談を進めると返答しても、男君の母は笑って済ますのである（二重傍線部）。(q)の場合は、山籠もりした道綱母に向かって、兼家からの迎えの使者が「兼家の働きかけがなくなってから下山するようなことになれば、道綱母が恥をかく」と脅す。「時」の言語化にムを用いて、「それがいつのことになるのか、自分には関係ないが」というニュアンスを出し、道綱母を突き離すものと考えられる。そうした兼家の使者の態度は、「ものほこりかに言ひののしる」という記述（波線部）と平仄が合っているかと思われる。

ここまでに述べてきたカテゴリー「2」の諸例をふまえると、前節に引いた用例(b)(c)の中にムが現れることの意味も明らかになるのではないだろうか。(b)において兼家の語る「そこにあらむ子」は、道綱母が養女として迎えた兼家の実子を指す。兼家も養女迎えの経緯を知っているから、当然、その子は兼家によって限定された対象である。しかし、あえて連体修飾のムを用いて、自身による対象の限定はこれがすべてであるという物言いを選択することにより、その子は兼家の関与の外にあることが表示される。もはや自分ではなくて、道綱母の方にこそ属する娘というわけである。(c)では、先述の如く「たけの高く、短からむ人」と「世の常の人」という二つの対象が、ムの有無によって区別されていた。この(c)は、御簾上部の隙間から顔が見えることの妙に関わって「『背が高すぎたり低すぎたりする人』の場合は無理かもしれないが、『世間並の人』ならうまくいく」と述べるものである。つまり言語主体・清少納言は「世間並の人」の側に立って、「背が高すぎたり低すぎたりする人だとうまくいかなくても、それは自分には関わりのないことだと考えている。そのように「背が高すぎたり低すぎたりする人」が自身から切り離された対象であることを、連体修飾のムによって表示するのである。

【カテゴリー「3」】

このカテゴリー「3」においても、言語主体は、自らによる対象への限定がここに言語化されている内容で尽きている旨、表示を行う。それによって、事物全体が言語主体から切り離される点で、カテゴリー「3」は、カテゴリー「2」に通底している。しかし、カテゴリー「2」との相違は、言語主体が非当事者という立場にあるために事物を切り離すのではなく、むしろ当事者として、その事物を受け容れがたく感じるがゆえに自身からの切断を図るという点に存する。事物を突き離す表現を通して、言語主体の否定的な情意が表出されるようなタイプなのである。たとえば、前節にも引いた用例(d)。

(d)　「今日この山作る人には日三日給ぶべし。またまゐらざらむ者は、また同じ数とどめむ」など言へば、

（枕　八三）

ここでは、対照される双方のうち「この山作る人」はムを持たず、「まゐらざらむ者」の側にのみムが現れている。(d)言語化の時点で、雪山作りは始まっていないから、参加者・不参加者が誰であるのか、言語主体に限定できないことには変わりがない。けれども、言語主体は雪山作りを命ずる側の人間であり、「雪山作りに参加しない人間」など論外と考えている（ゆえに、不参加者には罰が課される）。このような対象への受容しがたい思いを表出するために、「まゐらざらむ者」という連体修飾のムを含んだフレーズが選択されるのである。かかるカテゴリー「3」に属する用例をいくつか追加しておこう。

(r)「……おのが身、この二人の子どもは、『ここ立ちね』と懲ぜられむをりは、いづこにあらむとするぞ。大路にたてとや。いと道理なく物な宣ひそ」（落窪　四）

(s)「……かの君の、落窪に住みて、部屋に籠りたまひし時は、まろらにまさりて人使ひ取られむとやは思ひし。父母の思さむこと、恥づかしくもあるかな。……」（落窪　三）

(t)「いかにしてさるならむ。昨日までさばかりあらむものの、夜のほどに消えぬらむ事」と言ひくんずれば、(12)（枕　八三）

(u)夏、昼寝して起きたるは、よき人こそ、いますこしをかしかなれ、えせかたちは、つやめき寝腫れて、ようせずは、頬ゆがみもしぬべし。かたみにうち見かはしたらむほどの、生けるかひなさや。（枕　一〇五）

(r)は、屋敷を相続できないことになった北の方の不満で、落窪の君方から屋敷を追われたらどうすればよいのかと述べている。「懲ぜられむをり」とは、いつそうなるとも、また本当にそうなるともはっきりしていないから、当然、これ以上、限定されない対象である。そんな対象に、あえて連体修飾のムを用いて、その「をり」に関するこれ以上の叙述を行わないことが表示される。そのことを通して、言語主体・北の方から「をり」を切り離し、「をり」への拒絶の気持ちを表そうとするのである。続く(s)では、三の君が、今や両親に「落窪の君より劣った娘」と認識されていようから、それが恥ずかしいと嘆く。「両親が思っている内容」を、これ以上、限定するつもりのないことを示し、それが自分にとっては関わりを持ちたくないもの、否定的な情意の対象であることを語るわけだ。(t)は、実際には限定されているはずの対象をムで修飾してみせて、それが言語主体から切断されたものであることを表現するタイプで、先掲(d)に続くエピソード。一晩にして雪山が消えてしまったことを清少納言が悔しがる。ここでの「連体修飾のム＋名詞」は、その雪山であるから、言語主体・清少納言にそれと限定されている。しかし、その雪山への「昨晩まではあったのに、どうして消えてしまったのか」という受け容れがたい思いゆえに、連体修飾のムを選択して「消えてしまった雪山」を突き離すのである。(u)は「見苦しきもの」の一節で、昼寝をして起きた男女が、互いのてかてかとして浮腫んだ顔を見ることの興ざめさ加減について語る。一般論という内容上、(u)は、その「ほど」がいつのことであるのかといった限定とはそもそも縁がない。そのような文脈の中で、連体修飾のムが持つ「対象限定の極限性」は、もっぱら言語主体の否定的情意を表出する手段として活用されているのである。

ここまで本節では、連体修飾のムは、対象が言語主体から受ける限定は、そこに言語化された内容がすべてである旨、表示するものであり、また、その性格に応じて連体修飾のムが現れる文も、「1甲」から「3」という四つのカテゴリーからなる連続相に収斂していくことを述べた。最後にその連続のあり方をまとめておく。

まず「1甲」とは【言語主体自身の問題として、事態に肯定的評価を下すカテゴリー】であった。しかし、その事態には、言語主体によって、これ以上、限定されない対象が含まれるために、「1甲」の諸例は、言語主体が事態にコミットしきらないことに纏わる、種々の表現性を帯びることとなった。続くカテゴリー「1乙」は【言語主体が非当事者という立場から、事態に肯定的評価を下すカテゴリー】であって、言語主体が事態にコミットしきらないという性格が、「1甲」に比して際立つ。かかる「1乙」の言語主体が非当事者という立場にあるという性格は、次のカテゴリー「2」にも共有されていくが、カテゴリー「2」とは、すでに【肯定的評価には当たらぬ判断を展開するカテゴリー】であった。このように、カテゴリー「1甲」は【言語主体自身の問題として下す肯定的評価】、カテゴリー「1乙」は【非当事者という立場からなされる肯定的評価】、カテゴリー「2」は【非当事者という立場からなされる、肯定的評価ならざる判断】と、「1甲」から「2」という連続においては、事態への言語主体の心的距離が広がっていく。そして、その距離がさらに拡大したものがカテゴリー「3」であった。即ち、カテゴリー「3」とは、連体修飾のムの持つ「対象限定の極限性」によって、【事態を受け容れがたく思い、自身から切り離そうとする情意を表出するカテゴリー】だったのである。

なお、本節の最後に、連体修飾に関する基本的なことに付言する。連体修飾には、「制限用法」「非制限用法」などという下位区分が設けられることがある。「黒い猫」のように、その連体修飾によって対象が限定される場合は「制限用法」であり、一方、対象の限定がなされない「哺乳類である猫」の如きが「非制限用法」となる。本書の確認する限り、ムによる連体修飾とは「制限用法」のみであり、「対象限定の極限性」も、そうであるからこそ導かれた概念であった。これを本書の立場から言えば、連体修飾のムが持つ「対象限定の極限性」ゆえに、その連体修飾は「制限用法」に限られるということかと思われる。ただし、本書の見ぬ「非制限用法」の存在も否定はしきれない。もしそれが存するのだとすれば、対象の「限定」ではなく、「規定」の極限性といった線で概念を微調整することになるのではないかと思う。が、ともあれ本書の範囲においては、ムによる連体修飾は「制限用法」のみと解しておく。

三

前節に述べるとおり、本書の見る連体修飾のムとは、「対象限定の極限性」によって規定される語であった。そう把握してみると、これまで、そこにムが用いられている理由が判然とせず、「これは古人と現代人との発想の違いであり、古典語と現代語のずれであるから止むを得ない」などと言われていた、(13) 次の(v)のようなタイプも説明可能になるのではないかと思われる。

(v) かくて、年ごろ願あるを、いかで初瀬にと思ひ立つを、たたむ月にと思ふを、さすがに心にしまかせねば、からうじて九月に思ひ立つ。「たたむ月には大嘗会の御禊、これより女御代出でたるべし。これ過ぐしてもろともにやは」とあれど、（蜻蛉　上）

見られるとおり、(v)には二つの「たたむ月」が現れる。現代語では「来月」で済むところにわざわざムが入るため、疑問が生じもしたわけだが、これらのムにも「対象限定の極限性」が認められるであろう。まず、一つ目の「たたむ月」（傍線部）は、言語主体・道綱母が初瀬に参詣しようとする「来月」を指す。参詣の日時を「来月」ということ以上には限定しない、漠然とした願望表現を構成するものと考えられる。カテゴリー「1甲」に属して、先掲(g)の類例となるのである。一方、二重傍線部の「たたむ月」は、そんな道綱母への兼家の応答の弁に現れ、「来月」に催される大嘗会の御禊では、兼家の娘が女御代を務めることになるはずだとの判断が示されている。大きな行事があるから参詣はその後にしてほしいというのである。そして女御代出仕とは、実態はともかく、建前の上では天皇の沙汰に依り、言語主体・兼家にとってはコントロールの外であろう。自らは状況にコミットしえないという点で、ここでの兼家は非当事者の立場にある。少なくとも、そのようなポーズをとっている。二重傍線部の「たたむ月」は、そうした非当事者性の表出に与り、よってカテゴリー「2」に配されることになるのである。兼家は、実際には自分の都合で道綱母の予定を左右しようとしているのだろうが、自分自身も、所与の状況によってすべてが決せられてしまうほかない非当事者にすぎぬとの物言いをしてみせたわけである。

ところが、連体修飾のムの中には、ごく少数、カテゴリー「1甲」から「3」への連続相に納まりきらぬ用例がある。それらについて言及しておかなければならない。

(w) さるここちなからむ人にひかれて、また知足院のわたりにものする日、大夫もひきつづけてあるに、車ども帰るほどに、よろしきさまに見えける女車のしりにつづけそめにければ、（蜻蛉　下）

(x) 「……いといみじげなる袴ありさまにて見えぬるこそ、いと言はむ方なくわびしけれ。故上おはせましかば、何事につけても、かく憂き目見せましやは」とて、いみじう泣きたまへば、（落窪　一）

(w)は「人に誘われて寺参りをした日に、その道中で道綱が女と出会った」という事態を叙述している。カテゴリー「1甲」から「3」までの連続相に見られるような、ものごとに対する言語主体自身の判断が展開される文というよりは、言語主体が体験した事実を報告する文の趣きがあり、そこが異質のようでもある。しかしこの(w)においても、「対象限定の極限性」によって、対象「さるここちなからむ人」が、言語主体から切り離されたものであることを表現しているのだ。つまり、言語主体・道綱母は、兼家との結婚生活からもたらされる苦悩の中にいるけれど、「そんな自分とはかけ離れた、なんの屈託もない人」から誘いを受けたというわけで、言語主体からの切断が語られているのである。したがって、この(w)も、前節に見た諸例と本質的な差異はないと言えよう。続く(x)には「言はむ方なし」とあるが、この類例として「入らむ方も知らねば」[14]（蜻蛉　中）などが得られ、連体修飾のムによる「〜をする方法」という定型表現が存在していたものと思われる。そして、本書の見るところ、それら「〜む方」は「言はむ方あり」「入らむ方を知り」など、〜をする方法が見つかったという方向に展開することはない。「なし」「知らねば」など、〜をする方法が見つからないという例ばかりなのだが、そんな偏りも、「対象限定の極限性」による、言語主体からの対象の切断に由来しているだろう。即ち、ムが「方」を修飾すると、その「方」は言語主体から切り離されたものということになる。それゆえに「〜む方」は「言語主体には〜をする方法が見つからない」という表現へと結びつくのである。

　以上の如く連体修飾のムは、その全体を通じて、「対象限定の極限性」による規定を可能とする。では、その規定に基づくと、本章冒頭に引く(a)は、どう解釈されるのだろうか。次に再掲する。

(a)　思はむ子を法師になしたらむこそ、心苦しけれ。……精進物のいとあしきをうち食ひ、寝ぬるをも。若きは、物もゆかしからむ。女などのある所をも、などか忌みたるやうに、さしのぞかずもあらむ。それをもやすからず言ふ。まいて、験者などは、いと苦しげなめり。困じてうちねぶれば、「ねぶりをのみして」などもどかる。……これ昔の事なめり。今はいとやすげなり。（枕　五）

一読して了解されるとおり、(a)は、事態を肯定的に評価したり、拒絶の情意を表したりする文ではない。したがって、カテゴリー「1甲」「1乙」「3」に属するということもない。とすると、残るはカテゴリー「2」なのであるが、本書は(a)がまさしくカテゴリー「2」に妥当していると考える。

まず、(a)は一般論を語るものであるから、そもそも「思ふ子」は、言語主体からそれ以上の限定を受けるような対象ではない。しかし、言語主体・清少納言は、そこにあえてムを用いて、「思ふ子」に関する自身の限定がこれで尽きている旨、表示する。それを通して、自分は「思ふ子」には関わりを持たないこと、換言すれば、この判断が非当事者的な立場から展開されていることを積極的に打ち出していく。そして、このような強調がなされる背景には、法師を取り巻く環境の変化があるのではないだろうか。

見られるように、(a)の含まれる『枕草子』五段は、その末尾に「これ昔の事なめり。今はいとやすげなり」と記載している。寝食は不十分、女との関わりを断たれる等の様々な苦労も「昔」の話であって、「今」では相当、安直になっているというのだ。たしかに二三段には、調伏を諦めた修験者が真っ先にあくびをして寝てしまうさまが記されていた。また三一段は、冒頭から「説教の講師は、顔よき」と述べて、説教の内容もそれを説く僧の顔の良し悪しに左右されるなどと主張する。その後も、説教・八講が娯楽の場でもあったことの描写が続き、「このごろ、そのをりさし出でけむ人、命長くて見ましかば、いかばかりそしり誹謗せまし」という記述でこの章段は閉じられる。現今の法師を取り巻く環境の俗化は、古人からの非難に値するというのである。そんな当世に生きる清少納言にとって、人間らしい暮らしから遮断される出家像とは、そこまでリアリティに富んだものでもなかっただろう。したがって、子を法師にする親への同情も、一般論としてそう考えはしても、深く実感に根差したものたりえなかったかと思われる。あくまでも、かつてはそうであったろう事柄に向かう非当事者的な判断にとどまるのだった。

四

連体修飾のムの持つ「対象限定の極限性」とは、助動詞ムの全体像の中で、どのように把握されるものなのであろうか。まず、第一部第一章、及び、本章において、助動詞ムの終止用法と連体用法について述べてきた、その大概を記せば以下のようになる。

ムによって終止する文は、【言語主体の個的な判断においては、その文に言語化された事態には、「(現実)世界」に対応する事態が存する】旨、表明する。

連体修飾のムは、【対象が言語主体から受ける限定は、「連体修飾のム＋名詞」に言語化された内容ですべてである】ことを表示する。

いま確認したように、ムによって終止する文とは、【その文に言語化された事態が「(現実)世界」に対応する事態を持つ旨、表明する文】の一種、大鹿薫久に倣えば「叙実法」の文の一種である。そして、これも第一部第一章で述べたことであるが、「事態存否」に関わる疑問文を作る形式を述語に持った文は、すべてが「叙実法」の文ということになる。それら数多の文の中で、ムは、「(現実)世界」に対応する事態を持つという判断が、言語主体の個的なものであることを表し、それによって、ム独自の意味領域を画定させていた。かかる終止のムの性格を、次のように捉え直してみよう。

もともと「叙実法」の文は(というよりも、文なるものは)、みな言語主体の判断の所産である。そうした、すべてが言語主体の判断であるものの中で、終止のムが担う「言語主体の個的な判断」とは、どう位置づけられるのか。第一部第一章に述べるとおり、「言語主体の個的な判断」は、「叙実法」の文全体において、「間主観的な判断」と対置されている。「間主観的な判断」は「言語主体の判断」には違いなくとも、その間主観性ゆえに、それを「私の判断です」とは言いにくいところがあろう。けれども、対する「言語主体の個的な判断」の方は、逆に「私の判断」でしかないようなものである。つまり、「言語主体の個的な判断」とは、すべてが「言語主体の判断」にほかならぬ「叙実法」の文の中でも、さらに「言語主体の判断」として特立されうるようなもの、言わば【「言語主体の判断」の中の「言語主体の判断」】なのである。終止のムが担うのは、そんな判断であって、それが文脈的には、推量や意志、所与的事態の詠嘆的受理という性格を帯びることになるわけだ。

以上、終止のムは、「叙実法」の文という、全体が言語主体の判断の所産であるものの中で、さらにその判断を「言語主体の判断」として特立する性格を持つものと把握された。そして、連体修飾のムも、「全体が言語主体の判断の所産であるもの」の内実を、連体修飾のムに即してアレンジすれば、終止のムと同様の規定を可能とするのである。

「制限用法」の連体修飾においてなされる対象の限定というものも、当然、そのすべてが言語主体の判断である。そして本書は、先述のとおり連体修飾のムに【「制限用法」の連体修飾という、全体が言語主体の判断の所産であるものの中で、さらにその判断を「言語主体の判断」として特立する】という性格を認める。より具体的に述べれば、ムは【この連体修飾による対象の限定が、言語主体の判断である】ということを表示するのである。この表示は一歩間違えれば空虚なものになりかねまい。しかし、実際そうはならないのは、【この連体修飾による対象の限定が、言語主体の判断である】という表示が、いわゆる「総記のガ」的な意味合いにおいて機能しているからだ。即ち「言語主体の判断によってなされる限定は、これがすべて」という意味合いである。連体修飾のムは、この総記的意味合いの結果、言語主体のなす限定が、いま言語化されている内容で尽きる旨、表示することとなる。連体修飾のムが「対象限定の極限性」のマーカーとして機能するのは、このような事情に由来するのであった。

「叙実法」の文も「制限用法」の連体修飾も、畢竟、すべてが言語主体の判断には違いない。けれども、それらにおいて、何かをさらに「言語主体の判断」として特立するのが、ムという語であった。では、この規定に基づくと、たとえばムの準体句はどのように説明されるのであろうか。或いは、ムがラム・ケムとなす鼎立関係の詳細の如何など、いくつか課題も残されているが、それは後考に委ねたく思う。

〔注〕

（1）連体修飾のムの用例は、枕草子のほか蜻蛉日記、落窪物語から採った。本書の確認する総数二三〇。また、枕草子の本文は『新編日本古典文学全集』（小学館）によったが、能因本系統を引く際は『（旧版）日本古典文学全集』（小学館）を用いた。蜻蛉日記、落窪物語の引用は『新潮日本古典集成』（新潮社）による。なお、論旨に関わりのある部分に異文が見られる場合は注を付したが、先取りして述べれば、能因本系統には、連体修飾のムよりも準体法のムを選択する、もしくはムを用いない、といった傾向が窺われる。三巻本系統との対比という点でも、興味深い材料を提供するように思われる。

（2）山口明穂ほか『日本語文法大辞典』（明治書院、二〇〇一年）の記述。

（3）遠藤嘉基ほか『古典解釈文法』（和泉選書、一九八五年）。

（4）小松光三「体言に連なる助動詞『む』の表現―『枕草子』の場合―」（『国語と国文学』六九―十一、一九九二年）。

（5）高山善行「助動詞『む』の連体用法について」（『日本語の研究』一―四、二〇〇五年）。

（6）「世の常の人は」の部分は、能因本系統では「世の常のは」とある。
（7）「まゐらざらむ者」の部分は、能因本系統では「雪山にまゐらざらむ人」とある。
（8）「おぼえむことを」の部分は、能因本系統では「おぼえむを」とある。
（9）この用例(i)など、特にその感が強そうでもあるが、本書の連体修飾のムに対する解釈を「婉曲」と呼ぶなら、それも可能であろう。ただし、仮に同じラベルが貼られるのだとしても、既説における「婉曲」とは、その内実が異なる。
（10）「ゐたらむときも」の部分は、能因本系統では「あらむにも」とある。
（11）「うはおそひ着たらむ童」の部分は、能因本系統では「うはおそひ着たる童」とある。
（12）「昨日までさばかりあらむものの」の部分は、能因本系統では「昨日さばかりありけむものを」とある。
（13）注（3）の文献の記述。
（14）本書の調べる範囲で「〜む方」は二二例あった。

第二部

第一章　マシの反事実と非事実

一

「反実仮想の助動詞」などと称されるとおり、マシは反事実の事態を構成することが、その中核的な用法であると言えよう。序説で述べたとおり、本書における事実とは、個別的なものであれ一般論的なものであれ、「現実世界にその姿を現した事態」を指すが、マシの文に反事実の事態が構成されるというそのあり方は、大きく二つに分かたれる。これも序説で触れたことだけれど、具体例を示しながら確認していく。(1)

(a)　悔しかもかく知らませば（摩世婆）あをによし国内ことごと見せましものを（摩斯母乃乎）（萬葉　巻五　七九七）

「夫を慕ってやって来た妻がすぐに死んでしまったこと」というのが、この(a)における事実である。(a)の言語主体は、マシが構成する事態（＝マシを持つ述語が属する節に言語化される事態）「こうなると知っていること」及び「国中を見せること」が、現実世界に生じなかったのを知っている。即ち、(a)のマシは「事実に反しているがゆえに、現実世界に生じなかったことが明白な事態」を構成しており、そのような事態を反事実と呼ぶわけである。しかし、同じ反事実でも、次の(b)に見出されるそれは、多少、趣を異にする。

天皇の崩ります時に、大后の作らす歌一首

(b) やすみしし我が大君の……神丘の山の黄葉を今日もかも問ひたまはまし（麻思）明日もかも見したまはまし（万旨）……　（萬葉　巻二　一五九）

「明日もかも」とあるとおり、(b)二つ目のマシは時制的に未来となる事態を構成する。[2] その「明日、天皇が神丘の黄葉を見ること」という事態は、「天皇の死」という事実が存する以上、現実世界に生じようがない。つまりは事実に反している。かかる「事実に反しているがゆえに、今後、現実世界に生じないことが明白な事態」も、本書における反事実の事態に相当する。

ところが、マシが構成する事態には反事実と考えられないものがある。

(c) 「近きほどにまじらひては、なかなかいとど目馴れて人侮づられなることどもぞあらまし。たまさかにて、かやうにふりはへたまへるこそ、たけき心地すれ」と思ふべし。　（源氏　薄雲）

(d) 乳母もいと腹立たしく、わが君をかくおとしむること、と思ふに、「何か。これも御幸ひにて違ふこととも知らず。かく心口惜しくいましける君なれば、あたら御さまをも見知らざらまし。わが君をば心ばせあり、もの思ひ知りたらん人にこそ見せたてまつらまほしけれ。……」と言へば、　（源氏　東屋）

(c)の明石の君は「（自分が二条院に迎え入れられると）人から侮られかねないこと」という事態を、この先、生じうるものと考え、それゆえ二条院行きを逡巡する。(d)では、左近少将が浮舟への求婚を取り止めたため、浮舟の乳母が立腹しているのだが、いずれ「左近少将が浮舟の素晴らしさを理解しないこと」という事態も生じてこようから、破談はむしろ「幸ひ」だと述べる。共にマシが構成するのは「今後、現実世界に生じる可能性のある事態」、即ち非事実なのである。これら非事実の例は、「反実仮想の助動詞・マシ」の中に、どのような位置を占めるのであろうか。本書の第二部は、かかるマシの問題を中心に、反実仮想と深い関わりを有する諸形式、及び、それを取り巻く問題について考えていく。

上代において、先掲(c)(d)の如き非事実のマシは、なかなか見出しがたい。次の(e)は上代にあって非事実のマシたる可能性を有する希少な例の一つである。

(e)　十月雨間も置かず降りにせばいづれの里の宿か借らまし（益）　（萬葉　巻十二　三二一四）

小学館「全集（旧版）」本は、(e)を「未来に関する仮定」と見て、「どの辺の里に宿を借りようか」と現代語訳する。[3] この場合、マシの構成する事態「宿を借りること」は非事実の事態と解されることになる。一方、(e)は「どこに宿を借りようか。いや借りられまい」という反語の読みも可能である。とすると、(e)のマシは、今後の生起が不可能な「反事実・未来時」の例と見なされよう。こうした解釈の如何については改めて触れるけれど、当面(e)を「上代のマシ」という範疇から除外して論を進めていきたい。ともあれ、上代マシには、非事実としか考えられない例を見ないことが重要なのである。

では、既説において、(c)(d)のような非事実のマシは、どう扱われてきたのであろうか。たとえば非事実のマシを「未来相当の『まし』」という枠組で把握する論がある。[4] この「未来相当の『まし』」という概念は、時制的には未来となる例すべてを一括するもので、今後の生起が可能であるか否かを問わない。述べてきたとおり、本書は未来時の例において、今後の生起が可能か不可能かの別に着目するから、こうした立場とは相当に異なっている。さらに「未来相当の『まし』」なるものの内実にも疑問が残るようだ。注(4)の文献は、マシを文脈上、推量の表現になるものと希望(意志)の表現になるものとに分け、次のように規定している。

○ 文脈上、推量と解される例=「実現する予想のない事態についての表現」

○ 文脈上、希望(意志)と解される例=「実現する予想のない事態についての表現」乃至「積極的な意志・希望のない事態についての表現」

しかし「未来相当の『まし』」の中には、この解釈を適用しがたい例も多いのである。たとえば先の(c)や(d)。これらは文脈上、推量風に読まれるから、「実現する予想のない事態についての表現」ということになろう。けれども、(c)(d)のマシに構成される事態が、言語主体によって「実現する予想のない事態」と把握されているはずもないことは先に確認したとおりである。ゆえに、これらには注(4)の文献の見解をあてはめがたく、そうである以上、その主張につくというわけにもいくまい。このように考えて本書は、次節以降、反事実のマシと非事実のマシについての見解を述べるが、そのために、まずは上代マシの性格をより詳細に見ておく。

二

前節に述べるとおり、本書の確認した上代マシに、反事実と解しえない例はない。けれども、それらは、単に反事実であるにとどまらぬ、ある特定の性格を有してもいる。そして、その性格のあり方に応じて二つに分類可能なのである。それぞれを甲類・乙類と呼ぶこととし、まず本節では甲類の検討を行う。

(f)　後れ居て恋ひば苦しも朝狩の君が弓にもならましものを（麻思物能乎）　（萬葉　巻十四　三五六八）

(f)の言語主体は、夫との別離を悲しみ、夫が持参する弓にでもなりたいと願う。このマシが構成する「弓になること」とは、当然、反事実の事態であるが、それと同時に「その存在によって、言語主体にとって望ましからぬ（＝不望な）事実を、より望ましいものへと転換させる事態」であることにも注意したい。即ち、事態「弓になること」が現実世界に存在すれば、言語主体は夫に携帯されるに至るわけで、「夫との別離」という不望な事実は打開されるであろう。「弓になること」とは「その存在によって、言語主体にとって望ましからぬ事実を、より望ましいものへと転換させる事態」なのである。以下、このような性格を「不望事実の転換」と称するが、その「不望事実の転換」性が上代マシの全体から見出されるのだ。それを先の(a)(b)において確認しよう。

(a)　悔しかもかく知らませば（摩世婆）あをによし国内ことごと見せましものを（摩斯母乃乎）　（萬葉　巻五　七九七）

天皇の崩ります時に、大后の作らす歌一首

(b)　やすみしし我が大君の……神丘の山の黄葉を今日もかも問ひたまはまし（麻思）明日もかも見したまはまし（万旨）……　（萬葉　巻二　一五九）

(a)の場合、言語主体には「筑紫を訪ねて来て早々、妻が死んでしまったこと」という不望な事実がある。言語主体は、その事実ゆえに「せめて前もって妻が死ぬと知っていたら、筑紫中を見せてやれたのに」と考える。マシが構成する事態によって、不望事実は多少なりとも望ましいものへと改変されるのである。続く(b)で言語主体が直面する不望事実とは「天皇の死」である。そして、(b)の二つのマシが構成する「天皇が神丘の黄葉を見ること、訪れること」という事態は、天皇が存命なら実現するはずの事態だから、それらの事態の存在は天皇の身に変わりがないことを意味する。即ち、それらは不望事実をより望ましいものに転換させた事態なのである。上述の如き甲類・マシの性格をまとめよう。

言語主体の直面する不望事実＝大切な人の死で辛い日々を過ごすこと

【甲類・マシの文】　あの人が生きていたら（マセバ）、毎日楽しかっただろう（マシ）

甲類・マシの文においては、不望事実の裏に当たる、より望ましい事態「あの人が生きていること」、「毎日が楽しいこと」が述べられる。それらの事態が現実世界に存在するなら、当然「大切な人の死で辛い日々を過ごすこと」は存在せず、甲類・マシの文は、そのようなかたちで不望事実の打開を思い描く文なのである。なお、本書の言う「不望事実の転換」とは、用例(a)(f)の如く意志・希望風に解されるもの、及び、用例(b)など推量風の読みとなるもの、そのどちらからも看取される。「不望事実の転換」というと、意志・希望的な例にのみ関わるような印象も生じかねないけれど、そうではない旨、付言しておきたい。

ところで、ここまでの諸例は、甲類・マシの「不望事実の転換」性が明瞭に見て取れるような例であった。しかし、一見したところ、そうした性格がはっきりとしないものもある。

(g)　玉敷きて待たまし(益)よりはたけそかに来たる今夜し楽しく思ほゆ

榎井王の、後に追和する歌一首

（萬葉　巻六　一〇一五）

「玉を敷いて待つような来訪よりも、唐突な今晩の来訪こそが楽しく思われる」と述べる(g)であるが、ここでマシが構成する事態「玉敷きて待つ」に「不望事実の転換」性は認められまい。言語主体・榎井王は「玉敷きて待つ」ことよりも「たけそかに来たる今夜」という事実の方を「楽し」と判断しているのだから。しかしながら、この(g)は次に引く(G)をふまえている。

　　九年丁丑の春正月、橘少卿併せて諸の大夫等、弾正尹門部王の家に集ひて宴する歌二首

(G)　あらかじめ君来まさむと知らませば（麻世婆）門にやどにも玉敷かましを（益乎）
　　右の一首、主人門部王　　　　　　　　（萬葉　巻六　一〇一三）

橘佐為を自邸に迎えた門部王が「前もって来訪すると知っていたら、玉を敷いておいたのに」と詠ずる。(G)に見出される二つのマシは、共に「実際になされたものよりも望ましい歓待」について云々しており、「不望事実の転換」性が見て取れよう。そして(g)とは榎井王がこの(G)に「追和」したもの、さらには(g)の「玉敷きて待たまし」も、(G)の「玉敷かましを」を受けて言語化されたものである。(G)の門部王にとっては望ましき事態たる「玉敷く」を、(g)でも「玉敷きて待つ」とほぼそのまま言語化してみせ、その上で「玉敷きて待つ」という反事実よりも、「今夜」の宴（＝事実）こそが「楽しく」思われるという榎井王の判断が展開されるわけである。即ち(g)のマシが構成する事態は、その文脈上、(g)の言語主体・榎井王ではなくて、(G)の言語主体・門部王にとっての「不望事実の転換」性を有する。そのような意味において、(g)のマシは、(f)など、ここまでのマシに通うのだった。

　以上のとおり、本書は上代マシに「不望事実の転換」という言語主体の情意に根差した性格を認めるのだが、これは用例が和歌であることからもたらされた偏りではない。和歌ならぬ例においても同様である。

(h) ……復、「受け賜はるべき物なりせば祖父仕へ奉りてまし（天麻自）。然有る物を、知れることも無く、怯く劣き押勝がえ仕へ奉るべき官には在らず、恐し」と申す。……　（続紀　二六詔）

恵美押勝に太政大臣就任を命ずる孝謙上皇の宣命で、マシは押勝の弁に現れる。太政大臣の任は分不相応なので固辞したいが、上皇の命に服さぬことも畏れ多い。そんな困惑のもとに押勝はあり（少なくともそのポーズをとっており）、これが言語主体に与えられた不望事実である。そこで押勝は「太政大臣が自分の受けるべき任なら、祖父も太政大臣として仕えていた」と述べる。マシの構成する「祖父が太政大臣として仕えること」という事態が現実世界に存在していたら、「太政大臣＝押勝自身も受けるべき任」となって、上皇の命を固辞する必要もなくなる。不望事実が回避される結果となるわけである。以上、(h)からは甲類の性格を見出しえ、その点、和歌の諸例と変わるところがないのであった。

三

本節では、上代マシのもう一方、乙類の例を眺め、その「不望事実の転換」性が甲類とどのように異なっているのかについて考える。

(i) 旅にして（物恋之鳴毛）聞こえざりせば恋ひて死なまし（万思）　（萬葉　巻一　六七）

ここで、訓の確定していない(i)をあえて引いたのは、これが乙類の構造をもっともシンプルに示しているからである。そして、未確定の部分があるとはいえ、その大意は理解可能であろう。旅路の慰めたる「何か」の声が聞こえなかったとしたら、自分は恋死にしてしまったろうとの詠で、「恋しい人と別れて旅路にあること」というのが、(i)における不望事実である。このように、事実が不望なものである点で乙類は甲類に等しい。ただし、ここでマシが構成する「恋死にすること」という事態は、言語主体にとっての望ましい事態ではなく、そこが甲類との相違点となっている。けれども、(i)で想定される「(「何か」の声が聞こえず)恋死にしてしまうこと」という事態は、言語主体の直面する事実を「より望ましいものへと転換させる事態」ではあろう。つまり、「(「何か」の声が聞こえず)恋死にしてしまうこと」という事態の存在を想定すると、その「何か」の声に慰められて旅を続けている現状は、比較の問題ではあれ、より良いものとして把握されうる。別種の不望な事態を想定することによって、相対的に事実の不望性が減ぜられるのである。甲類とは具体的なあり方が異なるものの、(i)のマシが構成するのも「その存在によって、言語主体にとって望ましからぬ事実を、より望ましいものへと転換させる事態」だと言えよう。先の甲類への記述に準えて、乙類における「不望事実の転換」性を以下にまとめる。

【乙類・マシの文】　あの人の形見がなかったら（マセバ）、自分も生きていられないだろう（マシ）
言語主体の直面する不望事実＝大切な人の死で辛い日々を過ごすこと
乙類・マシの文の言語主体は、不望事実を前に、それとは別の不望な反事実＝「あの人の形見の品がないこと」、「自分も生きていられないこと」を構成してみる。それら事態を勘案することによって、自身に与えられた事実の不望性を減じようとするのである。

このような乙類に属する類例として、次の(j)や(k)を挙げることができる。が、これらはやや複雑な要因を持ち合わせてもいる。

筑波山に登らざりしことを惜しむ歌一首

(j) 筑波嶺に我が行けりせばほととぎす山彦とよめ鳴かましや（麻志也）それ　（萬葉　巻八　一四九七）

中臣朝臣宅守と、狭野弟上娘子との贈答歌

(k) 我妹子が形見の衣なかりせば何物もてか命継がまし（麻之）　（萬葉　巻十五　三七三三）

見られるとおり、(j)には「筑波山に登らなかったために、ほととぎすの鳴き声が聞けなかったこと」、(k)には「自身の配流により、我妹子と離れればなれになっていること」という不望事実がある。しかし、マシが構成する事態（これを「Yである」とモデル化する）には「不望事実の転換」という性格が認められない。筑波山に行かなかった(j)の言語主体にとって、「（筑波山で）ほととぎすが鳴くこと」（＝「Yである」）という事態が存在したところで、その不望事実はより望ましいものになど転換されまい。(k)においても、この言語主体は存命なのだから「命を継ぐこと」（＝「Yである」）という事態の存在は、不望事実をより望ましいものたらしめるわけではないのだ。

しかし、ここで(j)(k)のマシの文が反語表現となっていることに留意したく思う。両者の多少の差異を措き、先の「Yである」に基づいてモデル化してみれば、いずれも「XであればYであるのか」との体裁をとりつつ「いやYではない」という含意が生じてくる文なのである。そして「含意」とはいえ、言語主体の判断の中核とは、むしろその「Yではない」の方であろう。具体的に述べれば、(j)(k)のマシの文からは「ほととぎすは鳴かなかったこと」「命を継ぐことなどできなかったこと」という事態（＝「Yではない」）が透視される。そして言語主体は「（自分が筑波山に行ったとしても）ほととぎすは鳴かなかった」或いは「（形見の衣すらなかったら）命を継ぐことなどできなかった」と考えて、自身を慰めようとする。いずれも「Yではない」が言語主体の判断の骨子となるのであった。さらには、その「Yではない」こそが、両者における「不望事実の転換」性のありかであろう。いま述べたとおり、(j)(k)の言語主体は不望事実に直面するに際し、別の不望事態「ほととぎすは鳴かなかったこと」「命を継ぐことなどできなかったこと」を想定し、それによって、せめてもの形で不望事実と折り合いをつけようとする。そうである以上、これらの「Yではない」は、言語主体の不望事実を（あくまでも相対的にではあるが）望ましい方向へと転換せしめるものなのである。したがって、これら(j)(k)のマシは先掲(i)と同様、乙類に属するマシだと言えよう。

ここまでに見るとおり、(j)(k)において「不望事実の転換」という性格は、マシに構成される事態「Yである」ではなく、その文の「含意かつ主旨」として存する事態「Yではない」に認められた。前節に見た甲類の諸例、或いは乙類でも(i)がそうであったように、上代においては「Yである」が「不望事実の転換」性を持つのが通例だから、その点、(j)(k)は異質である。しかしながら、これは、(j)(k)が反語表現であることからもたらされた、もっともな現象かと思われる。マシが平叙文の述語に現れる場合、その文の主眼となるのはもちろん「Yである」だろう。けれども、反語表現たる(j)(k)では、その文の主眼は「Yではない」の方へと転じていた。かかる「Yではない」への主眼の推移と連動して、「不望事実の転換」性も「Yではない」の方にこそ認められることになる。反語という要因にひきずられて、マシの「不望事実の転換」性の所在が「Yではない」の方へと転異するのである。そして、不望事実に直面し、それを多少なりとも望ましい方向に転換するような仮想を行う言語主体からすれば、「不望事実の転換」という自身の情意をマシの文の全体に託することさえできれば、ひとまずは事足りよう。言語主体は文に対して分析的な視点を持つわけでもないから、「不望事実の転換」性のありかが「Yである」なのか、或いは「Yではない」なのかといったことは、言わば些事なのである。

以上、上代マシの乙類について述べてきたが、ここで用例の数値に触れておくなら、本書の調べた範囲で、確かに乙類と見なされるのは、先掲の三例である。上代マシの基軸をなすのは甲類であって、乙類はいわば「変わり種」であったのだろう。しかし「変わり種」にもせよ、乙類の持つ甲類とは異なった側面に着目する本書にとって、次に引用する見解は興味深く感じられる。(5)

「ませば〜まし」の形には、A．現実を不満とし、反実を希望する場合と、B．反実よりも現実のほうを満足しうる状態とする場合とがあるが、

この記述は次掲(1)への注釈の一部で、その(1)はマシの確例ではないものの、(L)の類歌と考えられ、よってマシを含んで訓ぜられるのが常である。

(1) 恋するに死するものにあらませば（有者）我が身は千度死に反らまし（死反）（萬葉　巻十一　二三九〇）

(L) 思ひにし死にするものにあらませば（麻世波）千度そ我は死にかへらまし（益）（萬葉　巻四六〇三）

注（5）の文献はマシの論ではなく、歌の注釈の一環として「ませば〜まし」に触れただけではあるが、本書にとってはおおむね賛同できる既説である。即ち、先の引用におけるAは本書の甲類に相当しよう。一方、Bの「反実よりも現実のほうを満足しうる状態」という規定は、乙類のそれと若干、異なってはいる。乙類に配した先掲(j)の場合、「筑波山に登らなかったために、ほととぎすの鳴き声が聞けなかったこと」という事実は、「(自分が筑波山に行ったとしても) ほととぎすは鳴かなかったこと」という反事実よりも「満足しうる状態」であるとは言い切れないからである。それゆえ本書は、先に「不望な事実とは別の、不望な反事実」のような述べ方をしたのだが、そうした小異はあれ、Bと乙類とはほぼ一致すると言える。そして注（5）の文献は、(1)をこのBの例と考えているのである。その上で(1)を「相手を変えた多くの恋」に関する歌とし、そこに「死なず

に済んでいる現状を肯定する気分」を見る。さらには『茂吉評釈』の記述「恋の死ぬほどに苦しいといふことから、自嘲のやうな気分にもなり、諧謔のやうな気分をも交えて」を肯定している。

この解釈をふまえるに、(1)の不望事実とは「繰り返される恋に苦しむこと」だと言えよう。そんな不望事実に対して、言語主体は「恋のたびに人が死ぬなら、自分は千回も死んでいること」という別の不望事態を考慮に入れ、ともあれ生きているだけ現状は望ましいと考える。逆に言えば、そうでもしないと現状を肯定しえないわけで、そこに『茂吉評釈』の読み取る「自嘲」「諧謔」の趣が生ずるのではないか。こう考えてみると、(1)のマシ（本当にそこにあるとして）は乙類に配しうるものということになるであろう。

一方、これの類歌(L)は、大伴家持への叶わぬ恋に苦しむ笠郎女の歌群二四首の一つである。この歌群では、笠郎女が家持に「命死ぬべく恋ひ渡」っていることが詠まれつつ（六〇〇番歌）、自分が「君に逢はず死」ぬと覚悟するのは、「神」の「理」がないという状況においてのみだとも述べられていて（六〇五番歌）、笠郎女の恋を成就させようとする強い思いが窺われる。そんな歌群の様相をふまえると、(L)のマシも乙類の例と考えられるのではないか。[6]「恋による物思いが尽きないこと」が(L)の不望事実であり、その苦しさは「物思いによって人が死ぬなら、自分は千回も死んでいる」と感じられるほどである。しかし、本当に死んでしまえば恋を叶えることはできない。いかに苦しくとも、生きているからこそ恋の成就への望みも残される。笠郎女はそう考えるに至るのである。(L)の詠とは、かかる思惟のもと、自身の置かれた不望事実を、少しでも望ましいものへと捉え直す試みであるかと思われる。

以上、本書は、(1)に関する注（5）の文献の見解に基づきつつ、(1)及び類歌(L)のマシを共に乙類の例であると考えた。

反事実の事態を構成すること、その反事実の事態は「その存在によって、言語主体にとって望ましからぬ事実を、より望ましいものへと転換させる事態」でもあること。本書の考える上代マシの性格とは、この二点に集約された。そして、こうした上代マシ同様の性格を有する例は中古においても多く見受けられる。それらをA類と呼ぶことにしよう。

四

(m) よそにもみきかましものをおとは河渡となしに見なれそめけむ　（古今　恋二　七四九）

(n) 小君して、「死にかへり思ふ心は知りたまへや」と言ひて遣はす。

ほのかにも軒端の荻を結ばずは露のかごとを何にかけまし　（源氏　空蝉）

(m)は上代の甲類に相当する例で、言語主体は、相手となまじ関係を持ってしまったために恋に苦しむという不望事実に直面している。マシの構成する「離れたところで相手の評判だけを聞くこと」という事態が存在していれば、そんな不望事実は転換されえたわけである。一方、(n)は上代の乙類に当たる。情を交わして程経た後、光源氏が軒端荻に消息するもので、「軒端荻とそれっきりになっていること」が光源氏にとっての不望事実であるとの体裁で詠まれている。(n)のマシの文「(あの関係すらなかったとしたら) どうして恨み言が言えるだろうか、いや言えない」において、反語の結果生じてくる「恨み言さえ言えないこと」も不望な事態であり、その事態を考慮に入れれば、不望事実も、比較の問題で望ましいものへと転換されるのである。

上述の如く、中古において上代マシに相当するのがA類であった。その一方、中古の諸例はマシという語にまた新たな側面をもたらすことになる。そのような例には二つのタイプが認められ、それぞれをB類・C類と呼ぼう。うちC類が非事実のマシに当たるのだが、まずは順にB類から検討していく。

(o)　よるならば月とぞみましわがやどの庭白妙にふりつもる雪　（後撰　冬　四九六）

(p)「この風いましばし止まざらましかば、潮上りて残るところなからまし。神の助けおろかならざりけり」と言ふを聞きたまふも、いと心細しと言へばおろかなり。

海にます神のたすけにかからずは潮のやほあひにさすらへなまし　（源氏　明石）

(o)は、降り積もる雪の白さを、月光が照らすと見紛うばかりだと述べる。ここで言語主体が不望事実に面していると考える理由はない。むしろ、美しい景を前にした望ましい状況にあるものとして詠まれているだろう。したがって「（夜だったら）この雪の白さを月光と見てしまうこと」という反事実の事態も「その存在によって、言語主体にとって望ましからぬ事実を、より望ましいものへと転換させる事態」ではありえまい。そして、この(o)のように反事実の事態を構成するが、そこに「不望事実の転換」性を認めがたいものがB類なのである。続く(p)では、嵐によって波が押し寄せ、須磨の光源氏の住まいがあやうく流されかける。集まってきた海人の弁と光源氏の歌の中に計三つのマシが現れ、「この風がもうしばらくでも止まないこと」、「潮に残らずさらわれること」、「潮の押し寄せるところに漂うこと」という反事実の事態を構成している。けれども、海人と光源氏はなんとか命が助かった喜ばしい状況にあり、彼らに与えられているのは不望事実ではない。また、それら反事実の事態に「不望事実の転換」という性格も読み取りえないのだった。

見てきたように、B類のマシが構成する反事実の事態は「不望事実の転換」という性格を持たない。それではB類のマシとは、単純に反事実の事態を構成するのみなのであろうか。このことを考えるために、まず(p)の検討から始めよう。ここでマシが構成する三つの事態は、むろん現実世界に生起していない。しかし、「いましばし」という海人の言葉に端的に現れるように、それは紙一重のことであった。それらの事態が実際に生起していたとしても何ら不思議はなく、光源氏たちが難を逃れえたのは、まったく偶然によるのである。とすると、この(p)のマシが構成するのは、「実際には生起していないが、生起の可能性が十二分にあった事態」だと言えるだろう。このことを、さらに例を追加して確認する。

(q)　表着には黒貂の皮衣、いときよらにかうばしきを着たまへり。古代のゆゑづきたる御装束なれど、なほ若やかなる女の御よそほひには、似げなうおどろおどろしきこと、いともてはやされたり。されど、げにこの皮なうて、はた寒からましと見ゆる御顔ざまなるを、心苦しと見たまふ。（源氏　末摘花）

末摘花の着る「黒貂の皮衣」は若い女の衣装としては不似合だが、末摘花は、それを着ていなかったら、さぞ寒かろうというありさまである。(q)以前の箇所に「顔色が青白い」「ひどく痩せている」といった記述が見られ、具体的にはそれらを指すものであろう。そんな末摘花の様子を目にしているがゆえに、光源氏は「（この皮がなかったら）さぞ寒いに違いない」との感想を抱くのである。ゆえに言語主体の光源氏にとって、このマシが構成するのは「実際には生起していないが、生起の可能性が十二分にあった事態」と言える。そして、このの性格は、先の(o)からも見て取れるのである。(o)という和歌表現の中で、マシが構成する「（夜だったら）この雪の白さを月光と見てしまうこと」という事態は、言語主体によって「そうであるに違いないこと」として表現されているだろう。「実際には生起していないが、生起の可能性が十二分にあった事態」と把握してみることを通して、降り積もる雪の白さが形容されるのであった。

確認してきたとおり、B類のマシは反事実の事態を構成するかたわら、「不望事実の転換」性とは無縁であり、その代り「実際には生起していないが、生起の可能性が十二分にあった事態」を述べるものであった。そして、B類のマシがこのような性格を持つというのも、もっともな現象のように思われる。そもそも反事実の事態を構成するとは、一歩間違えればただの妄想であろう。それゆえ人は、むやみに反事実の事態について考えたり、口にしたりはしない。反事実の事態を言語化するには、そうするだけの背景があるのだ。つまり、反事実の事態の言語化を通して、現実世界に対する何がしかの描写がなされるからこそ、反事実の事態の言語化は有意のものとなるのである。(7) 上代マシと中古A類においては、マシの文が反事実の事態を述べることによって、言語主体の直面する事実が不望なものであることを描写しえた。これが上代マシと中古A類に反事実の事態が構成されることの意味だったのである。一方、B類の反事実の事態は「実際、生起することはなかったが、それはたまたまのことであり、現実世界に生起していたとしても何ら不思議はなかった」という性格を持つ。つまりB類は、現実世界がそうした事態の生起を可能にするような場所であることを描写してもいる。そして、このことによってB類マシの文は、言語化されるに足る有意の表現たりうるのであった。なお、このB類に関しては、マシの仮定条件節との関連のもと、他に論ずべきこともあるのだが、それは次章において行うこととしたい。

次いでC類。既述の如く、このC類が非事実のマシであった。まず第一節に示した(c)(d)を再掲しよう。

(c)　「近きほどにまじらひては、なかなかいとど目馴れて人侮づられなることどもぞあらまし。たまさかにて、かやうにふりはへたまへるこそ、たけき心地すれ」と思ふべし。（源氏　薄雲）

(d)　乳母もいと腹立たしく、わが君をかくおとしむること、と思ふに、「何か。これも御幸ひにて違ふこととも知らず。かく心口惜しくいましける君なれば、あたら御さまをも見知らざらまし。わが君をば心ばせあ

り、もの思ひ知りたらん人にこそ見せたてまつらまほしけれ。……」と言へば、（源氏　東屋）

これらのマシは、上代マシと同様「不望事実の転換」という性格を持っている。(c)では、明石の君が姫君を二条院へと手放し、淋しい日々を過ごす。これが(c)の不望事実である。しかし、明石の君は、マシが構成する「（明石の君自身も二条院に迎え入れられると）人から侮られかねないこと」という事態を考慮に入れ、そうなるぐらいなら、事実のほうが望ましいと思うに至る。マシが構成する事態によって、事実の不望性が減ぜられるわけである。(d)の場合、左近少将との破談が、言語主体たる浮舟の乳母にとっての不望事実に当たる。しかし「左近少将が浮舟の素晴らしさを理解しないこと」という事態を想定してみれば、浮舟がそんな相手と縁付かなかったのはむしろ幸いである。浮舟の乳母はそう考えることを通して、自身の直面する事実の不望さを打開しようとするのであった。

このように、中古C類（＝非事実）のマシは「その存在によって、言語主体にとって望ましからぬ事実を、より望ましいものへと転換させる事態」を構成する。そのことを他の例においても確認してみよう。

(r)　津の守は、「典侍あきたるに」と申させたれば、さもやいたはらましと、殿もおぼいたるを、（源氏　梅枝）

ここで「津の守」というのは光源氏の従者だった惟光のこと。典侍のポストが空いたため、娘をそこにと光源氏に願い出、光源氏も取り計らってやろうかと考えるのだが、ここに至る前段には「光源氏が惟光の娘を五節の舞姫として献上したこと」という一件があった。そしてそれは、娘を深窓の姫のように扱いたい惟光からすれば不本意なことでもあったのである。光源氏は、長年、主従関係にある惟光に我慢を強いた状態にあって、それを気にかけているのではないか。つまりはこれが(r)の不望事実である。そして、マシが構成する「典侍就任を取り計らってやること」という事態によって、光源氏は惟光に借りを返すことができよう。したがって、(r)のマシが構成する非事実の事態も「不望事実の転換」性を持つものと考えられる。

(s)「中務宮なん、大殿にも御気色たまはりて、さもやと思しかはしたなる」と人の聞こえければ、大臣はひき返し御胸ふたがるべし。……「いかにせまし。なほや進み出でて気色をとらまし」など思し乱れて、（源氏　少女）

(s)は「中務宮が夕霧を婿に希望している」という話を耳にした内大臣が、娘・雲居雁との縁談を進めるべく、こちらから夕霧の機嫌を取った方がよいかどうか悩むもの。内大臣は娘と夕霧との関係に反対してきたが、その結果、娘の身の振り方が定まらないという不望事実を招いてしまった。(s)における二つのマシは、内大臣が「どうすればこの現状が転換できるのか」「夕霧の機嫌を取れば現状が転換できるのか」と考える文に現れる。それらの文では「その存在によって、言語主体にとって望ましからぬ事実を、より望ましいものへと転換させる事態」をめぐって疑問がなされるわけで、「不望事実の転換」という性格が認められよう。詳細は次章で論ずるが、この(s)のように非事実のマシの疑問文とは、不望事実を転換する方途について頭を悩ませるものとなる。そのニュアンスは、中古に多く見られる「いかにせまし」などに端的であろう。そして、第一節で保留した上代の例(e)も、この類型に属するかと思われる。

(e)　十月雨間も置かず降りにせばいづれの里の宿か借らまし（萬葉　巻十二　三二一四）

(e)に番われる三二一三番歌に「しぐれの雨」とあるとおり、(e)の言語主体は旅先で断続的に降り続く雨に遭遇し、それが(e)の不望事実である。既述のとおり、反事実解釈における(e)は反語文だから、「不望事実の転換」

性は、反語によって生じる「宿を借りられまい」の部分に認められるはずである（用例(j)、(k)への記述を参照）。しかし「宿を借りられまい」と言う以上、これによって不望事実が転換されるわけもない。(e)を反事実と考えると、反事実ではあるが「不望事実の転換」性は持たない例が生じるのである。先述の中古B類とはそうした例であったが、(e)は中古B類と違って「実際には生起していないが、生起の可能性が十二分にあった事態」を述べてはいない。結局、反事実の解釈を採ると、(e)はマシの異例となるのである。一方、(e)を非事実の例と見た場合、(e)は「この先どこに宿ろうか」という疑問文になる。降り続く時雨を避ける方策について思いを巡らすもの、つまりは、不望事実を転換する方途に関する疑問文であって、(s)などの類例を持つことになる。これをふまえると、(e)は非事実のマシ（＝中古C類）の先蹤と見るのが適当ではないか。ここまで本章の論述は、上代・中古という二分のもとに進めてきたけれど、実際には上代マシの中にも中古マシの萌芽を見出しうるということかと思われる。

ここまでに述べてきた中古マシについて、上代マシとの異同を中心にまとめておく。

A類（＝反事実のマシ）

上代のマシが持つ二つの性格（反事実の事態を構成すること、及び、マシが構成する事態に「不望事実の転換」性が認められること）をいずれも受け継ぐタイプ。

B類（＝反事実のマシ）

上代のマシが持つ二つの性格のうち、反事実の事態を構成することのみを受け継ぐタイプ。

C類（＝非事実のマシ）

上代のマシが持つ二つの性格のうち、マシが構成する事態に「不望事実の転換」性が認められることのみを受け継ぐタイプ。

マシを反実仮想という枠組で捉えるなら、非事実の例は何か異質のもののようでもあろう。しかし、そもそも上代マシは反事実の事態を構成することと並んで、「不望事実の転換」という性格を持つことにもその基軸があった。そして、これら二点の基軸それぞれを梃子として、マシはその意味するところを広げていった。その一つは反事実という方向に、「不望事実の転換」性を持たぬものへと拡張されたもので、それが中古のB類である。それに対して、「不望事実の転換」という方向に、反事実ではないものへと拡張されたのが中古のC類、即ち非事実のマシだったのである。

〔注〕

（1）用例採集の対象は以下のとおり。括弧内は使用本文である。
・上代　萬葉集（日本古典文学全集・小学館）、続紀宣命（新日本古典文学大系『続日本紀』・岩波書店）
・中古　源氏物語（日本古典文学全集・小学館）、古今和歌集・後撰和歌集・拾遺和歌集（『新編国歌大観』・角川書店）

（2）(b)一つ目のマシには「今日もかも」とあって、事実に反する現在事態・生起不可能な未来事態どちらの解釈も可能かと思われるが、そのいずれであれ論旨に特段の関わりはなく、本章では立ち入らない。

（3）新編『全集』本では、反事実という解釈に改められているが、詳らかでない部分が残るようである。その詳細については、第二部第三章を参照されたい。

（4）山口堯二「『まし』の意味領域」（『国語国文』三七—五、一九六八年）。

（5）稲岡耕二『萬葉集全注　十二』（有斐閣、一九九八年）。

（6）注(5)の文献は(L)に関しては、A・Bのいずれであるか直接の言及を行っていない。

（7）　野村剛史「ズ、ム、マシについて」（『宮地裕・敦子先生古稀記念論集　日本語の研究』明治書院、一九九五年）の論ずるところを参考にした。

第二章　マシと構文的環境

一

前章では、マシに反事実／非事実の別が存する所以を論じた。それに基づきつつ本章は、マシの置かれる構文的な環境、具体的には「疑問文」と「仮定条件節」とに着目する。

まず、ここで疑問文と呼ぶのは、言語主体の疑問の作用を認めうる、いわば「真性の」疑問文のことである。それに対して、外形上、疑問文同様であったとしても、内実は修辞的であって、そこに言語主体の疑問の作用が認められないタイプも存し、それを「疑問文的表現」と呼ぶことにする。たとえば、次に示す(a)はその例で、そこに「いくばくか」とあっても実際に疑問されてなどいないわけだ。

(a)　我が背子と二人見ませば（麻世波）いくばくかこの降る雪の嬉しからまし（麻思）（萬葉　巻八　一六五八）

マシの場合、その疑問文の分布には、ある偏りが観察される。さらに、本書の見るところ、疑問文的表現に用いられた反事実のマシは、非事実のマシの出現にも関わりを持つようである。それはいかなるものであったのか。本章の第二節では、そのことを考える。

次いで仮定条件節である。周知のとおり、マシを含んだ仮定条件節には、マセバ・マシカバという二種が存する。先に引いた(a)はマセバ、次の(b)はマシカバの例であるが、おおむね「上代のマセバから中古のマシカバへ」と推移している。

(b)「この風いましばし止まざらましかば、潮上がりて残る所なからまし。神の助けおろかならざりけり」と言ふを聞きたまふも、いと心細しと言へばおろかなり。

海にます神のたすけにかからずは潮のやほあひにさすらへなまし　（源氏　明石）

本書は、そのマセバからマシカバへの推移に、前章に言うところの「中古B類のマシ」が関連しているのではないかと考える。(b)はその中古B類の例でもあるが、中古B類と仮定条件形式の推移との間には、どのような関わりが認められるのであろうか。本章は、まず第三節で中古B類のマシについて改めて検討を行い、続く第四節でマセバからマシカバへの推移を論じる。

本節の最後に用例の数値を示しておく[1]。

上代、反事実のマシ	一一八	（疑問文的表現：七）
上代、非事実のマシ	五	（疑問文：五）
中古、反事実のマシ	五〇八	（疑問文的表現：九一）
中古、非事実のマシ	一一三	（疑問文：六三、疑問文的表現：八）
反事実のマシ合計	六二六	（疑問文的表現：九八）
非事実のマシ合計	一一八	（疑問文：六八、疑問文的表現：八）

二

はじめに、本書がマシに関して想定することのできる疑問文のタイプを、実例の有無は問わずに挙げてみる。

X1　反事実のマシ、「事態存否」に関わる疑問文
X2　反事実のマシ、「不望事実の転換」性に関わる疑問文
Y1　非事実のマシ、「事態存否」に関わる疑問文
Y2　非事実のマシ、「不望事実の転換」性に関わる疑問文

1の「事態存否」に関わる疑問文とは、第一部第一章でも触れたとおり、言語化された事態が、実際、現実世界に存在するか否かに関する（たとえば「彼は来るのか？」）。一方、2の「不望事実の転換」性に関わる疑問文は、言語化された事態に「不望事実の転換」性が認められるかどうかを問う（「彼が来ればうまくいくのか？」の如く）。なお、不定語を持つ例（「いつ彼は来るのか」「いつ彼が来ればうまくいくのか」等の）に関しては、X1～Y2それぞれのタイプのヴァリアントと見なされる。そしてこれらのうち、本書が実例を見出しえたのはY2のみであった。次の(c)がそれに当たる。

(c)「中務宮なん、大殿にも御気色たまはりて、さもやと思しかはしたなる」と人の聞こえければ、大臣はひき返し御胸ふたがるべし。……「いかにせまし。なほや進み出て気色をとらまし」など思し乱れて、（源氏　少女）

内大臣が夕霧との縁談に反対してきた結果、娘は中途半端な身の上となり、夕霧には別の縁談が持ち上がる。そんな八方塞がりの中、内大臣は「自分から夕霧の機嫌をとること」という事態（傍線部）が、不望事実を転換させるものとして適切かどうか決めかねて悩む。一方、点線部は不定語を持つ疑問文で、「不望事実の転換」のためにはどうすればよいのかという疑問がなされている。次の(d)も(c)の類例であろう。

(d)　秋の穂をしのに押しなべ置く露のきえかもしなまし（消鴨死益）恋ひつつあらずは（萬葉　巻十　二二五六）

傍線部は「消えてしまうこと」（＝「死んでしまうこと」）が、不望事実（＝「恋に苦しむこと」）の転換に適切な対処であるのかを疑問するものと解される。「（こんな恋をしているなら）死んでしまったほうがよいのだろうか？」ということである。(2) こうした(c)(d)のようなマシは、「従来、ためらいの気持ちを表わすなどと説明されてきた」(3)。その「ためらい」というニュアンスは、これらが、不望事実を転換する方途に関わり、そもそも「積極的な意志や希望」などとは無縁な点に由来するのである。

そして既述のとおり、このY2以外の三タイプに該当しそうな例は、すべて疑問文的表現と見なせてしまう。先の(a)はその例であったが、一つ追加しておこう。

(e)　明日香川しがらみ渡し塞かませば（益者）流るる水ものどにかあらまし（万思）（萬葉　巻二　一九七）

「明日香皇女挽歌」の短歌二首の一つで、ここでの不望事実は当然、皇女の死である。この(e)に関しては、「柵で堰かれた明日香川という、現実とは異なる世界において、流れがゆったりしているかどうかが疑われ」るものとし、「事態存否」に関わる疑問文だとする見解も存する。(4) けれども、これは反語の例ではないだろうか。その確認のために、一連の「明日香皇女挽歌」を見ておく。

(f)　……天地のいや遠長く偲び行かむみ名に懸かせる明日香川万代までに愛しきやしわご大君の形見かここは
（萬葉　巻二　一九六）

(g)　明日香川明日だに見むと思へやもわご大君の御名忘れせぬ
（萬葉　巻二　一九八）

(f)では、明日香川を皇女の「形見」として、いつまでも偲んでいくつもりであることが述べられ、(g)の「明日だに見むと思へやも」とは、皇女に明日一日だけでも会えるなどとは思わないことの云いである。(5) つまり、一連の挽歌は、皇女の死を既に取り返しのつかぬものとした上で、その存在を忘れないことを決意する。そんな全体像に基づくと、(e)においてのみ「早逝を防ぎえたのか」という詮無き疑問がなされていると解するより、それを反語的に打ち消した歌と見るほうが調和的であろう。皇女の死を受け止め、偲び続けることによってこそ不望事実が克服されるのだと詠ずるもので、疑問文的表現の例と考えられるのである。

以上の観察をまとめておく。

Ａ　反事実・非事実を問わず、マシは「事態存否」に関わる疑問文を作らない。

Ｂ　反事実のマシは「不望事実の転換」性に関わる疑問文も作らないから、反事実のマシが疑問文として用いられることはない。

Ｃ　マシにおいて見出される疑問文とは、非事実のマシにおける「不望事実の転換」性に関わる疑問文のみである。

これをふまえつつ、マシが非事実の事態を構成するに至った経緯について考える。仮説的にはなるけれど、本書なりの一貫した議論を試みたい。

1 「事態存否」に関わる疑問文

Aによれば、マシは「事態存否」に関わる疑問文を作らない。このとき注意されるのが、上代のベシのありようである。上代のベシには「対象的意味」と「作用的意味」の二種を認める向きがある[6]。それによると、疑問文になるベシは「対象的意味」を表す例のみで、かつ、その疑問文は「事態存否」に関わるものではないという。一つの形式に存する二種の意味のうち、疑問文になるのは一方に限られること。それも「事態存否」に関わる疑問文ではないこと。この点において、本書の見るマシと上代のベシとは通うのである。既に第一部第一章で述べたとおり、いわゆる「モダリティ」形式の中には、「事態存否」に関わる疑問文を作らぬものがまま見られる。それらは、言語化された事態の現実世界における存否に無関係な形式（「叙想法」の形式）であるがゆえに、「事態存否」に関わる疑問文を作ることがない。マシやベシはその一つに当たるというわけであろう。

2 反事実のマシの反語文

Bで述べたとおり、反事実のマシは疑問文を作らない。しかし、カもヤも疑問文専用の形式ではないから、それらと共起した反事実のマシが、見た目上、疑問文同然の表現を形成することはある。たとえば先掲(e)の如き反語文もそれである。(e)は「流れる水がゆったりしていること」の存否を問うプロセスを経てみせつつ、結局、その事態を打ち消していた。しかし、「事態存否」に関わる疑問文を作らない形式が、「事態存否」に関わる疑問文風の反語文をなすとは、水際まで来たとでも言うべきか、本来の性格から逸れていきかねない身振りを示していよう。反語文とは反事実のマシにとってそのような環境なのである。加えて反語文には、マシの反事実性に、ある弱化をもたらしかねない性格が備わってもいた。

反事実のマシの文においては、普通、マシの構成する事態が事実に反する。(e)で言えば「流れる水がゆったりしていること」という事態が反事実なのである。一方、本章の考える(e)は反語文だから、言語主体の主張の骨子は「流れる水がゆったりしていないこと」という事実の方でこそあろう。反語の結果、反事実のマシの文に含意として事実が構成され、その事実が文の主旨となるのだ。(e)などの場合、反事実のマシの持つ反事実性は、反語的に打ち消されて、文の骨子たる事実を導くためにある。いわば反事実性の背景化であるが、その先には、反事実のマシが反事実の事態を構成しないという現象も生ずるに至る。たとえば次に引く(h)のように。

(h)　我妹子が形見の衣なかりせば何物もてか命継がまし（麻之）　（萬葉　巻一五　三七三三）

(h)では、言語主体が、「形見の衣」がなければ命を継ぐことはできなかったと詠じる。この言語主体は存命だから、マシの構成する事態「命を継ぐこと」とは事実である。それを打ち消して生じる「命を継ぐことができなかった」という含意の方が反事実なのである。(e)の場合は、文の主旨が、含意たる事実の方に移っても、マシそのものは反事実の事態を構成していた。しかし、反語によって、文に反事実と事実が混在するという使われ方を通して、その混在の仕方が逆になる(h)の如きタイプも現れたのである。それら(h)等においても、文の主旨は反事実の方だから、単に言葉を使う側の上代人からすれば、反事実のマシの文で反事実の内容が語られる、特に異とするにも当たらない使用と感じられたのではないだろうか。

3　非事実のマシと「不望事実の転換」性に関わる疑問文

非事実のマシ一一八例のうち、「不望事実の転換」性に関わる疑問文は六八例。全体に占める割合も半分を超えて、非事実のマシは「不望事実の転換」性に関わる疑問文の中に現れることを好むようである。同じく「不望事実の転換」性を持つ反事実のマシには「不望事実の転換」性に関わる疑問文の例を見ないから、これはあくまで非事実のマシの特性だと言える。さらに、本書が確認した上代・非事実のマシは、五例すべてが「不望事実の転換」性に関わる疑問文であった。(7) 非事実のマシと「不望事実の転換」性に関わる疑問文との所縁は、当初から深かったようであるが、本書は、このことに反語文が関連していると考える。

2で述べたとおり、反語文を場所として、マシの構成する事態が反事実ではなくなるという現象が生じた。そんな中でも「不望事実の転換」性の方は、そこに保たれたままであるから、疑問文的表現という環境で、マシは、その反事実性よりも「不望事実の転換」性を卓越させるに至った。さらに、「不望事実の転換」のために今後どうすればよいかと疑問する行為は、しばしばなされる人の営みである。外見上、疑問文と全同の文にあって「不望事実の転換」性を卓越させたマシは、そんな「不望事実の転換」性に関わる疑問文に最適であった。それゆえにマシは、反事実性を措いて「不望事実の転換」性に関わる疑問文を形成したのである。不望事実を転換するために、今後どうすればよいのかを疑問するというその内容上、そこには「今後、現実世界に生じる可能性のある事態」が言語化される。つまりは非事実のマシの誕生である。非事実のマシと「不望事実の転換」性に関わる疑問文との関わりの深さは、かかる非事実のマシの出自によってもたらされたものなのである。

本節の終わりに、ここまでの考察をふまえつつ、次の歌の解釈に触れてみたい。

周防国玖珂郡の浦を行く時に作る歌八首

(i) 大舟にかし振り立てて浜清き麻里布の浦に宿りかせまし(麻之) (萬葉 巻一五 三六三二)

傍線部は、文意を通すだけならいろいろな理解が可能であろう。事実、諸注の解釈も微差を含んで様々である。しかし、実際に見出されるパターンに照らせば、この解釈は、α「反事実のマシの疑問文的表現」、β「非事実のマシの疑問文」のいずれかである。αは、より具体的には「麻里布の浦に停泊できようか、いや、できない」という反語文。しかし、反語であるなら、その含意として生じ、判断の主旨となる「麻里布の浦に停泊できないこと」という事態が「不望事実の転換」性を有することになる。本書は、判断の主旨たる事態に「不望事実の転換」性を認めたからである。けれども、その「麻里布の浦に停泊できないこと」という事態は、判断の主旨ではあるが、それこそが不望事実でもあり、この解釈αは採用しがたい。一方、βの場合、傍線部は「不望事実の転換」性に関わる疑問文と解される。ここで注意したいのは「大舟にかし振り立てて」という字句である。(i)と同じ歌群に属する(j)には次のようにある。

(j)　ま梶貫き舟し行かずは見れど飽かぬ麻里布の浦に宿りせましを（麻之乎）　（萬葉　巻十五　三六三〇）

(j)に見られるように、船はこのままだと麻里布の浦を通り過ぎてしまうことになる。「それを防ぐためには、自ら杭をおろして舟を繋留させ、停泊してしまえばよいのか」。(i)の言語主体はそう問うているのではないか。望ましからぬ方向へと推移していく状況を、自らが転換させることの当否を疑問してみせた歌なのである。

三

本節では、マシが構成する仮定条件節の性格を考える前段として、前章でも論じた「中古B類のマシ」について、さらなる検討を加えていきたい。「中古B類のマシ」は、たとえば先に引いた(b)などがそれに当たる。

もう一度、示しておく。

(b)「この風いましばし止まざらましかば、潮上がりて残る所なからまし。神の助けおろかならざりけり」と言ふを聞きたまふも、いと心細しと言へばおろかなり。

海にます神のたすけにかからずは潮のやほあひにさすらへなまし

（源氏　明石）

(b)には「風が止まないこと」、「潮が押し寄せること」、「波に運ばれて漂うこと」という三つの反事実の事態が見られる。以下、煩瑣を避けるために、三つ目のみを例にとることにする。そこで言語化されている「波に運ばれて漂うこと」という反事実の事態は、言語主体にとって望ましからぬものである。即ち、ここでマシが構成する事態は「不望事実の転換」性とは関わりを持たない。そのかたわら、この事態には「実際には生起していないが、生起の可能性が十二分にあった事態」という性格が認められた。以上が中古B類のマシに関して前章で指摘した事項である。その範囲で考えると、このマシの文は【「波に運ばれて漂うこと」も十二分にありえた】という、言語主体の判断を担う文なのだと言えるだろう。

しかし、ここで改めて注意すべきは、このときの言語主体が、水難を免れた望ましい事実の中にいるという点かと思われる。つまり、ここでの言語主体は、自身を取り巻く状況に関して、【「波に運ばれて漂うこと」も十二分にありえたが、幸い免れた】と把握していよう。この「幸い免れた」とは、言うならば「事実の肯定」であるが、その「事実の肯定」性は、この(b)という一つの例において、たまたま見出されたものではない。中古B類全体から、「事実の肯定」性が看取されるのである。したがって本書には、中古B類のマシが、この「事実の肯定」を含んだ総体で理解すべきもののように思われる。(b)に即せば、このマシの文には、【「波に運ばれて漂うこと」も十二分にありえたが、幸い免れた】という、言語主体の把握が担われていると考えるのである。このことを他の例も引きながら確認していく。

(k)　さくらの花のさかりに、ひさしくとはざりける人のきたりける時によみける
あだなりとなにこそたてれ桜花年にまれなる人もまちけり
返し　なりひらの朝臣
けふこずはあすは雪とぞふりなましきえずはありとも花と見ましや　（古今　春上　六二）

久しぶりに訪れた先で「稀な訪問者さえも、桜は散らずに待っていた」と詠みかけられた業平が、「今日、自分が来なかったら」という反事実の土俵を設定した上で、「明日には桜が散ってしまうこと」、「誰もそれを花として見ないこと」という事態を構成する。(k)で展開される皮肉の応酬という文脈を考慮に入れるなら、これらの事態は「今日、業平が来なければ、十二分に生起したはずのこと」として言語化されているだろう。かつ、ここで業平は「明日以降、桜が見はやされるのも、今日、自分が訪れたからだ」と主張している。自分の訪れがなければ「明日には桜が散ってしまうこと」、「誰もそれを花として見ないこと」という事態が生じかねなかったとして、それらの生起を防いだのは自身である旨、強調してみせるのである。よって、この中古B類のマシからも、「事実の肯定」性が認められよう。

(l)　いと木繁き中より、篝火どもの影の、遣水の蛍に見えまがふもをかし。
「かかる住まひにしほじまざらましかば、めづらかにおぼえまし」とのたまふに、　（源氏　薄雲）

大堰を訪れた光源氏が、明石での暮らしを経験せず、このような住まいに慣れていない状態なら、この光景を珍しく感じるにちがいないと感想を述べる。光源氏の明石居住など普通ならありえぬことだから、これらのマ

シが構成する事態は、生起の可能性を十二分に有する。さらに、ここで光源氏は、明石の君を「いとほし」く思って訪問している。小学館『全集（旧版）』の頭注によれば「女の機嫌をとる」文脈なのだが、その文脈と中古B類マシの「事実の肯定」性は平仄が合っているだろう。つまり、光源氏は「明石の生活を経験せず、こうした光景を珍しく感じること」という反事実の事態を構成し、事実はそうなっていないことを肯定した。これは「明石で暮らして良かった」と伝えるのと同然であり、ゆえに、明石の君の「機嫌をとる」表現を形成しうるのである。

確認されるとおり、中古B類のマシは「生起の可能性が十二分にあった反事実の事態の構成」をし、そのことが取りも直さず「その事態を生起させなかった事実の肯定」であった。こうした中古B類のマシの「反事実と事実の共存」という性格によってもたらされたのが、次に引く、マシにヨの下接した文である。以下の(m)(n)(o)は、本書が見出しえたマシ＋ヨの全例であるが、そのいずれもが中古B類のマシに当たる。

(m) 見るままにめでたく、思ふさまなる御容貌ありさまを、よそのものに見はててやみなましよ、と思ふだに胸つぶれて、石山の仏をも、弁のおもとをも、並べて頂かまほしう思へど、（源氏　真木柱）

(n) 「……さりとも姫君をば、かのありし夕顔の五条にぞとどめたてまつりたまへらむとぞ思ひし。あないみじや。田舎人にておはしまさましよ」（源氏　玉鬘）

(o) 跡は消えず、ただ今書きたらんにも違はぬ言の葉どもの、こまごまとさだかなるを見たまふままに、げに落ち散りたらましよと、うしろめたういとほしき事どもなり。（源氏　橋姫）

(m)は鬚黒の心中。マシが構成する「玉鬘を他の男に取られること」という事態は、競争者が多く、なんとか玉鬘を手に入れた状況からすれば、十二分に生起の可能性があった。かつ、その事態を回避できた事実が肯定されているのはむろんであろう。(n)では、右近が玉鬘と偶然、再会する。ここで右近と巡り会わなければ、玉鬘は「田舎人」として埋もれたままに違いなく、それを阻止することができたこの再会が喜ばれている。(o)の薫は、女三宮に宛てた柏木の手紙を発見したのだが、手紙が他人の手元にあれば、いつ流出しても不思議はない。ゆえに、それを防ぎえて安堵するものである。以上のとおり、これらは、その反事実の事態に生起の可能性が十二分にあること、それを生起させなかった事実が肯定されていることという性格を備え、ゆえに中古B類に属するものと考えられるのである。

既に第一部第一章でも触れたが、これら(m)(n)(o)のマシヨの文は「連体形述語＋ヨ」の文の一種である。その「連体形述語＋ヨ」の文とは、「言語主体にとって所与的な事態」にまつわる「詠嘆」の文であった。「連体形述語＋ヨ」の文によって構成される「言語主体にとって所与的な事態」は、典型的には事実であるが、他にも「今後、必然的に生起してくる未来事態」を述べるものなどが見られた。では、マシヨの文の場合はどうして言語主体にとって所与的だと言えるのか。

反事実の事態とは事実の裏返しにすぎず、先んじて存する事実によって自動的に導かれる。したがって、マシヨの場合も言語主体にとって所与的ということの例外ではない。第一部第一章において本書はそう述べた。しかし、だとすれば、ヨはあらゆる反事実のマシに下接してもよさそうなのに、実際は中古B類に限られている。そうである以上、ヨの下接とは、本当は中古B類の特性に由来するものと見るべきで、それが即ち、先ほど来、確認してきた反事実と事実の共存なのである。(m)で言えば、ここで言語主体の鬚黒は【「玉鬘を他の男に取られること」も十二分にありえたが、幸い免れた】と判断している。「玉鬘を他の男に取られること」は反事実だが、「幸い免れたこと」は事実であって、この判断には、反事実と事実という二つの側面が存する。このように中古B類のマシには、事実の言語化という一面が認められるからこそ、ヨを下接させ、事実にまつわる「詠嘆」表現をなすのであった。

そして、かかる中古B類のマシとは、上代乙類のマシの延長線上に存する語ではなかったか。

(p) 筑波山に登らざりしことを惜しむ歌一首

筑波嶺に我が行けりせばほととぎす山彦とよめ鳴かましや（麻志也）それ（萬葉　巻八　一四九七）

(p)は上代乙類の例である。「筑波山に行けなかったこと」を悔やむ言語主体が、「筑波山に行っても、ほととぎすは鳴かなかったこと」という別種の不望事態を想定して、最低限、事実を肯定しようとする。その「事実の肯定」性が中古B類に通底するのである。

状況を揃えて考えてみよう。たとえば余命宣告を受けて「知らなかったら、やり残したことが多かったろう」と思う場合。上代乙類において、その状況はあくまで不望事実である。しかし、何も知らずに死ぬよりは良かったと考えて、言語主体はなんとかその肯定を試みる。それに対して、残された命でこれだけのことができると、事実を積極的に肯定する（＝不望事実視しない）のが中古B類なのである。両者は共に「事実の肯定」性を満たし、互いを分かつのはその「肯定」の度合いであった。上代乙類と中古B類のマシは転一歩のところに位置するのである。本書の調べる範囲で、上代乙類の確例は五例しかなく、上代マシの中心をなすのは甲類の方、前章の表現を用いれば、乙類は「変わり種」にすぎない。しかし、その乙類は自身の後裔として中古B類をもたらしたのであった。

四

中古において非事実のマシは、その数を随分と拡大させている。また「不望事実の転換」性を持たないＢ類も出現するなど、中古マシは、上代マシからそれなりの変貌を遂げたと言えよう。中でも大きく異なるのが、バを伴って仮定条件節をなす際の形態で、ほぼ「上代はマセバ、中古はマシカバ」という対応を見せている。

(q)　ぬばたまの夜渡る月にあらませば（麻世婆）家なる妹に逢ひて来ましを（麻之乎）（萬葉　巻一五　三六七一）

(r)　「……この御事になむ、もしはべる世ならましかば、いかやうに思ひ嘆きはべらまし。よくぞ短くて、かかる夢を見ずなりにける、……」（源氏　須磨）

次頁に示すのは、本書の確認したマセバとマシカバの数値である。(8) なお、詳しくは次章において論ずるが、セバも反実仮想の仮定条件たりうる点で、これらとの関連性を有するため、それも併せて記す。

表に見られるとおり、上代ではその例を確認しえなかったマシカバが、中古になると数量的に際立つ。しかも、中古に設けた括弧内の数値は和歌における用例数だが、マセバ（及びセバ）のほとんどが和歌に現れるのである（上代は、すべて和歌の例であるから、括弧を設けていない）。後発のマシカバによって一掃状態のマセバ（及びセバ）が、ようやく和歌の中に姿をとどめたものと言えそうであるが、この現象はどうして生じたのだろうか。

ここで、二つの明白な事実に注意したい。第一に、先掲(r)に「もし」の語があったとおり（二重傍線部）、マシカバに仮定条件を表す例のあることは疑いがない。次いで、(s)に見られるように、コソの結びとなる以上、「已然形・マシカ」の存在も確実である。[9]

(s) 入道宮のおはせましかば、かかる御賀など、我こそ進み仕うまつらましか。（源氏　若菜　上）

本書は、これら二つの事実が「確定条件マシカバ」の想定によって結びつけられるのではないかと考える。即ち、已然形マシカ＋バは「確定条件マシカバ」を経由して仮定条件を表すに至ったという想定である。まず、マシの如き「モダリティ」形式の已然形が確定条件を作ることは他にも例を見、次のベケレバがそれに当たる。[10]

表　上代・中古のセバ・マセバ・マシカバ

	上代	中古
セバ	23	12（11）
マセバ	10	3（ 3）
マシカバ	0	184（ 7）

(t) 「……いはけなうはべりし時より、深う頼み申す心のはべりしを、いかなる讒言などのありけるにかと、これなんこの世の愁へにて残りはべるべければ、論なう、かの後の世のさまたげにもや、と思ひたまふるを……」（源氏　柏木）

現代語では「この世の愁いとして残るにちがいないから」とでもなろうか。このようなベケレバを考慮に入れると、「確定条件マシカバ」の例があっても不思議はなかろう。むしろ、マシが確定条件を作らないと言うなら、その理由を説明する必要がある。実際、逆接の方に目を転じれば、「確定条件マシカド」の存した可能性が報告されてもいるのである。[11] 以後、その「確定条件マシカバ」と考えうる例について検討していく。

本書の見るところ、「確定条件マシカバ」たりうる例は、非事実のマシ及び中古B類のマシにおいて確認される。次の(u)は非事実のマシの例である。

(u)「今は、とかけ離れたまひても、『ただ同じ世の中に聞きたてまつらましかば』とわが身までのことはうちおき、あたらしく悲しかりしありさまぞかし。……」（源氏　若菜　上）

紫上が、光源氏の須磨流謫時代を回想する。当時の紫上は、せめて「光源氏が健在だと聞くこと」によって、光源氏との別離と折り合いをつけようとしていた。そんな紫上の判断を、後件に相当する部分も補って現代語に置き換えてみると、「光源氏が健在だと聞くことぐらいはできそうだから、（慰めになる）」ということになるであろう。紫上は、そのように考えて耐えていたと述べているのであり、十分、確定条件との解釈が可能かと思われる。

(v)「……あはれと思ふ、とばかりだに一言のたまはせば、それにかけとどめられてしばしもながらへやせん」とあるを、……「あはれてふ常ならぬ世のひと言もいかなる人にかくるものぞはゆゆしき方にてなん、ほのかに思ひ知りたる」と書きたまひて、……「生ける世の死には心にまかせねば聞かでややまむ君がひとこと塚の上にもかけたまふべき御心のほどと思ひたまへましかば、ひたみちにも急がれはべらましを」（源氏　竹河）

大君は「『あはれ』に思うと言ってもらえたら、私は生き長らえられる」という少将からの文をはぐらかしつつも、その死を匂わせる物言いゆえに、気持ちを解さぬでもないかの如き言葉を添えた。それを受けて少将は「生き死には思うままにならないから、『あはれ』と聞かずじまいになるのか」と詠じ、また「墓には『あはれ』の言葉をかけてくれそうだから、早く死んでしまいたいのに……」と述べる。死んで早く「あはれ」とは言われたいものの、その場合でも、やはり生き死には思うままにならないというわけだ。このように、(v)のマシカバも「非事実のマシによる確定条件」と解しうるのであった。

しかし、これら「確定条件マシカバ」と見なしうる諸例においても、マシに上接する事態が未実現であることに注意すべきである。周知のとおり、古代語のバは確定／仮定の別を明示しない。その区別は、バに上接する事態が既実現であるか未実現であるかによる。この既実現／未実現ということに与えられた外形が已然形と未然形なのであり、ゆえに、已然形＋バ＝確定条件、未然形＋バ＝仮定条件という振り分けがなされるわけである。しかし、「モダリティ」形式の已然形＋バの場合は、「モダリティ」形式が已然形であっても、上接部分の表す事態は未実現である。「光源氏が健在だと聞かマシカバ、慰めになる」という確定条件文があったとき、マシ上接の「〜と聞くこと」という事態そのものは未実現だから、その「〜と聞くこと」本位に眺めると、「〜と聞いたら、慰めになる」という仮定条件文として解されることにもなりうるのだ。かかる「事態そのもの」は未実現、かつ「モダリティ」形式は已然形という構造において、文内容の根幹をなすのは、何と言っても「事態そのもの」の方だろう。だから「〜と聞かマシカバ」において「〜と聞く」部分が注目されてくるのも自然な成り行きである。このことを反映して、「事態そのもの」に関する仮定条件は、「モダリティ」形式の確定条件よりも、よほど頻繁に用いられる。(12) 確定／仮定の別を明示しないバの中で、「モダリティ」形式の確定条件は、「事態そのもの」に関する仮定条件と紛れようもないほどの存在感は持ちえなかったであろう。こうした諸事情の結果として、後世の我々はマシカバを直ちに仮定条件と考え、それが確定条件でありえたことの詮索などしないのである。換言すると、確定条件の形式として生じたマシカバには、時が経つと、それを仮定条件の形式と感じる人が出てくるような素地があるということだ。それゆえにマシカバは、仮定条件としても使用され始めたものかと思われる。(13)

一方、中古B類のマシにおいて認められる「確定条件マシカバ」たりうる例は先の(1)の如きであるが、それを以下に再掲しよう。

(1)　いと木繁き中より、篝火どもの影の、遣水の蛍に見えまがふもをかし。「かかる住まひにしほじまざらましかば、めづらかにおぼえまし」とのたまふに、（源氏　薄雲）

前節で述べたとおり、中古B類のマシによって終止する文には、反事実と事実が共存するという性格が認められる。マシに上接する事態が反事実であっても、文全体としては事実に関わる側面を表現してもいたのである。こうした中古B類の両義性は、マシカバにおける確定／仮定の両義性にも通じていくだろう。(1)のマシカバの場合は、まず【「しほじま」ないこともありえたので、「めづらかに」思うこともありえた】という確定条件としての理解が成り立つ。そして「～がありえた」のは事実だから、この確定条件という関係性は、中古B類マシの事実の側面に基づいている。と同時に、中古B類マシは反事実の側面も有するから、そちらから見た前件・後件の関係性は、【「しほじま」なかったら、「めづらかに」思った】という「反実仮想の仮定条件」相当である。つまり中古B類のマシカバにおいては、それが一義的には確定条件の例であったとしても、そこには仮定条件性が透視されうるのだ。かかる中古B類も、「確定条件マシカバ」が仮定条件にも用いられだしたことの背景をなしたのであろう。

このようにして仮定条件も担いはじめたマシカバは、最終的には、既存の仮定条件たるマセバとセバをほぼ駆逐するに至った。それは以下の如き事情によるものと考えられる。

まず、先述のとおり、「モダリティ」形式の確定条件は、さほど多用されるわけでもないから、マシカバにおいて仮定条件としての使用が優勢になってくるというのも、ありうることである。かつ、「確定条件マシカバ」の例を持つのは、新たに勢力を増した、非事実のマシと中古B類のマシ、即ち、中古のマシに上代とはまた異なる全体像をもたらしたタイプである。その新たなマシの全体像にそっくり対応して仮定条件を担うのは、新興の非事実のマシと中古B類のマシを母体とするマシカバでこそあったろう。マセバは、マシがモデルチェンジする前の遺物じみた印象を帯びるに至ったのではないか。しかもそのマセバは、上代以来、セバとの併存関係に置かれていた。

(w)　あしひきの山より来せば（世波）さ雄鹿の妻呼ぶ声を聞かましものを　（萬葉　巻十　二一四八）

見られるとおり、(w)のセバは、次に再掲する(p)のマセバと大差ない。

(p)　筑波山に登らざりしことを惜しむ歌一首
筑波嶺に我が行けりせばほととぎす山彦とよめ鳴かましや（麻志也）それ　（萬葉　巻八　一四九七）

いわば、マセバとセバの併存とは、似たような形式が二つあるという不効率なものだったのである。そして、このような不効率を一挙に解消できるのがマシカバであった。確定条件さえも含めて、マシがバと共に構成したい関係の一切を、マシカバ一つでカバーする体制に向かっていったのだと思われる。

〔注〕

（1）用例採集の対象は以下のとおり。括弧内は使用本文であるが、引用に際して、一部、表記を改めた。
・上代　萬葉集（日本古典文学全集・小学館）、続紀宣命（新日本古典文学大系『続日本紀』・岩波書店）
・中古　源氏物語（日本古典文学全集・小学館）、古今和歌集・後撰和歌集・拾遺和歌集（『新編国歌大観』・角川書店）、落窪物語・蜻蛉日記（新潮日本古典集成・新潮社）

（2）なお、異文を考慮した結果、用例数に含めなかった場合もある。
（3）「ずは」については、第二部第四章を参照されたい。
（4）山口堯二「『まし』の意味領域」（『国語国文』三七―五、一九六八年）。
（5）大鹿薫久「モダリティを文法史的に見る」（『朝倉日本語講座　文法Ⅱ』朝倉書店、二〇〇四年）。
（6）澤瀉久孝『萬葉集注釈　二』（中央公論社、一九五八年）、稲岡耕二『萬葉集全注　二』（有斐閣、一九八五年）を参考にした。
（7）大鹿薫久「『べし』の文法的意味について」（『森重先生喜寿記念　ことばとことのは』和泉書院、一九九九年）。
（8）用例(d)及び、一六〇八・二二五四・二二五八・三二一四番歌。
（9）上代は萬葉集、中古は竹取物語・土佐日記・伊勢物語・大和物語・平中物語・落窪物語・蜻蛉日記・和泉式部日記・源氏物語の例である。
（10）本書の調べるかぎり、上代において「已然形・マシカ」の例は見出されなかった。
（11）源氏物語を対象に調査したところ、ベケレバは四七例あった。
（12）『日本語文法大辞典』（明治書院、二〇〇一年）には「親に知られ奉れ給ひてこそかかる道にはおぼしたたましかど、親すでに思ひにたえ給はずなりにしかば」（宇津保　春日詣）というマシカドの例が紹介されている。ただし異文も見られるようである。
（13）直接の考察対象たるマシカバ（及びマセバ）を除外した上で、源氏物語を調査したところ、「事態そのもの」に関する仮定条件と考えられるものは四六三例あった。注(9)に挙げたベケレバ四七例の約十倍に及ぶ。
ベケレバにおいては、確定条件から仮定条件への推移が生じなかったわけであるが、そもそもベシは仮定条件を構成しにくい性格を持つようである。源氏物語において、ベシの仮定条件（ベク＋バ）は五例しか見出されなかった。

第三章　上代のセ・シ・シカ

一

周知の如く、助動詞キの活用はカ行とサ行に亘る。というよりも、終止形キの他にカ行であるものはなく、未然形セ、連体形シ、已然形シカはいずれもサ行であった。しかし活用とは、普通、母音が変化する現象なのだから、これは異例のことと言わなければならない。事実、異例のこととされ、もともと別語であったカ行系助動詞とサ行系助動詞が相補的な関係をなすようになり、後世、同一の語の活用形として整理されるに至ったと考えられている。本書も基本的にこの見解に賛同するが、それぞれの語がどういう意義を持っていたのか、また、カ行系／サ行系が相補的な関係をなしていく様相はどのようなものであったのかという点については、一層の考察が必要であろう。

まず、カ行系（＝キ）であるが、これについては、本書も一般に言われるような過去を意味するものと見ておく。それ以上の限定的な性格が今回は見出されなかったということでもある。一方のサ行系（＝セ・シ・シカ）の中には、非過去の事態を言語化する例が認められる。本書が主として扱うのもそれら非過去の例である。一口に非過去と言っても、過去ではなかろうというだけで、過去の例と同様、事実を構成しているタイプも存するのだが、本書が特に着目したいのは、未来事態、つまりは非事実を構成すると考えられる例である。たとえば次に引く萬葉歌。(1)

(a) ……我が大君皇子の尊の天の下所知食世者春花の貴からむと望月のたたはしけむと天の下四方の人の大舟の思ひ頼みて天つ水仰ぎて待つにいかさまに思ほしめせかつれもなき真弓の岡に宮柱太敷きいましみあらかを高知りまして朝言に御言問はさず日月のまねくなりぬれそこ故に皇子の宮人行くへ知らずも

（萬葉　巻二　一六七）

傍線部の「所知食世者」は「しろしめしせば」と訓ぜられる。この「世者」を「せば」と訓むことについては、(b)などの例もあり、特に問題なかろう。

(b) 高光る我が日の皇子のいましせば（世者）島の御門は荒れざらましを

（萬葉　巻二　一七三）

そして、(a)の「世者」を「せば」と訓むのであれば、まず想定されてくるのが、本章で扱う助動詞キの未然形セにバが接したものという理解かと思われる。そのセバは、一般に「反実仮想の条件法」と見なされてきた。たしかに「過去の助動詞」の未然形が反実条件を構成するとはありそうなことである。また、本書がマシの論に引き続いて、このセ（及びシ・シカ）を取り扱っているのも、その反実仮想との関わりの深さゆえのことであった。ただし、見られるとおり、(a)においては、セバを承ける述語が、マシではなくてムだということにはなる。しかしながら、ムの場合でも、マシ同様の反実仮想の解釈は不可能ではない。だから、次の(c)のように、セバを承ける述語にムを詠み添える解釈もなされてきたわけである。

(c)　……雁がねの来継ぐこのころかく継ぎて常にありせば（脊者）友並めて遊ばむものを（遊物尾）馬並めて行かまし（往益）里を……

（萬葉　巻六　九四八）

(c)の「遊物尾」にムを読んだところで、反実仮想の解釈が妨げられるわけではないのである。

このように、(a)においてセバを承けるのがマシでないということ自体は、特に問題ではない。しかし、見過ごしがたいのは、それが、簡単には反実条件と見なすことができないという点である。この「しろしめせば」は【傍線部Bガ、傍線部Aト思ッテ、傍線部Cトイウコトヲスル】という文脈に出現している。「天の下四方の人」が草壁皇子の治世を「仰ぎて待つ」以上、その治世を反事実と考えているとするのは分裂的であろう。こうした文脈をふまえれば、(a)に述べられる「しろしめす」は、時制的に未来、つまりは、今後、実現の可能性がある非事実と見るのが自然かと思われる。多くのセバが反事実の事態を言語化する中、非事実を構成するこの(a)は、どのように位置づけられるのであろうか。次節ではそのことを考える。なお、本書の見るところ、萬葉集中のセバは二三例。ただし、六七番歌は訓が定まっていない部分があるため、ひとまず考察の対象とはしていない。

二

セバの検討を始めるにあたって、再び先の用例(a)を引いておこう。

(a)　……我が大君皇子の尊の天の下所知食世者春花の貴からむと望月のたたはしけむと^A^天の下四方の人の^B^大舟の思ひ頼みて天つ水仰ぎて待つに^C^いかさまに思ほしめせかつれもなき真弓の岡に宮柱太敷きいましみあら

かを高知りまして朝言に御言問はさず日月のまねくなりぬれそこ故に皇子の宮人行くへ知らずも
（萬葉　巻二　一六七）

この(a)の「世者」の理解には、およそ四つの選択肢があるかと思われる。

1　「世者」をセバと訓まない。
2　「世者」をセバと訓み、サ変動詞「す」の未然形＋バと考える。
3　「世者」をセバと訓み、助動詞キの未然形＋バと考えて、反実仮想の意を読み取る。
4　「世者」をセバと訓み、助動詞キの未然形＋バと考えるが、反実仮想の意を読み取らない。

前節で触れたとおり、本書の立場は4なのであるが、そう選択する以上、1から3について言及しておかなければなるまい。

まず1だが、これには既に論がある。(2) それによると「所知食世者」は「しろしめす世（よ）は」と訓ぜられる。意味も通る合理的な解釈であると言え、近時この解釈につく向きも多いけれど、気にかかる部分がなくもない。注(2)の文献自身において指摘されてもいることだが、集中、「世」（乃至「代」）とのみ表されるのは「うつせみの世」の類であって、いわゆる「治世」の例には必ず「御」といった敬称が伴われている。これに関して注(2)の文献は、「尊敬語『シロシメス』の連体形によって『ヨ』が修飾されている」ため「表現としては『ミヨ』とした場合と同次元」であるとして、問題なしと結論している。しかし、「御世」は「世」に「御」という敬称を伴っただけのもの、逆に「御世」から「御」を取り除けばそのまま「世」が残るとは、外見上そうでもあろうが、意味の観点に立てば問題ではないか。ことさらに言及する必要もあるまいが、敬語の接辞に限らず、語（形態素）の複合によって生じる意味は単なる要素の足し算では済まない。したがって、「御」の不在がもたらす欠如は敬意のみであり、それは「しろしめす」によって補填されれば済むという考えには賛同することができない。少なくとも「世」単独で「治世」を意味する例がほしいところだが、先述の如く集中にそれを見出すことはできない。以上のように、1は、セバの異例を解消する方途だったのだが、その結果「世」が異例とならざるをえなくなる。明快な解決ではないのである。なお、1の解釈の場合、「貴からむ」「たたはしけむ」と評されるものが何なのか明示されはする（言うところの「世」がそれに当たる）。しかし、この(a)において「貴からむ」「たたはしけむ」と評されるものは何か、などといった疑問が生じる余地はなかろう。「世」なり「世」相当のものがそれに当たるのは、文脈上、自明である。だから、それがいちいち言語化されるとは限らない。たとえ「貴からむ」「たたはしけむ」と評されるものが明らかになったとしても、それが1の解釈の優位性を保証するわけではないのである。

次に2。本書の見るところこれに立つ論はないが、一つの可能性として触れておく。しかしながら、本書の調べた範囲で【動詞連用形＋「す」未然形＋バ】の確例も【「しろしめす」＋「す」（＝「しろしめし・し・て」「しろしめし・する」等）】の確例も見出されなかった。実例をふまえ、それと照らし合わせた検討ができないわけで、そうである以上、この2は選びようのない選択肢ということになる。また、2を選択してみたところで、次節で扱う「連体形シ」の問題に何らかの説明がなされるわけでもない。

続く3も、2と同じく特定の文献によって主張されているのではないが、仮に想定する。先に確認したように「所知食世者」を含む傍線部Aは、傍線部Bの言ってしまえば「心内語」である。和歌を叙述する主体（以下、主体とのみ称する）にとっては引用句的側面を持つ。しかし、これは単純化した議論であって、そのように截然とした区別ができるとは限らない。たとえば傍線部Aに主体の視点による表現が入り込んでいるという可能性もあろう。すると、(a)自体は当然ながら草壁皇子の没後、つまり皇子の治世が反事実となった後の作であるから、傍線部Aの「しろしめしせば」とは、作歌時点の主体の言語が入り込んだものであると考えればよい。

こうした視点の交代なり流入なりという現象が文学作品において生ずるという可能性を本書は認める。しかしそれだけに、この(a)もそうなのだとするばかりでは便宜的に過ぎるであろう。作品に即した検討を要するわけなのだが、ここで、草壁即位を反実とする視点が流入したと考えてみても、それが作品の構成に有機的に関連するとは言えないように思われる。そもそも主体が草壁即位を反事実と叙するかどうかも疑わしいのである。(a)において草壁の死は、死とそのまま叙せられるのではない。傍線部Dに見られるとおり、草壁の不可解な不在として叙せられ、そして、傍線部Eの宮人の惑いへと収斂していく。これが(a)の悲嘆の造型なのである。一方で、草壁即位を反事実と明示する視点は、草壁の即位が不可能と確定したことを明示するような視点でもある。したがって、そういった視点の採用は、現状を把握しきれぬ惑乱という、この(a)における悲嘆の叙述と齟齬するのではないだろうか。

以上のように考えて、本書は4を選択するのだが、それでは(a)のセバをどう規定するのが適当であるか。その検討のために(a)の反歌二首の一つに当たる一六九番歌を見てみることにしたい。

(d)　あかねさす日は照らせれどぬばたまの夜渡る月の隠らく惜しも　（萬葉　巻二　一六九）

昼の光たる「日」が照り続けているのは良いけれど、それに並ぶもう一方、夜の光の「月」は隠れてしまった。つまりは、天皇と共に世を治めていた皇子の死が惜しまれると詠むものである。こうして(d)を引いて確認するまでもないことかもしれないが、(a)において、草壁皇子の即位とその治世の「春花」や「望月」にも喩えられる繁栄は、不満足な現状を打開するものとして希望されるのではない。天皇と相並ぶ草壁によって、現治世の望ましさはそのまま次代にも保証されるであろう、それゆえに、その即位が希望されているのである。以上をふまえると、(a)の「しろしめしせば」には「現在の事態と同じ事態を未来時に見出す」という性格が認められることになる。そんな(a)の類例として(e)を挙げることができよう。

(e)　十月雨間も置かず降りにせば（爾西者）いづれの里の宿か借らまし　（萬葉　巻一二　三二一四）

小学館「全集（旧版）」本では、(e)のセバを「未来に関する仮定」と見て「時雨が休みなく降ったならどの辺の里に宿を借りようか」と解釈する。[3]セバをめぐる文法的な議論をひとまず措いて文自体を眺めてみれば、もっともな解釈と感じられるのではないか。しかしながら、おそらくはセバの通念としての文法的性格を慮ったのであろう、小学館『全集（新編）』本においては、(e)への記述が以下のように改められた。

セバ……マシは事実に反する事柄を仮想する語法。ただしマシとカを併用した例に「麻里布の浦に宿りかせまし」（三六三四）があり、それは、～できたらいいのになあの意と思われる。この場合（引用者注：「三六三四番歌への解釈を用例(e)にも適用する場合」）、歌意に不明な点がある。

改訂した結果、かえって要領を得ない解釈になったわけである。この他にも、セバの通念としての文法的性格を前提とし、あくまで反実仮想の意を通そうとするならば、何らかの読みが可能でもあろう。しかし本書は、未来に関する仮定という当初の自然な読みが、文法的にも妥当であったと考える。そうした「未来事態が構成されるセバの例」という点で、(e)は(a)に通うことになるわけだが、(a)の未来事態からは現在の事態と同じという性格も見て取れた。では(e)の「雨が降ること」という事態は、現在の事態と同じと言えるだろうか。まず(e)と番われる三二一三番歌を見ることにする。(e)の一つ前の歌ではあるが、本書における番号は(e)より後の(f)となる。

(f)　十月しぐれの雨に濡れつつか君が行くらむ宿か借るらむ　（萬葉　巻十二　三二一三）

見られるとおり、この(f)では「あの人は、時雨に濡れつつ行くのだろうか、それともどこかに宿るのだろうか」という疑問が提示される。(e)はそのような(f)を承ける歌なのである。とすると、(e)のセバに上接する「雨が降ること」という事態において、その「雨」とは「しぐれ」である。そして、この点に基づけば、次のように述べられよう。まず(e)の言語主体は、現在、降雨に直面している。そして、その雨は時雨であるから、仮に今をやり過ごせたとしても、道中またすぐ（＝「雨間も置かず」）降り出すであろう。(e)における「雨」とは「現在同様、この先もまた降る雨」なのであって、セバもこのことを仮定するのである。即ち「現在同様、この先も雨が降ること」を仮定し、その時にはどこに宿ろうかと述べるもので、(f)で示された「濡れつつ行くのか、宿るのか」という疑問に対して、かくの如く応ずる（体裁の）歌なわけである。以上、本書は(e)の「降りにせば」を「現在同様、この先も雨が降ること」を仮定するものと考えた。

ここまでに確認したように、セバの孤例、或いはセバの例でないとすらされてきた(a)からは、現在の事態と同じ事態を未来時に見出すという性格を認めえた。また、そう把握することによって、(a)は(e)という類例を得るに至った。さらにその(e)も定見を得たとは言えないのが現状であったけれど、セバに現在の事態と同じ事態を未来時に見出すという性格を認めれば、自然に解釈できたわけである。したがって本書は、(a)(e)を上述の如く把握するのが適切であると考えるのだが、これら(a)(e)を、上代のセバ、ひいてはサ行系という全体の中で適切に把握するためには、さらなる捉え直しが必要であるとも思う。そこで(a)(e)をセバの甲類と称し、その他の類例も追加して次に改めて示すことにしよう。

【甲類】

(a)　……我が大君皇子の尊の天の下しろしめしせば（世者）春花の貴からむと望月のたたはしけむと天の下四方の人の大舟の思ひ頼みて仰ぎて待つにいかさまに思ほしめせかつれもなき真弓の岡に宮柱太敷きいましみあらかを高知りまして朝言に御言問はさず日月のまねくなりぬれそこ故に皇子の宮人行くへ知らずも
（萬葉　巻二　一六七）

(e)　十月雨間も置かず降りにせば（爾西者）いづれの里の宿か借らまし
（萬葉　巻十二　三二一四）

(g)　かからむとかねて知りせば（勢波）大御船泊てし泊まりに標結はましを
（萬葉　巻二　一五一）

ここに新しく引いた(g)は、反実条件となる点で通念としてのセバ像に合致する例と言える。しかし、(g)のセバによる仮定には、反実条件にとどまらぬ面があって、そのことに注意しなければならない。即ち(g)のセバは、現在、言語主体に与えられているのと同じ事態を、過去時に仮定しているのである。(g)言語化の現在において、その言語主体は天皇の死を知っている。そして、その同じ「天皇の死を知っていること」という事態（＝「かからむと～知る」という事態）が過去時に仮定されるわけである。とすると、この(g)からは(a)や(e)に共通する性格が認められたことになる。つまり、(g)と(a)(e)は、現在の事態と同じ事態を非現在の時間に見出しているのである。この「現在と同じ事態が非現在の時間に（過去・未来の別を問うことなく）構成されるタイプ」がセバ・甲類である。結論に関わることを先に述べてしまえば、本書は未然形セのみならず、連体形シ、已然形シカを含んだそもそものサ行系が「現在、言語主体に与えられている事態と同じ事態を、過去や未来という非現在の時間に見出す」ことを意味していたと考える。過去時・未来時の事態は、現在時のそれとは異なり、いま言語主体に直接与えられているものではない。言語主体が自身の作用によって構成する非リアルな存在である。む

表　上代・中古のセバ・マセバ・マシカバ

	上代	中古
セバ	23	12（11）
マセバ	10	3（ 3）
マシカバ	0	184（ 7）

ろん過去時・未来時の事態が非リアルである、その具体的なあり方には差異も認められよう。しかし元来のサ行系とはその差異を措き、過去時・未来時の非リアルという共通点に対応していたのだと考える。

このようなサ行系と、いま多くのセバに見出されている反実仮想との関係を問えば次のようになるだろう。まず(g)において「現在と同じ事態」が仮定されるのは過去時であるから、結果的にその事態は事実に反するものとなる。過去時の仮定が必ず反実仮想になるわけではないが、そうした例が多くなるのもそのとおりであろう。実際に過去時においても現在同様そうであったのなら「今も昔も〜である」とでも述べる方が自然であって、仮定しようとする契機に乏しいのである。それに対して、(a)(e)は未来時に仮定するものであるから、その「現在と同じ事態」が反事実に落ち着くということはない。甲類における反実仮想とは、仮定される時点の違いに伴って生ずる現象上の小異に過ぎないのである。しかし、具体的なことは次節以降に委ねるが、サ行系は「キ」と相補関係をなし、過去の助動詞の一角を占めることとなった。よく言われるとおり、過去の助動詞の未然形にそれほどの用途はなかろう。反実仮想の条件法でほぼ事足りるという面がある。たとえば本頁右上の表を見られたい。この表は前章に示したものと同じで、上代のセバ・マセバ・マシカバと中古のそれ[4]が用例の数量的に比較されている。括弧内は和歌の用例で、上代はすべてがそうであるから括弧を設けない。確認されるように上代にはマシカバの例を見ず、中古ではマシカバが他を圧倒している。中古のセバはマセバと並んでほぼ和歌にのみようやく出現しており、マシカバに駆逐されて歌語として残存しているように見える。さらに言えば、文法的に中古のセバとはマシカバがあればそれで済んでしまうような存在だったということであろう。つまり中古のセバは、上代・甲類の、現在、言語主体に与えられている事態と同じ事態を、過去や未来という非現在の時間に見出すという性格からはかけ離れて、マシカバ同様すっかり「反実仮想の条件法を構成する形式」となっていたのである。

かかるセバの反実条件化という流れを念頭に置きつつ、甲類に続く乙類、丙類を見ていく。

【乙類】

(h) 今日もかも都なりせば（世婆）見まく欲り西の御馬屋の外に立てらまし　（萬葉　巻十五　三七六六）

(b) 高光る我が日の皇子のいましせば（世者）島の御門は荒れざらましを　（萬葉　巻二　一七三）

【丙類】

(i) あしひきの山より来せば（世波）さ雄鹿の妻呼ぶ声を聞かましものを　（萬葉　巻十　二一四八）

(j) ももしきの大宮人の踏みし跡所沖つ波来寄せざりせば（勢婆）失せざらましを　（萬葉　巻七　一二六七）

乙類と丙類は、現在の事態と同じ事態を非現在の時間に見出すというサ行系の原義に対応する甲類からの展開例であり、そのすべてが反実条件となっている。しかし、反事実ということのあり方において、乙類と丙類との間には相違が認められるのである。

はじめに乙類であるが、これらは反実条件であることに加えて、非現在の事態と同じ事態を現在時に見出すという性格をも持ち合わせている。例に即して確認しよう。まず(h)の場合、実際、非現在（＝過去）時において「都にいること」という事態が存在した。そして、それと同じ「都にいること」が現在時に仮定されるのである。「都にいること」という事態は今となっては反事実でしかないが、過去時においては確かな事実であった。そのことは「今日も」の語に端的だろう。次いで、先にも掲出した(b)は(a)と同じく草壁皇子への挽歌である。「草壁皇子が存在すること」という事態は、当然、非現在（＝過去）時においては事実であった。その

「草壁皇子が存在すること」が現在でも同様ならと述べられている。非現在の事態と同じ事態を現在時に見出す例なのである。なお、この(h)(b)がそうであるように、乙類における非現在とはすべてが過去である。未来時には事実が存在せず、したがって、未来の事態と同じ事態を現在に見出すということもなかなか考えづらいのかと思われる。

以上の如く、乙類のセバは反実条件を構成するが、反事実なら何でもよいのではなかった。現在の事態と非現在の事態が同質であるという但し書きが付くのである。そしてこれこそが、サ行系の原義に対応する甲類の性格を受け継いだものと言えよう。現在の事態を元に非現在（＝過去・未来）の事態を構成する甲類と、非現在（＝過去）の事態を元に現在の事態を仮定する乙類。そのいずれもが事実に基づいてそれと同質の事態を仮想する。両者には、元となる事実の時間的所在が現在（甲類）か過去（乙類）かという違いがあるけれど、現在と過去は「事態が事実でありうる時間」という点では共通するのであり、そうした共通性を媒介に甲類から乙類への展開が生じたのであろう。中古の例に見られるように、セバは結局、反実条件と化したが、一気に反実条件であれば何でも表すようになったのではなくて、乙類という中間的段階を経たものと思われる。

そして、丙類の諸例からは、かかる現在の事態と非現在の事態が同質であるとの性格は見出されない。たとえば(i)の「山を通ってくること」という事態、(j)の「波が寄せて来なかったこと」という事態、そのいずれもが現在の事態と同質ではなかろう。つまり、丙類は既に現在の事態と同じ事態を非現在の時間に見出すという原義の跡を留めてはいない。まったくの反実条件と化しているようであって、その点、中古のセバへと通じる性格を持つものなのである。

本節の最後に、上述のセバ甲・乙・丙三類の関連をまとめておく。まず、サ行系の原義とした、現在の事態と同じ事態を非現在の時間に見出すという性格は甲類に認められた。言語主体に現在と同じ事態と把握されれば、セが構成する事態の所在は過去・未来の別を問わない。しかし、そのサ行系は結局カ行系と相補的な関係を取り結び、「過去の助動詞」化したから、もはや未来の例はそれほどたくさん見られるわけでもない。また甲類においても、過去時の例は過去における仮定の傾向として結果的に反実仮想の意味を帯びた。それが乙類へと展開していく。乙類は、ほぼ反実仮想の仮定条件と見なしてもよかろうが、そこでなされる反事実の仮定には「現在が過去と同じだったら」という性格が看取された。過去・現在の二時点で事態が同質でなくてはならず、そこに甲類の性格が残存している。そして、それを完全に離れて、中古のセバ同様、単なる反実仮想の仮定条件と化したものが丙類ということになるのである。

三

前節では未然形セの検討を通じ、カ行系と相補関係を構成する前のサ行系が、現在の事態と同じ事態を非現在の時間に見出すことを意味する語であったと考えた。ここでは、サ行連体形のシにも、その現在の事態と同じ事態を非現在の時間に見出すという性格が見出されることを確認する。まず既説においては、記紀歌謡の連体形シに「過去であるとは考えにくい例」が見られる旨、指摘があり(5)、そうしたシの非過去的例を見ていくことから始めたい。なお、記紀歌謡におけるシ全体の用例数は記・一五、紀・一六である。

(k)　又、吉野の白檮の上に横臼を作りて、其の横臼に大御酒を醸みて、其の大御酒を献りし時に、口鼓を撃ちて、伎を為て、歌ひて曰はく

白檮の生に横臼を作り横臼に醸みし（斯）大御酒美味らに聞しもち飲せまろが父

（l）此の歌は、国主等が大贄を献る時々に、恒に今に至るまで詠ふ歌ぞ。（記　四八）

天皇、其の、盃に浮ける葉を看行して、其の婇を打ち伏せ、刀を以て其の頸に刺し充て、斬らむとせし時に、其の婇、天皇に白して曰はく、「吾が身を殺すこと莫かれ。白すべき事有り」といひて、即ち歌ひて曰はく、

……下枝の枝の末葉は在り衣の三重の子が捧がせる瑞玉盃に浮きし（志）脂落ちなづさひ水こをろこをろに是しもあやに畏し高光る日の御子事の語り言も是をば（記　九九）

故、此の歌を献りしかば、其の罪を赦しき。

これらのうち(k)の記四八は、紀三九に重出するので、それも引く。

(m)時に国樔人来朝り。因りて醴酒を天皇に献りて、歌ひしく、

橿の生に横臼を作り横臼に醸める（薫）大御酒甘らに聞こし以ち飲せまろが親

歌ふこと既に訖へて、即ち口を打ちて仰ぎ咲ひき。今、国樔が土毛を献る日、歌ひて、即ち口を撃ちて仰ぎ咲ふは、蓋し上古の遺則なり。（紀　三九）

傍線部に見られるように、記の(k)で「醸みし」とシが用いられていた所が、紀の(m)では「醸める」、即ち、助動詞リの連体形となっている。だからといって、(k)のシがルと同じような意義を持つとは限るまいが、この(k)では、皇太子・大雀命への献酒にあたって今ここにある酒が自分たちによって醸造されたものであることが歌われる。そうした内容を念頭に置けば、この「醸みし」とは「醸む」動作を過去時に位置づけるものというよ

りも、ここにある酒が「醸む」動作の産物であることを表す例と見て不自然はなかろう。そしてそのように理解するなら、このシはテンス的過去ではなくて、「醸む」動作のアスペクトに関わるものということになりそうである。一方の(1)の場合、ここで「浮きし脂」が実際に指示するのは、いま杯に浮かんでいる葉のことである。したがって、「浮きし」に「浮く」動作に関するアスペクト的な意味を認めるのは、ありうる理解の一つのようにも思われる。

しかしながら、そうした「シのアスペクト的意味」の内実ははっきりとしないことが多い。たとえば、これらのシには「ある動作・作用が起こって、それが続いている、あるいはその結果が残っている」ことを表すものとの指摘がなされている。[6]既然態の例ということになるのであろう。たしかに(k)(1)などのシは既然態と言えば言えるであろうが、では、その既然態という概念によって前節に見た未然形セの諸問題はどう説明されるのか。それが明らかではない。一方、これらのシに「完了性の意味」という言い方がなされることがある。[7]その完了の語から推測するに「結果が継続している」という既然態的な性格よりも、「結果に至った」こと自体に重きを置く論のようにも見える。一口にアスペクト的意味と言っても、既然態／完了という相違が認められるのである。そして、実例を見る限りは既然態／完了のどちらが妥当であるのかは定かでない。もっとも、古代語のリ・タリにしても、或いは現代語テイルでも、必ずしも既然態と完了が截然と区別されているわけではなかろう。だからシの場合も、別に既然態／完了のいずれかに決めてしまう必要はないのかもしれない。ただし、ここで念頭に置くべきは、注(7)の文献における「完了性の意味」という概念が、シのみならず未然形セの説明も企図している点である。注(7)の文献は、一般的な傾向として仮定条件節には完了性の意味との相性の良さが認められると述べ、セバもその現れの一つであるとする。さらに、古くは「サ行存在詞・シ」があったとの見解に基づき、また、タリ（タ）における「存在→完了→過去」という推移をふまえてサ行系にも同様の推移を想定するのである。興味深い考え方であるとは思うが、サ行系の実例に即して説かれたものというわけでもなく、したがって何とも言い難いところがある。

このように、連体形シの「非過去＝アスペクト的意味」については釈然としないところが残されている。しかし本書は、そのような非過去のシから、前節で確認したセと同様、現在の事態と同じ事態を非現在の時間に見出すという性格が見出されると考えるのである。たとえば(k)は、神武以来、天皇に服属してきた吉野の国主による献酒儀礼歌である。これまで酒を醸造して天皇に献上し続けてきた紐帯を強調し、その酒を勧めるものと解される。つまり、現在、吉野の国主たちが天皇のために行う「酒を醸むこと」という行為は、その先祖たちによっても同様になされてきたということである。(k)のシは、かかる過去と現在における「酒を醸むこと」の同質性を表すのではないか[8]。そしてこの性格は、本章がセに認めた、現在の事態と同じ事態を非現在の時間に見出すという性格と一致するのである。続く(l)も同様。ここで言う「浮きし脂」とは、記上巻冒頭の「国稚く浮ける脂の如くして」という記述に対応するものである。(l)の采女は葉を浮かべたまま雄略天皇に杯を渡してしまったため罪に問われたが、その落葉のさまが国土創世時の「浮脂」と同じであると詠んで、それを祝意のアピールへと転換し、罪を赦された。その歌の中では、現実には別の物である葉と脂が同じものとされ、現在と過去においてそれぞれ「浮く」動作を実現させたことになる。つまり「浮くこと」とは、過去時にも現在と同じように存在していた事態なのである。

このように非過去のシを捉え直してみると、これまで過去の例であるとして特に問題にされなかったようなものにも、(k)や(l)と共通の性格を持つ例のあることに気づく。そのいくつかに言及しよう。

(n)　弟橘比売命、白ししく、「妾、御子に易りて、海の中に入らむ。……」とまをしき。海に入らむとする時に、……

さねさし相模の小野に燃ゆる火の火中に立ちて問ひし（斯）君はも　（記　二四）

(o)　此の時に、御病甚急かなり。爾くして、御歌に曰はく、

孃子の床の辺に我が置きし（斯）剣の太刀その太刀はや　（記　三三）

(p)　木幡村に至り坐しし時に麗美しき孃子、其の道衢に遇ひき。……天皇、即ち其の孃子に詔ひしく、「吾、明日還り幸さむ時に、汝が家に入り坐さむ」……明くる日に入り坐しき。……御歌に曰はく、

……吾がいませばや木幡の道に遇はしし（斯）孃子……遇はしし（斯）孃子かもがと我が見し（斯）子らかくもがと我が見し（斯）子に転た蓋に向ひ居るかもい添ひ居るかも　（記　四二）

(n)は、弟橘比売が海の神を鎮めるべく入水する際に詠んだもの。その発言に明らかなように、この入水は夫である日本武尊への顧慮に基づく行為であって、その点、シに上接の「問ふ」行為に照応している。なぜなら、この「問ふこと」とは、かつて日本武尊が相模国で野火に囲まれた際、妻である弟橘比売の安否を気遣ったことを指すとされるからだ。つまり「配偶者への顧慮」という意味でこの入水は「問ふ」行為と鏡像をなしている。だから、過去の事態「問ふこと」は現在の入水と同質な事態と言うことができるだろう。具体的な動作内容は違っても、言語主体にとっての意味づけとしてはそうなのである。(o)はその日本武尊の辞世で、客死にあって故郷の妻を思うもの。ここに詠まれる「太刀」とは東征に出発する前に妻の美夜受比売のもとに残してきた草薙の剣を指す。したがって、シに上接する「置く」行為とは別離の云いである。そして現在、日本武尊は死に臨んで、結局かつての別離がそのまま永別となった。それゆえに、過去時の「置くこと」は現在の「死」と同質の事態ということになるのである。最後の(p)。応神天皇が道で見かけた矢河枝比売と再会したお

りに詠んだものである。ここでシは四例を数えるが、いずれも美しい娘に会ったという感興の表現にほかならない。そして、天皇は同じ娘とまた対面し、その感興が再現されている。この(p)においても、シは現在と同質な過去の事態を意味しているのであった。

確認してきたとおり、非過去のシの例は現在と同質な過去の事態を表すものと言え、さらには、単に過去のシとされてきたものの中にも現在と同質な過去の事態の例があった。従来、通行の概念を当てはめれば、テンス的な例／アスペクト的な例として区別したくなるようなシも、そうした見方を離れてみれば新たに一つの性格を示す。そしてそこに、シだけではなくてサ行系全体が本来持っていた事態把握のあり方が窺われるのだった。即ち、既然態／完了と見たくなるような現在の近傍であろうと、現在からかけ離れて過去でしかありえないようなものであろうと、そういった時間的な距離には関係がない。言語主体にとって現在の事態と同質と把握されればそれでよいのである。換言すれば、対象的な時間を表し分けるものではない。そもそも未然形セは、現在の事態と同質であれば未来の事態をも表すわけであった（シに未来の例を見ないことに関しては後述）。このように過去と未来の別すら問わないサ行系は、対象的な時間の表し分けを行うものとしてはいかにも大雑把であって、その用をなさないであろう。むしろサ行系の実状は、そうしたあらかじめ存する時間軸に、事態を定位させることとは逆を向いている。つまり、あくまでも現在、言語主体が直面しているリアルな事態が基軸にあって、その事態と同質であると感じられる限りにおいて、今ここにはない非リアルな事態が構成される。そして、今ここにはない事態の中に見出そうと思えば見出せる「かつてあった」／「いずれある」という違いには関わることなく、ただ同質な事態の存在を言表する。元来のサ行系とはそのような形式だったのである。

本節の最後に、ここまでに見てきた「サ行系の原義を留めるシ」とは異なるタイプを萬葉集から挙げてみる。

つまりは「過去の助動詞」としてカ行系と相補的な関係をなすに至った後のシの例である。萬葉集のシにも、前節(a)のセがそうであったように、サ行系の原義的な例が残されている可能性はあろう。しかし、別にそれがあったとしても行論の支障ではないし、また、いちいちの弁別に目的があるのでもない。したがって、本書においてその点についての言及は行われない。

(q)　妹と来し（之）敏馬の崎を帰るさにひとりし見れば涙ぐましも　（萬葉　巻三　四四九）

(r)　春さらば逢はむ（武）と思ひし（之）梅の花今日の遊びに相見つるかも　（萬葉　巻五　八三五）

(s)　竹敷の黄葉を見れば我妹子が待たむ（牟）と言ひし（之）時そ来にける　（萬葉　巻十五　三七〇一）

まず、そもそものサ行系は現在の事態と同じというところに最大の特徴があったわけだから、(q)や(r)のような例はその範囲外ということになるであろう。(q)で「敏馬の崎」はかつて妹と来た土地であったのに、今では一人で見るほかなくなった。言語主体にとって、現在・過去間での明らかな意味づけの変化が認められるわけである。(r)の言語主体は、春が来る前に見ようと思っていた梅の花を今はとうとう見たのだから、ここでも過去・現在間の異質性が見出される。さらに、この(r)は続く(s)同様、まとめると「〜ムと言ふ／思ふ＋シ＋名詞」という構造をなす。過去時には未来に存在するであろうとされた名詞の指示対象が、時間の経過に伴って、今では現実に存在するものとなった。つまり「現在は過去の未来」ということ。こうした把握は、あらかじめ時間に過・現・未が分節されてあって、そこに事態を位置づけるような、時間を外から眺める視点において生ずるものであろう。現在との同質性を媒介にして、現在ならざる時間に事態の存在を認めるようなそもそものサ行系にとっては、その表すところの外であったに違いない。

四

前節までに、カ行系と共に「過去の助動詞」をなす前のサ行系の原義を検討した。それを定義のようにまとめると、

サ行系は、現在、言語主体が直面する事態と同質な事態を、非現在の時間に構成する形式である。

ということになる。過去と未来を同じ非現在として区別しないこと、言語化される事態が現在の事態と同質でなければならないこと。これら二点をふまえると、そもそものサ行系をテンス形式と呼ぶことはできないであろう。そんなサ行系が「過去の助動詞キ」の諸活用形として扱われるに至ったわけである。つまりは、現在の事態と同じ事態を非現在の時間に見出すという性格が「テンス的過去」に取って代わられた。こうしたサ行系／カ行系の相補関係は、どのように実現したのであろうか。本章の最後にそのことを考える。その際、まず前提として押さえておきたいのは、

1　カ行系はそもそも過去を意味する形式であった。

という点である。なお、この1に言う過去とは「表されている事象の時間的所在を過去時と定める」といった程度に用いており、それ以上に限定的なものではない。ただし、ここで留意すべきは、もともとのカ行系が過去ではなく、「過去から現在にまで動作・作用が続いている」意を表すものであったとの指摘であろう(9)。

(t)　射ゆ獣を認ぐ川辺の若草の若くありき（岐）と吾が思はなくに　（紀　一一七）

幼くして建王が没したことを悲しんで、祖母の斉明天皇が詠んだものである。先のカ行系に非過去の例を見出す見解においては、(t)の「若くありきと吾が思はなくに」を「建王が若かったとは、斉明天皇が思わない」のように解すると意味が通らないとの見解をふまえ、「斉明天皇が若くあり続けて今に至っていると、斉明天皇は思わない」と解している。老いた自分の方が生き残ってしまったことを嘆く歌とするのである。しかし、そもそも「建王が若かったとは、斉明天皇が思わない」という理解は、十分に意味が通るものではなかろうか。たとえば『古代歌謡集』（日本古典文学大系、岩波書店）の頭注では「早春の川辺の若草ほどにも、若いとは言えない幼児であったのに、と夭折を嘆く心持」と指摘されている。本書には、むしろこちらのほうが「若くあり続けて」云々よりももっともな解のように感じられる。その場合「若し」とは「（活力ある）青年期の様」の云いになるが、上代においてもそうした「若し」の例を確認でき（次に引く用例(u)など）、異とされるようなことではなかろう。

(u)　……玉くしげ少し開くに白雲の箱より出でて……たちまちに心消失せぬ若かりし肌も皺みぬ黒かりし髪も白けぬ……　（萬葉　巻九　一七四〇）

重複となるため、これ以上、例を挙げて述べることはしないけれど、本書はカ行系に過去と解しえない例があるとは考えない。以上は1についての言及であったが、これに加えて、

2　相補関係成立後の意義は過去に収斂している。

3　ほぼ「終止形はカ行系、その他がサ行系」という分布である。

これら二点に目を向ける。2については、これまでカ行系と共に助動詞キの諸活用形として整理されるに至ったサ行系の中から、非過去的意義の痕跡を探そうとしてきたわけでもあり、当然と言えば当然であろう。3で「ほぼ」と言ったのは、カ行系の未然形に相当する「ケ」という語形がわずかに確認されるためである。

(v) つぎねふ山城女の木鍬持ち打ちし大根根白の白腕枕かずけ(祁)ばこそ知らずとも言はめ　(記　六一)

既に指摘のあるとおり[10]、このケはカ行未然形と考えられようが、サ行未然形たるセに比して著しく微弱であって(その理由は後で考える)、カ行系とサ行系は「終止形対それ以外」という関係をなしていると言ってよいだろう。

以上の三点を念頭に置きつつ、カ行系・サ行系の相補関係形成に関する仮説を述べる。まず1・2を総合すると、

4　サ行系とカ行系の相補関係形成は、サ行系の衰退・変質と表裏する現象である。

と言えるであろう。その理由はよくわからないし、言語研究の範囲ではわかる必要もないが、上代以前にサ行系の、現在の事態と同じ事態を非現在の時間に見出すという把握が衰退した。衰退すれば消滅することもあるだろうが、サ行系の場合は消滅せず、過去を意味するカ行系に合わせて変質していった。そして「過去の助動詞」の一角に組み込まれるような状態に至ったのである。

これをもう少し具体的に考える際、重要になるのが3であろう。既述の如く、サ行系は終止形のみを欠く(当然、命令形などそもそも存在しないものは除いての話である)。本書は、カ行系とサ行系が元は別語だったと考えているのだから、カ行系と相補関係をなす以前のサ行系は、終止形のない助動詞だったのであろうか。しか

し、これはいかにも不自然なように思われる。述語の典型的なあり方は終止の位置に立つことだろうし、終止形とは基本的には終止の位置に立つための形であろう。したがって、述語構成の要素たる助動詞に終止形だけがなかったとは考えにくいのである。さすれば、終止形は元からないのではなくて、途中でなくなったはずである。そして、その消滅は文献以前のことで跡形もない。サ行系はいちはやく終止形を失ったわけであるが、それはどうしてか。文の時間的意味を最終的に決定するのは、主節の、つまりは終止の位置の述語である。そして、元来のサ行系は非現在の事態を言語化する形式である。テンス的意義を担うとは言えないにしても時間との関わりは深い。しかしながら、そのサ行系の、現在の事態と同じ事態を非現在の時間に見出すという把握は、衰退・変質の途を辿ることとなった。さらに、終止の位置とは最もはっきり時間的な性格が現れる場所である。したがって、衰退を始めたサ行系はまずその終止の位置からの退場を余儀なくされたのである。結局3とは、4に起因して生じた現象の一つであろう。

この「サ行系の衰退・変質」と「カ行系との相補関係形成」を、より内実に即して換言すれば次のようになるかと思われる。もともとサ行系が用いられていた頃は、現在の事態と同質の、ある具体的な事態が媒介する限りにおいて、非現在の時間が把握されていた。しかしそうした把握が、抽象的な時間それ自体に設けられている時点に事態を定位させる方向へと転換した。このような転換が生じた以上、一つの形式の担う事態が過去・未来に跨るようでは時点の表し分けにはならず、サ行系は未来を手放すことになる。しかし、結果だけ見れば「未来を手放した」でそのとおりでもあろうが、サ行系において過去と未来は非現在として等価だったはずである。未来を手放して過去化することだけがサ行系に残された唯一の行く末だったわけでもあるまい。どうして未来を手放すことになったのか。

一つには、サ行系の原義に完了性を認めておくという方途があるのかもしれない。つまりサ行系は、現在と同じ事態を非現在の時間に想定するにあたって、その事態が完了していることをも意味していたと考えるのである。当然、完了とは時制の別とは無関係な概念であるが、実際に完了した事態はそのまま過去の事態へと転じていく。だから、完了と過去との間には、完了と現在、完了と未来以上の親和性があると言え、したがって、サ行系に完了性を認めておくと、それが過去へと収斂したことの説明がしやすくなりそうでもある。しかし、ある形式に完了性を認めるとはなかなか難しいことであって、それ相応の手続きが必要であろう。たとえば「彼が到着すれば、すべて解決する」という文を前にしたとき（本書にはバの性格を云々するつもりはない。単なる例として示している）、それが「彼の到着」を仮定するだけのものであったとしても、「彼の到着の完了」を仮定しているかのように解釈してしまえる。完了性の認定には、多くの例を対象としてその中から徴証を探していく作業を要するのである。しかし、本書のサ行系にはそれに足るだけの用例がない。いま目にすることができるサ行系からは「完了と言うなら、そうも言えるかもしれない」といった程度の性格しか認められず、ゆえに、これ以上サ行系における完了性を取り沙汰しても仕方がないであろう。

むしろサ行系の「過去の助動詞」化に関して着目すべきは、未来と過去という共に非現在である時間の、しかしながら非対称な性格であるかと思われる。まず、未来とはまだ到来せぬ時間であるから、そこに事実は存在していない。未来の事態は言語主体に構成されることによって初めて存在するのであって、その点で現在・過去の事態とは一線を画する。ゆえに、そのような未来の事態は「言語主体の作用によって導かれたもの」というニュアンスが明確な、推量・意志の如き意味合いを帯びて言語化されるのが普通である。一方、過去とは既に過ぎた時間であるから、そこに何らかの事態が存在していたことは言語主体に事実として把握される。その事態が今ここになくとも、その存在を疑うことはないのである。したがって、過去の事態は未来のそれとは異なり、言語主体の特別な作用を待って初めて存在するものではなく、むしろ言語化に先んじてあった事態を、単に「あった」と承認しているだけのようにも感じられる。過去の事態が構成される際、そこに言語主体のいかなる判断が認められるのかについては十分な検討が必要である。単なる「テンス的過去」として済ませるのではなくて、言語主体の作用に関わる側面にも注意を払うべきであろう。けれどもその反面、過去の事態には「テンス的過去」以外に特段の意味づけを受けていないという可能性も残されている。たとえば「対象的過去」には「作用的回想」が対応するなどと言われることがある。しかしそれも、過去に対応しそうな作用としてまず思いつくのが「回想」でもあろうかといった程度のことのようにも思われる。実際に「回想」という作用を認めるべきかどうかについては、依然、実例の検討を要する状態のままであると言えよう。そして本書の見る限り、少なくともキに関しては、ことさらに「回想」と考える必要もないようである。たとえば次の(w)を見られたい。

中大兄の三山の歌一首

(w)　香具山は畝傍ををしと耳梨と相争ひき（伎）神代よりかくにあるらし……　（巻一　十三）

あらかじめキに「回想」という作用を認めてしまうのであれば、この(w)も言語主体・中大兄皇子が香具山と耳梨山の争いを回想する体で詠んだ歌ということになるだろう。しかし、そのような前提をしなければ、この(w)に「回想」の作用を見るべき理由もないのである。

このように、未来と過去の間には言語主体の作用という点で非対称的な性格が認められる。あくまで未来事態との対照という点から考えれば、過去とは、事態の構成にあたって言語主体の作用の跡が希薄でもありうるような時間なのである。そして「言語主体の作用によって導かれた」というニュアンスを要する未来事態の言語化に相応しいのはムであった。詳細については第一部で述べたが、ムが多く推量・意志の文を構成するのは、よく知られるとおりである。ゆえに、サ行系は未来事態の言語化をよりそれに適したムに委ねたのであろう。そして、サ行系の未来がわずかに残るセバ、つまり仮定条件とは、ムが立たない（理由はわからないが）場所、サ行系からすればムとの競合がない場所なのである。さらに仮定条件という構文的な条件それ自体が、その事態が言語主体の作用によるものであることを明示してくれる。最もサ行系・未来時の例を残しやすい環境であったと言えるであろう。

こうしたサ行系の変化と並行してカ行系も発達してきたのかと思われる。カ行系は、サ行系がその位置に耐えなくなった終止法を中心としつつ（ということは終止形を中心としつつ）、その他の活用形も整えていこうとしたであろう。先に引いた未然形ケにその跡を見ることができる。しかしながら、そうした両系併存は、カ行系自身の拡大よりも既存のサ行系セ・シ・シカの継承という結果になった。いわばサ行終止形の後をキが居抜きで借りたようなかたちであるが、これはサ行終止形が早々と消滅したのと表裏する事情によるのであろう。つまり、終止以外の場所にあっては、終止におけるほどに時間的性格の表示が厳密ではなく、既存のサ行系をだましだまし使い続けることができたのではないかと思う。たとえばセ。よく言われるとおり、過去の助動詞の未然形は主に反実仮想として用いられる。実際、中古のセバはマシカバに取って代わられるほど反実仮想の形式と化していた。既述の如く、セはそもそも反実仮想化しやすい傾向にあったから、カ行系という過去の助動詞と合流するに際しても、比較的すんなりとその未然形に納まったであろう。

或いはシカ。これまで本書は、サ行系の中でも已然形のシカについては言及してこなかった。それは未然形セ、連体形シに見出されるようなサ行系の原義の痕跡が特に認められなかったためである。その一方で、次に再掲する(q)のシの如く、過去・現在間で事態の意味づけが明らかに変化しているような例は容易に見つけることができる。たとえば(x)がその例である。

(q)　妹と来し（之）敏馬の崎を帰るさにひとりし見れば涙ぐましも　（萬葉　巻三　四四九）

(x)　昔こそ外にも見しか（之加）我妹子が奥つきと思へば愛しき佐保山　（巻三　四七四）

(q)については前節で述べたとおり。(x)の言語主体は、かつては無縁に思うのみであった「佐保山」を、今では愛おしいものと感じているのである。思うに、シカはコソの結びとして終止の位置にも立つし、その他に現れる場所といえば終止と転一歩とも言える理由句と逆接句である。[11] それゆえに、シカはサ行終止形のように消滅こそしなかったものの、サ行系元来の意義の名残を留めることがなかったのではないか。

こうしてカ行系への収斂が進行する中でも、セ・シ・シカはとりあえず使い続けられた。そうされることを通して徐々にカ行系との同一化を遂げたのだと思われる。

〔注〕

（1）以下、萬葉集の出典は『日本古典文学全集』による。なお、記歌謡は『新編古典文学全集　古事記』、紀歌謡は『古典文学大系　古代歌謡集』によった。引用に際しては、適宜、表記を改めた部分がある。

（2）伊東光浩「万葉集一六七番日並皇子殯宮挽歌に於ける『世者』訓読についての試論」（『中央大学国文』二六、一九八三年）。

（3）(e)のマシは、反実以外の解釈を可能とする上代の例としても注意される。その詳細については、第二部第一章を参照されたい。

（4）調査したのは、竹取物語・土佐日記・伊勢物語・大和物語・平中物語・落窪物語・蜻蛉日記・和泉式部日記・源氏物語である。

（5）国田百合子「助動詞『し』の用法―記紀歌謡を中心として―」（『文学・語学』七、一九五八年）、同「助動詞『し』の未然形試論」（『田辺博士古希記念　国語助詞助動詞論叢』桜楓社、一九七九年）など。

（6）山口佳紀「時制表現形式の成立　下―キとケリをめぐって―」（『古代日本語文法の成立の研究』有精堂、一九八五年）。

（7）野村剛史「ズ、ム、マシについて」（『宮地裕・敦子先生古稀記念論集　日本語の研究』明治書院、一九九五年）。

（8）記四八（用例(k)）の「醸みし」が、紀三九（用例(m)）では「醸める」とあることについて補足する。記四八は、吉野の国主によって大雀命の太刀が讃えられる記四七と並び、その点でも紀三九と異なる。そして、内田賢徳『萬葉の知』（塙書房、一九九二年）によれば、その差異は記四七と紀三九を記載することの目的の違いにも通じるものであるという。即ち、四七と並べて四八を載せる古事記には、吉野の国主が、天皇（皇太子）への寿歌の担い手としてふさわしい存在であることに対する着目が認められるとする。一方の日本書紀は、現行の服属儀礼歌が、この時の献酒を起源とするものである旨、記録しておくという、あくまでも機能的な目的を持つものとされる。このような見解が「醸みし」／「醸める」という記紀の差異を考える場合にも参考になるのではないか。つまり、記四八が「醸みし」という神武以来の服属を思い起こさせる表現を採用するのに対し、紀三九では「醸める」として、その酒が「醸む」動作の結果そこに在ることのみを述べている。このことも上述の如き記紀の性格に整合的かと思われるのである。

（9）注（6）の文献。

（10）山田孝雄『奈良朝文法史』（寶文館、一九四九年）。

（11）萬葉集のシカ二四例中、コソの結びとなるものが七例、理由句に現れるものが十三例、逆接句に現れるものが四例。また、本書の見るところ、記紀歌謡にシカの例はない。

第四章　上代特殊語法攷

一

上代の「ずは」には、時に「上代特殊語法」などと称されてきた例がある。次に引く(a)の如きがそれに当たり、萬葉集中に二八例を見る。(1)

(a)　かくばかり恋ひつつあらずは（不有者）高山の岩根し枕きて死なましものを　（萬葉　巻一　八六）

これら「特殊語法・ずは」に関しては、古くから「恋しているよりは」（本居宣長）、「恋していないで」（橋本進吉）などの解釈が示されてきた。しかし、前者については、ズ＋ハでどうして「よりは」の意が生じるのか、後者の中止法的理解の場合、そこでハがどのように機能しているのか分明でないなどの問題が残されている。

一方、「ずは」の中には「特殊語法」ならぬ通常の使用、即ち「否定を含んだ仮定条件」と考えられるものも存する（萬葉集中に二七例）。そのような通常の「ずは」を「甲類」とし、先の「特殊語法・ずは」の方を「乙類」としよう。(2)甲類の例として(b)を示しておく。

(b)　中麻奈に浮き居る舟の漕ぎ出なば逢ふこと難し今日にしあらずは（萬葉　巻十四　三四〇一）

(b)の「ずは」節は「今日でなかったら」という「否定を含んだ仮定条件」としての解釈が可能であろう。このように、ハを下接させた連用形（乃至、テ形）が仮定条件として機能するとは、他にも例を見る現象である。さらに、連用形・テ形が仮定条件として機能することの所以についても、既に論がある。たとえば、連用形・テ形がハを伴って仮定条件節となりうるのは、それらが並列節を構成するためであるという。[3]その見解においては、並列節が構成する事柄は、修飾節のそれのように主節の内部に納まらず、主節に述べられる事柄に先行してその背景をなす別個の事柄であるとされる。その並列節がハを下接させて「限定・強調」を受けることによって、並列節の背景としての性格が際立ち、その結果、並列節は主節の事柄が成立するための条件という資格を得ることになるというのである。この詳細については異論も生じえようが、連用形・テ形＋ハが仮定条件として機能すること自体を、取り立てて異とするような現状でもないことは事実であろう。よって、本章の範囲では、「ずは」という形式がなぜ仮定条件たりうるのかに関して、これ以上、立ち入ることはない。ただし、ハが仮定条件を担う理路をめぐっては、本書なりの見解もあり、それを次章で述べることにしようと思う。

翻って乙類の「特殊語法・ずは」である。これについても仮定条件と解する向きがあって、むしろそれが近時の傾向となっているようだ。本書も基本的に仮定条件説で構わないと考えるが、たとえば(a)を「こんな恋をしていないなら、死んでしまいたい」と読めば、それは歌としておかしいであろう。そして、そのおかしさとは「ずは」に分析されるズから否定の意を読み取ろうとするために生じるおかしさかと思われる。むしろこのズは否定を離れて、肯定文的に解すべき例ではなかろうか。ここで言語主体は「こんな恋をしていること」という事態を実現させている。その「こんな恋をしていること」という事実が「ずは」節に言語化されているのだと見て、「こんな恋をしているなら」と解した方が、否定の意を読み込んで「こんな恋をしていないなら」と考えるよりもよほど自然なのである。

しかしながら、いくら自然であるにもせよ、ズは一般に否定辞と目されている。たとえば「かくばかり恋ひつつあらず」という文において、そこに構成される「こんな恋をしていること」という事態は、普通、否定の対象となる。そうである以上、その事態は、言語主体によって事実でないことが知られているもの、つまりは反事実の事態に当たる。そんな「ずは」によって「こんな恋をしていること」という事実が言語化されるのは、たしかに異例のことであろう。けれども、その異例さこそが、これまで乙類の「ずは」が人目を引いてきた所以のようにも思われる。そうした乙類の特殊性とは、いったい何に由来するものであろうか。本章はそのことを考える。なお、先掲(a)に見られるとおり、乙類の「ずは」節に対する主節の述語には、マシが現れることが多い。換言すれば、乙類の「ずは」節は反実条件になりやすい。この反実仮想ということは、乙類「ずは」の特殊性とも深く関連しているようである。その様相を記述することも本章の主題となる。

二

ここでは本書の論述に必要な範囲で既説を確認していく。第一に、乙類を仮定条件と見る際、仮定条件としての質をどう規定するのかという点について。本書の見るところ、その理解は一つに収斂していくようであり、それは「逆行」[4]、「目的的性格」[5]などと称されている。端的に言うと「乗るなら飲むな」のような仮定条件のことで、前件・後件という文における順序が、表される事態の先後関係と食い違うタイプである（当然、「ずは」節が主節に後置される倒置的な例においても、それを前件と称するのである）。「乗るなら飲むな」の場合、たしかに後件事態「飲むこと」が前件事態「乗ること」に先行しなければ、飲酒運転を戒める標語たりえないであろう。これを(a)に即して考えれば、後件事態「死ぬこと」が先行すると、前件事態「恋していないこと」が生じ、だからこそ後件事態「死ぬこと」を求めるということになって、それなりに文意は通っている。なお、この(a)に見られるとおり、後件事態と前件事態の間には【「死ぬ」から「恋していない」】という因果の関係（前件・果／後件・因）、及び【「恋していない」を生じさせるために「死ぬ」を選ぶ】という目的手段の関係（前件・目的／後件・手段）が認められる。注(5)の文献において「目的的性格」と称される所以である。後件事態が前件事態に先行するとは、このような関係の総体としての云いであって、必ずしも時間的な順序のみを指すわけではない。したがって、中には時間的先後を云々しても仕方のない(c)のような例も見られるという。

(c)　なかなかに人とあらずは（不在者）桑子にもならましものを玉の緒ばかり　（萬葉　巻十二　三〇八六）

「人でないこと」と「桑子になること」の時間的先後を問うても虚しいわけである。この程度の小異は言語形式の持つ幅として了解しうるものかとも思うが、次の(d)には問題が残るのではないだろうか。

(d)　秋萩の上に置きたる白露の消かもしな萬思恋ひつつあらずは（不有者）　（萬葉　巻八　一六〇八）

たとえば(d)もその例であるが、萬葉集の中でカ（カモ）の結びとなるマシの例は、「反実の仮想推量と解すべきものである」との指摘が見られる。(6) その理解が正しければ、(d)の後件は「露と消えるのだろうか」と解されて(a)の如き願望的解釈は採りえない。それに伴って「ずは」節も「逆行・目的的性格の仮定条件」ではなくなる。実際、注(6)の文献は(d)のような例を「推量型」として「願望型」の(a)などとは区別している。ということは「逆行・目的的性格の仮定条件」では乙類全体を規定しえない可能性が残るのである。であれば、それに代わって乙類を包括的に説明できる概念を求めてみる必要もあろう。もしくは「逆行・目的的性格の仮定条件」とされる(a)のタイプと、この(d)などとの関連性を明らかにしなければなるまいと思う。

或いは、仮に(d)を「逆行・目的的性格の仮定条件」と見なしえたとする。それでも、次には「逆行・目的的性格の仮定条件」である乙類と、そうではない甲類（用例(b)など）との関わりが問われてこよう。たとえば現代語で「逆行・目的的性格の仮定条件」となるのはナラのみであり、そのことはナラの分析を進める手がかりともなっている。ある形式に「逆行・目的的性格の仮定条件」という側面を認めるなら、他の用法との関連も問いつつ、それが「逆行・目的的性格の仮定条件」となることの根拠を示さなければ実はあまり意味がない。これは「ずは」においても同様であろう。一方で、古代語には「逆行・目的的性格の仮定条件」が広く見出され、そこから何らかの特性が導き出せるようなものではないと言うならそれでも構わない。けれども、上代の仮定条件において量的にも中核を占めたかと思われる未然形＋バを調査したところ（本書の調査によると、萬葉集中の確例が四七五ある）、「逆行・目的的性格の仮定条件」に当たる例は確認されなかった。(7)にもかかわらず、「ずは」の場合はどうして「逆行・目的的性格の仮定条件」たりえたのか。そのことが説かれない限り釈然としないところの残る見解ということになるであろう。

ここまでは仮定条件ということに纏わる既説を検討してきたが、乙類とは、それを単に仮定条件と見るばかりでは、解釈上、何かが欠けてくるような文である。既説においてもその点が考慮されており、たとえば、注(5)の文献では、古代語においては可能の意味が積極的に言語化されないことがある旨、指摘されている。

(e)　秋萩ににほへる我が裳濡れぬとも君がみ舟の綱し取りてば（等理弖婆）　（萬葉　巻十五　三六五六）

(e)の「綱しとりてば」には可能を表す形式は含まれていないけれど、「綱を取ることができるなら」のように解しうるであろう。乙類もこうした明示的な形式によらぬ可能の表現の一例とされるのである。(a)で言えば「こんな恋をせずにいられるなら、死んでしまいたい」と解釈されることになり、たしかに違和感はない。しかし、だからといってむやみに可能を読み込むわけにもいくまい。注(5)の文献は、(e)の「綱を取ること」の如き言語主体に実現の意志ある事態の場合、可能の形式なしで可能の意が生ずると主張している。先に確認したように、注(5)の文献にとって乙類は「目的的性格」を持つわけだから、「ずは」節の事態は言語主体に意志されるものということにもなろう。しかし、これも先述のとおり、そうした「目的的性格」を乙類に認めること自体に疑義があって、だから、この可能の読み込みについてもこのままでは首肯しがたい。そして、仮に可能の読み込みを認めえたとしても、(a)などの扱いは問題であろう。(a)の「恋ひつつあらずは」で可能の意が見出されるはずの用言は、「恋ふ」乃至「あり」である。そして、そのいずれに可能の意を補っても「恋をせずにいられるなら」という解釈は生じない。注(5)の文献は「ずは」が「ざらば」と等価であるとして、その「ざらば」の「あり」に可能を読み「恋をせずにいられるなら」を導くのだが、それは無理であろう。「ずは」が「ざらば」と似た機能を担うとしても、それがそのまま「ずは」に「あり」を分析することにはつながらないのである。

一方、注(4)の文献は、乙類(注(4)の文献の用語では「ずはB」)を次のように解釈している。

「ずはB」は第二節で見たように不可能的仮定条件句を表す。不可能的仮定条件句とは反実仮想の条件句のことだから、「ずはB」は反実仮想表現を構成すると考えられる。

こう述べた上で、乙類に言語化される反事実の事態と、その裏に当たる事実との相関から乙類の表現性を説くのである。(a)を例に挙げながら、その述べるところを確認しよう。

【言語化されている反実事態】

① 「ずは」節事態……「こんな恋をしていないこと」

② 主節事態……「死んでしまうこと」

【言語化されている反実事態の裏となる事実】

(1) 「ずは」節事態の裏となる事実……「こんな恋をしていること」

(2) 主節事態の裏となる事実……「生きていること」

さらに言語主体は、①・②・(1)・(2)の事態それぞれに対して「望ましい（＝望）」もしくは「望ましくない（＝不望）」という印象を持つとされる。

① 「こんな恋をしていないこと」（「ずは」節・反事実）……望

② 「死んでしまうこと」（主節・反事実）……不望

(1) 「こんな恋をしていること」（「ずは」節の裏・事実）……不望

(2) 「生きていること」（主節の裏・事実）……望

言語主体は事実・不望の(1)（＝「こんな恋をしていること」）ゆえに、反事実・望の①（＝「こんな恋をしていないこと」）を求める。そして、その①を実現させるには事実・望の(2)（＝「生きていること」）を捨てて、反事実・不望の②（＝「死んでしまうこと」）を選ぶことすらする。こうした構造が(a)に限らず乙類全体に見出され、それによって乙類独自の表現性が形成されるというのだが、はたしてそうであろうか。

(f)　験なきものをおもはずは（不念者）一杯の濁れる酒を飲むべくあるらし　（萬葉　巻三　三三八）

(f)は著名な「讃酒歌群」の一つである。ここで先の構造における②（＝反事実・不望）は「酒を飲むこと」という事態でなければならないが、これを反実仮想と解する必然性はない。むしろ反実仮想と考えない方が普通であろう。また「酒を飲むこと」は不望とされるほどの事態でもない。これを「死ぬこと」「桑子になること」などと同じく不望とするのであれば、その不望はいきおい内容が希薄な概念にならざるをえず、乙類特有の表現性を説くために設定された先の構造の有用性が揺らいでくるように思われる。さらにそう見なした結果、(f)は「讃酒歌群」十三首全体において「讃酒」のあり方が際立って消極的な歌（即ち「酒を飲んででも、無益な物思いはすまい」といった）になる。注（4）の文献は(f)が歌群冒頭にあることなどから「消極的な讃酒歌から積極的な讃酒歌へ深化している」と述べるけれど、むしろ歌群全体で(f)の消極性のみが突出するのである。そしてそれは、上述の解釈を選択することによってもたらされた突出と言わざるをえない。

既説の検討は以上である。次節以降、本書の見解の詳細に移ることにする。

三

第一節でも触れたが、本書は「ずは」乙類に否定の意を見出さない。と言っても、そのような説は既に存在していた(8)。

話者の意識の中に「こんなにいつまでも徒に恋しく思っていたくない」という気持ちがある為に、それが打消の「ず」となって、現るべからざる「かくばかり恋ひつつあらば」という条件句の中に現れる結果となったものではないかと思う。

注（8）の文献は「ずは」を直接の考察対象とするものではなく、また「ずは」に対して引用以上の言及があるわけでもない。したがって、単に思いつきを述べただけのようにも感じられるけれど、その発想自体はもっともであると思う。

この理解において、乙類「ずは」節のズは否定を意味しないから、「こんな恋をしているのなら」の如く肯定文として了解される。換言すれば「ずは」節に構成されるのは、「こんな恋をしていること」という事実である。その一方で言語主体は、その「こんな恋をしていること」という事実を不望なものと判断していることになる。乙類「ずは」節に否定ではなく不望を読むということの解釈は、全体の文意もよく通っているし、前節に述べた既説の難点とも無縁である。また、事態そのものは事実であっても、それが仮定条件節に言語化されるという例は、上代において他にも存するのであり（用例(g)など）、異とするには当たるまい。

(g)　世の中は恋繁しゑやかくしあらば（阿良婆）梅の花にもならましものを　（萬葉　巻五　八一九）

さらに「こんな恋をしていること」等の乙類「ずは」節に述べられる事態が、言語主体にとって不望なものであるということは、他の既説も認めるところであって、広く了解されていよう。

とは言うものの、注（8）の文献の主張で、もっとも紛糾的なのは、乙類のズを不望という判断に対応して用いられるものと考え、そこに否定の意を読み取らない点である。注（8）の文献は、そのような否定辞の使用に関して「世界の多くの言語において決して珍しくない」ものと述べ、さらには『言語史諸原理』（H. Paul）から次のフレーズを引用している[9]。

かかる否定辞は、非合理的ではあるが、それが置かれることによって、その文全体の意味が否定的になる。

たしかにこの記述には「否定」という語（以下、一つの単語として挙げる場合を「否定」と記す）の持つ二つの側面が示されているだろう。ここに言うところの【かかる「否定」辞】、或いは【「否定」文】などとして用いられる場合、その「否定」の語は文法概念としてのいわゆる否定を意味している。一方、上記の【文全体の意味が「否定」的になる】という使用、または【彼に「否定」的な感情を抱いている】といった文に認められる「否定」とは、対象を「望ましくない」ものとする言語主体の判断のことであろう。こうした「否定」は文法論に言われる否定よりも、むしろ不望との関わりが深いのである。このように「否定」という語一つを取ってみても、否定概念と不望概念との間には相通ずるもののあることがわかる。そして、かかる否定概念と不望概念との相関は、これとちょうど逆の概念である肯定概念と望概念（＝言語主体が事態を望ましいものとする判断）との間にも見出されるであろう。【「肯定」文】という語に見られる「肯定」は肯定概念を、【「肯定」的感情】などにおける「肯定」は望概念を意味していようからである。

では、否定と不望、肯定と望との間に相通ずる面があるのはどうしてか。本書なりにまとめれば、それは「事柄を認める／認めないということ」に存する多層性に由来している。この「事柄を認める／認めない」とは、たとえば窓の外を見て「雨が降っている」或いは「雨が降っていない」と判断するとき、前者では「雨が降っていること」という事柄が認められ、後者では認められていない、まずはそのような意味で用いている。さらに、このレベルでの「事柄を認める／認めないということ」とは、いわば知覚上、その事柄を受容した／しないということである。これは普通の人間であれば皆が同じように判断し、各人の裁量で受容を拒むなどは不可能である。そして、先述の肯定概念と否定概念は、基本的にこのレベルにおける「事柄を認める／認めないということ」に対応しているのだと思う。肯定・否定に知覚上の問題では片づけられないものがあることも事実であろうが、望・不望との対照において肯定・否定が知覚上の問題でありうることを強調して述べておくものである。

一方、人間にとって事柄とは「知覚上、受容した／しない」だけでは済まされない場合も多い。時に知覚上どうであるかなどはうち捨てられ、各人の情意に関わる側面がより重視されもする。ある事柄がいくら知覚に上ってきたとしても、その人の情意のレベルではそれを受容しがたいといったことも始終生じるわけなのである。このような人間一人一人の情意に根差した「事柄を認める／認めないということ」に関わるのが望概念と不望概念であろう。情意よりも理性的に、たとえば「価値判断」のレベルで「事柄を認める／認めない」こともあろうから、望を「妥当」、不望を「不当」とでも称したほうが相応しい場合もあるかとは思う。しかしながら、本書の論点に沿って、ここでは情意の方に焦点を当てておきたい。

これを具体例に即して述べよう。たとえば待ち合わせをしていた太郎が定刻に見当たらなかったとする。そのとき「太郎が来ていること」という事柄は、当然、知覚には上らない。つまりは「太郎が来ていること」は認められていない（＝否定されている）。「太郎が来ていない」という「否定」文がこうした否定概念によるものであることは先に述べた。一方、部屋に入ったとき、できれば会いたくなかった太郎の姿を見つけて「太郎が来ている」と判断した場合、知覚というレベルではその事柄を認める（＝肯定する）ほかないとしても、情意のレベルではそれを認めがたい気持ちが抑えられないこともあるだろう。そして、この意味での「事柄を認めないということ」に関わるのが不望概念としての否定なのであった。

ここまで否定概念は知覚において「事柄を認めないということ」、不望概念は情意において「事柄を認めないということ」に対応するものと考えた。個々の実例に際しては、この記述に何らかの処置を施す必要も出てくるだろうが、大枠としては以上のとおりであると考える。そして、かかる否定概念と不望概念の連続を基盤として、否定文は不望の表現へと転じうるのである。本書の考える「ずは」乙類はその一例であるが、上記の事項に加えて否定文が用いられる実際の環境というものが、否定文における不望概念の前景化をもたらすのでではないか。

再び窓の外の降雨を例にとる。窓の外を見て雨が降っていたとき、それにまったく注意を払わないこともあろうが、ともかくも一切の前提抜きに「雨が降っている」と判断することはできる。そこで雨が降っているのを見た以上、そのまま「雨が降っている」との判断が可能なのである。しかし、否定文「雨が降っていない」の場合はそうではなかろう。いくら雨が降っていなかったとしても（=「雨が降っていること」という事柄が知覚上、認められなかったとしても）、そこに存在しない事柄は「雨が降っていること」に限らない。むしろそこにはほとんど無数の事柄が存在していないのである。それら無数の存在していない事柄の中で「雨が降っていること」だけが選ばれて「雨が降っていない」という否定文が産み出されるには、何らかの前提があるはずである。その前提の具体的なあり方として、言語主体の「予想」を挙げることができるだろう。「雨が降っていない」現状が「雨が降る」という予想に反していた、もしくは「雨は降らない」という予想どおりだったのなら、そこで「雨が降っていない」という判断がなされることも自然なのである。さらに、この予想はただ蓋然性を云々するだけではなくて、そこに言語主体の情意が纏わってくることも珍しくない。即ち「期待」と「危惧」である。そして、これら期待・危惧といった情意的な予想は、否定文が使用される際の前提となりえ、それに応じて否定文の側にも不望の情意との接点が生まれてくる。

まずは「雨が降ること」を期待、もしくは「雨が降らないこと」を危惧する場合である。否定文「雨が降っていない」の言語主体は、自身に与えられた雨が降っていない現状を不望視する。換言すれば、言語主体は【「雨が降っていること」という事柄が認められない現状】を不望の対象とするのである。これとは逆に、言語主体が「雨が降らないこと」を期待し、或いは「雨が降ること」を危惧していたときは、否定文「雨が降っていない」に孕まれる言語主体の不望の情意は【「雨が降っていること」という事柄】をその対象とすることになる。即ち、否定文の中には二通りの不望のありかが想定される。それを次にまとめるが、否定文「雨が降っていない」を「雨が降っている」＋「ない」と図式化し、不望の対象となりうる部分に二重傍線を施した。

【α型】否定文：「雨が降っている」＋「ない」
　否定文に前提する期待↓「雨が降ること」
　否定文に前提する危惧↓「雨が降らないこと」　を淵源とするタイプ。

【β型】否定文：「雨が降っている」＋「ない」
　否定文に前提する期待↓「雨が降らないこと」
　否定文に前提する危惧↓「雨が降ること」　を淵源とするタイプ。

以上のように期待・危惧との二つの関わり方に応じて、否定文には二種類の不望のありかが用意されることになる。もちろん期待・危惧を前提とする環境で現れた否定文が、すべて不望の情意を露わにするというのではない。期待・危惧を伴って言語化されてきた経験を通して、否定文は自身に不望の情意を潜在させることとなった。そして、機会を得れば自身が孕む不望を前景化させ、否定以外のニュアンスが勝った文へと転じていく。そのような転化をなしうるだけの準備が否定文の中で整えられているということなのである。

それでは、否定文はいかなるおりに不望を前景化させうるのか。それは否定文である必要がなくなる場合かと思われる。その、否定文である必要がなくなる場合として、まず疑問文を挙げることができるだろう。疑問文は論理的には肯定文から作っても否定文から作っても同じことだから、疑問文における肯否の併存は重複的である。肯定・否定の両方が存在している必要はないのである。そのとき、通常の疑問文として用いられるのは肯定文の方で、これは、肯定と否定では肯定のほうが無標であることからすれば自然な現象と言える。一方の否定文は疑問文の体裁をとりつつ（いわゆる「否定疑問文」である）、疑問を肯定文に委ねて別種の表現性を帯びる自由を得る。その表現性には様々ありえようが、ここでは本書の論述に関わる限り「明日来ない？」という否定疑問文を取り上げる。

肯定文由来の「明日来る？」であれば、状況に応じてそこに何らかの情意が漂うことはあっても、まずは通常の疑問文としてよいだろう。しかし「明日来ない？」の場合、その文に接した人は疑問文というよりも「勧誘」の表現と受け止めるはずである。そして、この勧誘という表現性は、否定文に孕まれる不望性を所以とするのである。先のα型・β型に即して述べれば、これら勧誘の表現となるタイプはα型である。つまり「（あなたが）明日来ること」＋否定の全体が不望の対象とされている。「（あなたが）明日来ること」＋否定が不望とされることとの裏返しとして、「（あなたが）明日来ること」は望の事態という位置づけを受けることになり、かかる言語主体の「（あなたが）明日来ること」＝望という判断が勧誘の表現に馴染むものかと思われる。

こうした事情は勧誘以外の表現となる場合においても同様であろう。たとえば「あの人、明日来ないかな」と「あの人が明日来ること」を期待する文も、否定文・α型の「あの人が明日来ること」＋否定＝不望∴「あの人が明日来ること」＝望という構造に則っているわけである。その一方で、この「あの人、明日来ないかな」は「来ることの期待」とはまったく逆の解釈も成り立つ。即ち「あの人が明日来ること」を危惧するものとの解釈も可能なのである。こうした「来ることの危惧」というニュアンスは、先のα型・β型のうち、今度はβ型に基づく。つまり「あの人が明日来ること」＋否定のうち「あの人が明日来ること」の部分が不望の対象とされており、よって「あの人が来ること」を危惧する表現たりうるわけである。

以上のように、否定疑問文はα型に基づいて勧誘や期待、β型に基づいて危惧などの表現となりうる。そして、そのどちらであっても、我々はこれらの文を否定文であるとは感じない。いくら文中に「ない」とあっても、これらはあくまで「来ること」を期待したり、危惧したりする表現として理解される。「ない」が文にもたらすものは否定よりもむしろ不望なのである。これは、この手の否定疑問文と同時代に生きる人間には直観的にわかることだけれど、リアルに表現性を感じ取ることのできない後代の人間にとってはいかがか。そこに否定辞と考えられる「ない」がある以上、まずは否定文と考えて、その否定性をいろいろと取り沙汰することになろう。そして上代語においても、この否定疑問文に類する現象があったのではないだろうか。「希求」の表現となる「ぬか」がそれである。

(h)　ひさかたの雨も降らぬか（糠）雨つつみ君にたぐひてこの日暮らさむ　（萬葉　巻四　五二〇）

(i)　またも逢はむよしもあらぬか（奴可）白たへの我が衣手に斎ひとどめむ　（萬葉　巻四　七〇八）

見られるとおり、ここには「ぬ」＋「か」とあるから、これらは体裁上、否定疑問文であると言え、かつ、先のα型に属するものと考えられる。(h)では「雨が降ること」＋否定、(i)では「会うすべが存在すること」＋否定という全体が不望のありかであり、それゆえに「雨が降ること」及び「会うすべが存在すること」＝望となって、「雨が降ること」と「会うすべが存在すること」を希求する表現たりうるのである。

このような「ぬか」の文は、同じ否定疑問文というかたちで現代語に類推可能なタイプが存在する。我々は直観的に「雨が降らないかな」の如き現代語に置き換えて希求の意を読み取り、「ぬ」とあっても否定を解釈しようなどとは思わない。その一方で、本章の扱う「ずは」乙類には現代語に類推可能な文がない。だから、より話が複雑にもなるけれど、結局これもズが必ずしも否定にはならないタイプの一つなのである。「かくばかり恋ひつつあらずは」を例に取れば、「かくばかり恋ひつつあり」＋ズのうち「かくばかり恋ひつつあり」

が「不望」の対象とされる先のβ型である。ただし「ずは」乙類は疑問文ではないから、ただちに「ぬか」などと同様に扱うことはできまい。「ずは」乙類はいかにして否定よりも不望性を露わにしえたのであろうか。次にそのことを述べていかなければならない。

四

本節では、仮定条件節という構文的環境において、「ずは」節が否定よりも不望を前景化させるに至った経緯を考える。その際、条件文では、前節に述べた否定疑問文と同様、肯否の併存が必要とされない場合のあることに注目したい。「XならばYである」（＝肯定）が成り立てば、同時に「XでなければYでない」（＝否定）も成り立つために、肯定が否定を含意してしまうケースである。もちろん「梅雨になれば雨が降る」と言っても「梅雨にならなければ雨が降らない」と言ったことにはならないが[10]、実際の条件文使用においては肯定が否定を含意することもあろうと思うのである。たとえば次の(c)。

(c)　なかなかに人とあらずは（不在者）桑子にもならましものを玉の緒ばかり　（萬葉　巻十二　三〇八六）

(c)をふまえた「なまなかに人であるのなら、桑子にでもなってしまいたい」の場合、これは、その逆たる「なまなかに人であるのでなければ、桑子になどなりなくない」を含意するだろう。こうした例では「Xならば」の後件が「Yである」となることに並行して、「Xでなければ」からは機械的に「Yでない」が導かれる。さらに、ここでの「XでなければYでない」（＝「なまなかに人であるのでなければ、桑子になどなりたくない」）が、ことさらに表現する意味のない内容であることにも注意される。人としての不本意なあり方ゆえに桑子になることすら厭わぬという「XならばYである」の極端さこそが、この事柄を言語化してみせたことの意味であると言え、逆の述べ方をとった「XでなければYでない」（＝「なまなかに人としてあるのでなければ、桑子になどなりたくない」）ではあまりにも当たり前なのである。だから、この手の「XでなければYでない」はまず言語化されることがない。したがって「XならばYである」という肯定の側のみが存在すればそれで事足り、否定辞は宙に浮く。このとき、ズは本来の否定文構成を免れ、他の用途へと展開できるようになるのである。

ここまで、仮定条件節という構文的環境は、ズに否定の意から離れた用途をもたらしうるものであることを述べた。次には、そのように否定を離れたズが、仮定条件節において不望の意を表すに至った経緯について考えたい。その際、重要になってくるのは反実仮想ということである。本書の見た範囲で、「ずは」乙類全二八例のうち十九例が主節の述語にマシを持ち、反実仮想の表現を構成している。また、マシではなくても、次の(j)の如く反実仮想の解釈を受けるものも多い。

(j)　わが思ひかくてあらずは（不有者）玉に毛我（もが）まことも妹が手に巻かれむを　（萬葉　巻四　七三四）

第二節でも触れたとおり、「ずは」乙類のすべてを反実仮想とする既説も見られるくらいだから（本書は反実仮想ではない例もあると考えるが、これについては後述する）、「ずは」乙類と反実仮想の縁の深さは広く知られるところであろう。そして、この反実仮想が不望の意とも密接な関わりを持つのである。

人があえて反事実の事態を言語化する動機の一つには、事実を不望視する心情がある。ことに上代においてはその傾向が顕著で、第二部第一章で述べたとおり、上代のマシによる反実仮想とは、基本的に言語主体が事実を不望視することの結果であった。その典型的なパターンとして(k)を挙げることができる。

(k)　我が背子と二人見ませば（見麻世波）いくばくかこの降る雪の嬉しからまし（懽有麻思）

（萬葉　巻八　一六五八）

(k)の言語主体は「我が背子と二人で雪を見ること」が実現せず、それを不望視している。だから、そのような不望な事実の裏に当たる事態を仮想するのである。その際「我が背子と二人見ましを」と不望な事実の裏がそれ単独で述べられることも、もちろんあるだろうが、「我が背子と二人で雪を見ること」が実現した後には、どんな事態が生ずるのかといったことを含めて仮想してみるというのも一つの自然である。その場合、文は「二人見ませば、うれしからまし」という条件文の体裁をとることになって、それが(k)なのである。マシには、仮定条件節に現れることが多いとの指摘がなされるが、それは反実仮想という発想が上述の如きあり方を持つことによってもたらされた現象であろう。

以上のように、上代の条件文の形をとった反実仮想の表現において、仮定条件節に構成される事態（たとえば「我が背子と二人見ませば」）は事実を不望視する言語主体の心情に基づくものであった。したがって反実仮想の文の仮定条件節は、時に不望な事実をそのまま言語化することがある。たとえば次に再掲する(g)などがそれに当たる。

(g)　世の中は恋繁しゑやかくしあらば（阿良婆）梅の花にもならましものを

（萬葉　巻五　八一九）

「恋に苦しむこと」という不望な事実が反実仮想表現における仮定条件節に述べられているわけである。

このような反実仮想表現における仮定条件節の性格（不望な事実の言語化に馴染むという）を背景として、「ずは」乙類という文も生まれてきたのだと考える。反実仮想表現における仮定条件節という不望な事実が構成されやすい場所において、ズが事実に対する不望の情意の表出のために活用されたのである。本章冒頭の(a)を再び引こう。

(a)　かくばかり恋ひつつあらずは（不有者）高山の岩根し枕きて死なましものを　（萬葉　巻一　八六）

ここで言語主体は「かくばかり恋ひつつあること」という不望な事実に直面している。それゆえに「死んでしまうこと」という、実際には実現不可能な事態が仮想されるわけだが、その際「かくばかり恋ひつつあること」へ向けられた自身の不望の情意をズに託して表出しているのである。前節の分類によれば、否定辞上接の事態を不望の対象とするβ型ということになる。

そして、このようなβ型の使用が「ずは」において実現し、乙類という表現を生じさせるに至ったことの前段には、**【反実仮想の表現となる「ずは」甲類】**の存在があった。このことにも注意を要する。以下はその反実仮想の「ずは」甲類全四例である。

(l)　あひみずは（不相見者）恋ひざらましを妹を見てもとなかくのみ恋ひばいかにせむ　（萬葉　巻四　五八六）
(m)　はじめより長く言ひつつ頼めずは（不令恃者）かかる思ひにあはましものか　（萬葉　巻四　六二〇）
(n)　さす竹のよ隠りてあれ我が背子が我がりし来ずは（不来者）我恋ひめやも　（萬葉　巻十一　二七七三）
(o)　ま梶貫き船し行かずは（由加受波）見れど飽かぬ麻里布の浦に宿りせましを　（萬葉　巻十五　三六三〇）

これらの「ずは」節は甲類であるから、容易に「否定を含んだ仮定条件節」として了解される。問題なく「会うことがなかったら」（用例(l)）、「信頼させるようなことを言わなかったら」（用例(m)）、「我が背子が来なかったら」（用例(n)）、「船が行かなかったら」（用例(o)）といった読みが成り立つのである。したがって、これまで乙類のようには特に問題とされてもこなかった。しかし、この四例を仔細に見れば、そこには否定と同様、不望性が認められるだろう。これらには、「相見」たから恋が募ってしまった（用例(l)）、相手が「恃め」たばかりに苦しい思いをしている（用例(m)）、我が背子が訪れて「来」たから恋に悩まされることになった（用例(n)）、船が「行く」ために麻里布の浦に停泊できない（用例(o)）といった事実があって、それは皆、言語主体にとって不望な事実なのである。換言すれば、この四例は、ズ上接部の「相見る」「恃む」「来る」「行く」が言語主体によって不望視されるβ型の側面を持っている。その点でこれらは乙類との共通点を有するのである。

かかる甲類の例はおそらく以下のような事情で生まれてきたのであろう。まず、先にも述べた上代における反実仮想の典型として、これらの「ずは」節は不望な事実の裏となっている。即ち「相見ること」「恃むこと」「来ること」「行くこと」という不望な事実が在するからこそ、その裏に当たる「相見ずは」「恃めずは」「来ずは」「行かずは」という「ずは」節が構成されるのである。これらの「ずは」節は一義的には「否定を含んだ仮定条件節」としてよかろうが、そもそもこれら反実仮想の文は事実を不望視する言語主体の心情に由来するものであった。「相見ずは」「恃めずは」「来ずは」「行かずは」という「否定を含んだ仮定条件節」の背後から「相見ること」「恃むこと」「来ること」「行くこと」への不望の情意が漂ってくるような文なのである。そして、ズはこのような環境にいかにも相応しい形式だったと言えるであろう。つまり、前節で確認したとおり、否定とはもともと不望と転一歩のところにある概念である。否定辞は状況が許せば不望の表現を構成してしまう素地を持つのであった。これら甲類「ずは」節のズも、反実仮想の条件文という環境にあって、否定を意味しながら不望の情意の表出にも堪えうるような形式として重宝されたものかと思われる。

以上の如き経緯によって、用例(l)(m)(n)(o)に見られる反実仮想の「ずは」節に不望との接点が生じた。それら(l)(m)(n)(o)におけるズは否定を意味しつつも不望の情意の表出にも与るものと考えられたわけである。そして否定を離れて不望のみを意味する「ずは」乙類とは、こうした(l)(m)(n)(o)の如き「ずは」甲類の延長線上に置かれるタイプなのである。既述の如く反実仮想表現における仮定条件節は不望な事実そのものが立つ（用例(g)など）。そのような環境にも支えられて、ズをもっぱら不望のために用いられる乙類が現れてきたのであろう。

そうした「ずは」乙類の嚆矢となる例として（実際にそれら自身がそうであったかはともかく）、次に引く(p)(d)の如きタイプを想定する。

(p)　後れ居て長恋せずは（世珠波）み園生の梅の花にもならましものを　（萬葉　巻五　八六四）

(d)　秋萩の上に置きたる白露の消かもしなまし恋ひつつあらずは（不有者）　（萬葉　巻八　一六〇八）

第一に、これら(p)(d)は反実仮想の文の仮定条件節となっている。「ずは」乙類が、まず反実仮想表現における仮定条件節として生まれたであろうことはいま述べたとおり。次いで、(p)(d)のような場合は「否定を含んだ仮定条件節」を言語化する必要がない。これも先の言及と重なるが、再度(p)(d)に即して確認する。(p)(d)などのタイプでは、肯定の条件文「XならばYである」（＝「こんな恋をしているなら、梅の花にでもなりたい」「こんな恋をしているなら、露のように消えてしまうのだろうか」）によって否定の条件文「XでなければYでない」も含意される。その恋をしていなければ梅の花になることを希望はしまいし、自分が露のように消えてしまうという想定をするはずもないのである。さらに、これらの「XでなければYでない」は、ことさらに言語化する必要もないほど当然な内容を持っている。こうした環境においてズが否定辞として現れる必要がなくなることも既に述べた。加えて(p)や(d)には「ずは」ならぬ形で類想の例が存在する。それを(P)(D)として挙げる[11]。

(P)　世の中は恋繁しゑやかくしあらば梅の花にもならましものを　（萬葉　巻五　八一九）

(D) 夕置きて朝は消ぬる白露の消ぬべき恋も我はするかも　（萬葉　巻十二　三〇三九）

このような類例が見られる程度に、(p)(d)における「恋ゆえに梅の花となってしまいたい」「恋ゆえに露と消えてしまう」という発想は一般的なものである。したがって、(p)(d)にズが見出されても、上代人がこれらを「恋をしていないなら」のように否定文として理解してしまう危険性は低いであろう。

さらに、そもそも仮定条件節においては、現実世界における真とか偽といったことが律儀に表示されないことがあり、そのことも(p)(d)の如き「ずは」の使用に関連を持ってくるかと思われる。つまり、仮定条件とは現実世界に実際その事態がある（＝真）、または無い（＝偽）とわかっていても、「仮に真だったらこうなる」と述べてしまえるような文である。即ち、仮定条件節は現実世界における真偽の表明を重視したいような場所ではない。したがって、仮定条件節では、そこに言語化される事態が（もしそれを問うとするならば）事実であるのか、それとも反事実なのかを、相手の解釈に委ねて積極的に表示しないという現象がまま起こる。

(q) 家にありて母が取り見ば（刀利美婆）慰むる心はあらまし死なば死ぬとも　（萬葉　巻五　八八九）

(r) 桜麻の麻生の下草早く生ひば（生者）妹が下紐解かざらましを　（萬葉　巻十二　三〇四九）

上代において反実仮想の条件節を構成する形式として、まずマセバを挙げることができるだろう。さらに、相当程度、反実条件であるようなものにセバもある。反事実であることを明示する方途としてそれらが存在していたにもかかわらず、(q)(r)では単に「取り見ば」「生ひば」と述べて、それが反事実であることはまったく解釈に委ねられる。反事実の形式（マセバ等）によらず、事実でもありうる形（たとえば「動詞未然形＋バ」など）によって反事実の内容を述べてしまっても、解釈する側が反事実と受け取ってくれるのである。そして、これと似たような事情が「ずは」節にも認められるのではないだろうか。つまり、ある事態をズによって否定するということは、その事態が反事実とされているということである。このように、仮定条件節という環境で反事実の事態が言語化される、という点において、「ずは」節は(q)(r)などの例と通う。そうであるならば、(q)(r)という、事実でもありうる形によって反事実の内容が表されていたことと並んで、反事実たりうる形・ズが事実を表す（つまりは否定を意味しない）ということもありうる現象と言えよう。その文にズとあっても、内容上、事実と解した方が相応しそうであれば、解釈する側が自然とそう理解してくれるのである。ことに(p)(d)はズが否定離れしやすい環境にあり、かつ、そこにズとあれ、内容上、否定を解釈しないことの妥当性が認められた。そのような例では、聞き手も融通を効かせやすかったものと思われる。

こうして乙類が乙類として確立されてくれれば、肯定の条件文「XならばYである」によって否定の条件文「XでなければYでない」が含意されるわけではないタイプ、及び反実仮想の文の仮定条件節とはなっていないタイプも現れてこよう。その例として(f)を再掲する。

(f)　験なきものをおもはずは（不念者）一杯の濁れる酒を飲むべくあるらし　（萬葉　巻三　三三八）

(f)の場合、肯定の条件文「無益な物思いをしているなら、酒を飲むのがよい」によって否定の条件文「無益な物思いをしていないなら、酒を飲まなくてよい」は含意されない。さらに、主節の述語に見出される「モダリティ」形式はラシなのであってマシではなく、内容的にも反実仮想と読むべき理由はないのである。また、次の(s)も反実仮想の例ではなかろう。(s)の主節で述べられているのは、今後の生起が不可能な事態（＝反事実）ではなくて、この先、生じうるものとされる事態（＝非事実）だと考えられる。

穂積皇子に勅して、近江の志賀の山寺に遣はす時に、但馬皇女の作らす歌一首

(s)　後れ居て恋ひつつあらずは（不有者）追ひ及かむ（武）道の隈廻に標結へ我が背　（萬葉　巻二　一一五）

(s)は但馬皇女の穂積皇子への恋を詠むもので、一一四・一一六番歌と一つの歌群をなしている。萬葉集中「後れ居て」乃至「恋ひつつあらずは」とある歌は、主節の述語にマシを持つのが通例である。しかし、見られるとおり、この(s)で用いられているのはムであった。その、あえてムを選択しようとするところに、但馬皇女のあくまで「追い及くこと」を実現させようとする意志が読まれてよいだろう。即ち、この(s)は反実仮想の歌ではない。ただし、そのように考えると、(s)は他の「後れ居て」或いは「恋ひつつあらずは」を持つ例に比して異質な歌ということにはなる。けれども、この歌群からは但馬皇女の恋を遂げようとする強い意志が一貫して読み取られ、その恋情の強さゆえに、歌の詠みぶりにも類例とは異なった性格が現れるとの指摘も見られる(12)。こうした指摘をふまえると、(s)が「後れ居て」「恋ひつつあらずは」とありつつ、「追い及かむ」と述べて反実仮想の表現にはならないのも、ゆえあることと言えるのではないだろうか。

見てきたように、乙類とは、反実仮想となる甲類の延長線上、したがって、それなりにもっともな現れ方をした語法である。その脈略が辿りうる限り、また、そうした語法を生み出した時代の好尚というものもあろうから、一時期、盛んに用いられたのであろう。しかし、ズとあって否定の意が跡を留めぬとは意味変化の行き着く果てとも言える。時間が経って元のズとの関連が問いづらくなり、ということは、その存立の基盤が危うくなって廃れていくのもありうる成り行きであろう。やはり「上代特殊語法」であったかと思われる。

〔注〕

（1）萬葉集の和歌を引用する場合は『日本古典文学全集』（小学館）の表記に従った。

（2）「〜ずはやまじ」という類型表現も八例あるにはあるが、結局は甲類に収斂する類のものと考えて本章では特に言及しない。その例を挙げておく。

　海の底沈く白玉風吹きて海は荒るとも取らずは（不取者）やまじ　（萬葉　巻七　一三一七）

（3）渡辺実『国語構文論』（塙書房、一九七一年）。

（4）小柳智一「『ずは』の語法—仮定条件句—」（『萬葉』一八九、二〇〇四年）。

（5）山口堯二「『ずは』の表現性」（『古代接続法の研究』明治書院、一九八〇年）。

（6）鈴木義和「いわゆる『上代特殊語法のズハ』の解釈—推量型、勧誘・意志型の場合—」（『国文学論叢』三三、二〇〇三年）。

（7）「順行ではない例」として次のようなタイプが挙げられる程度である。

　生の緒に思へば苦し玉の緒の絶えて乱れな知らば知るとも　（萬葉　巻十一　二七八八）

（8）濱田敦「上代における願望表現について」（『国語史の諸問題』和泉書院、一九八六年）、同「肯定と否定—うちとそと—」（『日本語の史的研究』臨川書店、一九八四年）。引用は「上代における願望表現について」による。

（9）引用は注（8）の「肯定と否定—うちとそと—」による。

（10）いわゆる「誘導推論」については、坂原茂（『日常言語の推論』東京大学出版会、一九八五年）に詳しい。

（11）特に(p)と(P)の間には、実際の「恋」のあり方に差異もあろう。が、あくまで表現としては類想なのである。

（12）蝦名翠「但馬皇女・穂積皇子『歌物語』考」（『国語と国文学』八四—一、二〇〇七年）。

第五章　助詞ハの諸相

一

文中に現れて、名詞や名詞＋助詞、及び、その他の連用語に接続したハ（これらを「文中の名詞類＋ハ」と称する）は、概ね「主題」乃至「対比」を意味するものと考えられている。

「主題」のハ

(a) 世の中は（波）空しきものと知る時しいよよますます悲しかりけり　（萬葉　巻五　七九三）(1)

「対比」のハ

(b) 慰めて今夜は（者）寝なむ明日よりは（者）恋ひかも行かむこゆ別れなば　（萬葉　巻九　一七二八）

このうち「主題」については、論者の依って立つ文法論の如何によって、むしろ「主語」と称すべきである等の見解もあろうが、本書においては、そうした「主題」概念及び「主語」概念に纏わる議論は行われない。(2) ともあれ、述語がそれに関して何事かを述べているもの、ゆえに、文の中で述語に対峙するもう一項として存在することになるもの、その提示に与るハを、一般的な用語をここでも用いて「主題」のハと呼んでおく。また、

「対比」のハについては、「主題」のハと関連づけた理解が可能かと思われるが、既に多くの言及もあり[3]、本書の範囲では省略に付するものとする。

これら「文中の名詞類＋ハ」による「主題」の提示とは、助詞ハの典型的な用法ではあろう。しかし、あくまでそれは、ハが文に現れたときに取る姿の一つでもある。ハという助詞の本質的な性格を知るためには、ハの「主題」ならざる使いざまを検討し、それと「主題」との関連を問うことが求められる。本章においてもそれをしてみたい。その際、考察対象とされるのは、「文中の名詞類＋ハ」以外の諸例である。上代のそれらは次のような分布を示している（ハが他の助詞を伴ったものも含まれる）。

「文末のハ」

【A】「喚体句」末の名詞＋ハモ・ハヤ

ハモ：二七例、ハヤ：十二例

【B】文末のク語法＋ハ　一例

「述語＋ハ」

【C】非主節の述語に相当する用言類＋ハ

形容詞連用形＋ハ：十一例、助動詞ズ連用形＋ハ：六三例、

動詞テ形＋ハ：二一例（うち確例は十一例）

【A】【B】のハは文末に位置し、【C】はハが文中にあるが、述語に接続している。「文中の名詞類＋ハ」とは区別される所以である。加えて、これら【A】【B】【C】の諸例は、あえて結びつけようとしない限り、「主題」性、「対比」性を見出しがたい。その点でも、「文中の名詞類＋ハ」と様相を異にしている（一部、例外も

存するのだが、それについては後述）。本章は、まず次節において【A】と【B】二つの「文末のハ」を論じ、第三節で【C】の「述語＋ハ」を論ずる。そして、先に記したとおり、【C】には、前章で論じた「ずは」が含まれる。ズ＋ハが仮定条件節となりうる所以は、ハのいかなる性格に求められるものであるか。本章は、そのことにも関説する。

二

(c) 防人に立ちし朝明の金門出に手離れ惜しみ泣きし児らはも（婆母）　（萬葉　巻十四　三五六九）

(d) 嬢子の床の辺に我が置きしつるきの太刀その太刀はや（波夜）　（記　三三）

先に【A】とした、文末に位置するハモ・ハヤの例である。これらハモ・ハヤについて、『時代別国語大辞典上代編』（三省堂、一九六七年）は次のように記載している。

ハモ　話し手と過去に特定の交渉があって、現在は存在していないものや、遠く離れているものの表現に適している。

ハヤ　既にないもの、まさになくなろうとするものへの愛惜。

ハモ・ハヤ共に、言語主体の眼前にない対象との関わりの深さが窺われるわけだが、たしかに(c)と(d)もこの記述に妥当していよう。(c)は、防人となった言語主体が、別れを惜しんで泣いていた妻を想起するものだし、(d)では、美夜受比売の許に残してきた草薙剣への、倭建命の思いが表出される。いずれもハモ・ハヤに上接するのは、言語主体の眼前にはない対象なのである。この類例を追加しておく。

(e) 梯立の倉椅川の石の橋はも（者裳）男盛りに我が渡してし石の橋はも（者裳）（萬葉 巻七 一二八三）

(f) 故、其の坂に登り立ちて、三たび歎きて、詔ひて云ひしく、「あづまはや（波夜）」といひき。（記 中巻）

(e)では、かつて自身が倉椅川に渡して、今はそこにない飛び石が詠まれる。(f)は倭建命が、先に自分の身代りとなって入水した弟橘比売を思うものである。

先の諸例に言語化されているのは、明らかに嘱目の対象ではなく、言語主体の眼前にないという性格が直截に現れていた。けれども、そこに時間という要因が関与してきて、その性格に若干の変容がもたらされるタイプも見られる。まず、次の(g)に関わるのは過去という要因である。

(g) さねさし相模の小野に燃ゆる火の火中に立ちて問ひし君はも（波母）（記 二四）

入水にあたって、弟橘比売が「君」を思って詠ずる。ここで「君＝倭建命」は弟橘比売の前に存在していると考えられるけれど、(g)で言語化されているのは、その「今ここにいる倭建命」ではなく、それと二重写しになった、過去時の（即ち、眼前にはない）「火中に立ちて問ひし君」なのである。次に未来という要因が関与する例。

(h) 故、阿治志貴高日子根神は忿りて飛び去りし時に、其のいろ妹高比売命、其の御名を顕はさむと思ひき。

故、歌ひて曰く、

天なるや弟棚機の項がせる玉の御統御統に穴玉はや（波夜）み谷二渡らす阿治志貴高日子根の神そ

（i）　爰に新羅人、恒に京城の傍の耳成山、畝傍山を愛づ。即ち琴引坂に至りて、顧みて曰く、「宇泥咩はや（邑椰）、弥弥はや（邑椰）」といふ。是風俗の言葉を習はず。故、畝傍山を訛りて、うねめと謂ひ、耳成山を訛りて、みみと謂へらくのみ。……皇子、即ち悉に新羅の使者を禁固へたまひて、推へ問ふ。時に新羅の使者、啓して曰さく、「采女を犯すこと無し。唯京の傍の両の山を愛でて言ししくのみ」（允恭紀　四二年十一月）

（j）　高光るわが日の皇子の万代に国知らさまし島の宮はも（婆母）（萬葉　巻二　一七一）

（k）　……大君に堅く仕へ奉らむと我が命長くもがと言ひし工匠はや（皤夜）あたら工匠はや（皤夜）（紀　七八）

（h）と（i）は、言語化の際には眼前に存在するものの、差し迫った未来において失われることになる対象が構成される。（h）の「穴玉はや」に関しては、「穴玉はやみ」との訓みも無いではないが、ここでは「まずその玉を讃嘆し、次いで、その玉のように麗しく谷を二つお渡りになる高日子根神だと続くように理解されている」という見解に従う。[4]ハヤ上接の「穴玉」に喩えられる阿治志貴高日子根の神は、この後すぐに飛び去って、言語主体の許を離れていくのである。（i）は、新羅人使節が帰国の際、畝傍山・耳成山への惜別の思いを口にしたところ、「うねび」を「うねめ」と言い違えて「采女」への情意と誤解され、大泊瀬皇子に捕縛されたもの。一方、（j）と（k）は、いま言語主体の眼前に存在しているかどうかは不明だが、この先、失われる対象を構成する点で、（h）（i）に通底するタイプである。（j）では、舎人が、草壁皇子の死後、衰亡していくであろう「島の宮」への思いを詠ずる。（k）は、秦の酒の公が、雄略天皇に対し、工匠が処刑されることを惜しみ、戒めるものである。これら（h）から（k）においては、未来時での喪失を織り込んだ上で、ということは、既に失われているものと本質的には変わりないものとして、それぞれの対象が構成されるのだった。

確認してきたとおり、ハモ・ハヤの文は、その全体を通じて「言語主体の眼前にない対象」及び「言語主体の許から失われようとしている対象」を構成する。以下、それらを「非存在対象」と呼ぶことにしよう。かかる定義上、本書の「非存在対象」には、たとえば用例(c)がそうであるように、嘱目ではないが、どこかに実体は存するものも含まれるので、その旨、断っておく。

(c) 防人に立ちし朝明の金門出に手離れ惜しみ泣きし児らはも（婆母）（萬葉 巻十四 三五六九）

そして、この「非存在対象」ということに関わって注目されるのが、前節の【B】文末のク語法＋ハなのである。次にその例を引く。

(1) 妹が紐とくと結びて龍田山見渡す野邊のもみぢけらくは（倶婆）（歌式）

この(1)に関しては、「『は』の純然たる終止用法の例は上代にては先づ右一つのみの様であるが」との言及が見られる。(5) たしかに、本書の調べる範囲でも、単独のハが文末に存するのは(1)のみであった。ただし、(1)のハには倒置的な質、即ち「係」用法への還元を可能とするような質が看取されるとの指摘もある。(6) そうであるならば、(1)のハは「主題」のハに連絡される可能性を有するであろう。このことを念頭に置く必要はあるのだが、本書が着目したいのは、(1)に言語化されている事態の性格である。

(1)では「妹の許からの出立」が詠ぜられており、「もみちけらく」とは、その際に言語主体が見渡した情景である。即ち、言語主体にとって「もみちけらく」は、今は眼前にあるものの、今後、失われることになる対象に当たる。その点、この(1)は先の(i)などと変わるところがない。(i)の畝傍山・耳成山は、今は眼前にあるものの、今後、失われることになる対象という意味づけを施されており、ハヤもそれに応じて出現していた。(1)の場合も同様ではないか。つまり、ここでの「もみちけらく」は単なる紅葉のさまではなく、今は眼前にあるものの、今後、失われることになる対象という意味づけを受けている。そうであるがゆえに、ハを下接させるのである。

以上、本書は【A】と【B】いずれもが「非存在対象」を言語化する文だと考えた。この「非存在対象」の言語化については、次節で改めて触れることになるが、ここでは、ハモ・ハヤの文という個別をもう少し詳しく観察する。

『時代別国語大辞典上代編』に「愛惜」と記されるように、ハモ・ハヤの文からは、言語主体の痛切な情意が窺われた。しかし、ハモ・ハヤの文はそれ一色なのではない。たとえば、先に引いた(h)から読み取れるのは、阿治志貴高日子根の神への「賞賛」であろう。また、次の(m)や(n)の場合は「希求」の色彩を帯びるかと思われる。

(m)　小山田の池の堤にさす柳成りも成らずも汝と二人はも（波母）　（萬葉　巻十四　三四九二）

(n)　後、御病を得て、勅りたまひしく、「薬はや（者也）」とのりたまひき。　（播磨国風土記　賀古郡）

(m)では、占いの結果の如何によらず「常に汝と二人であること」が望まれ、(n)は景行天皇が発病して薬を求める例と解されている。どちらの言語主体も、現時点では非存在である対象の存在を「希求」していよう(7)。これら「愛惜」「賞賛」「希求」等は、そのようにラベルを貼るならば、それぞれ異質のものであるほかない。しかし、「非存在対象」の言語化にあたって、非存在を慨嘆することと、その存在を望ましいものとすることとが截然と分離されている保証などない。両者が綯交ぜになっていたとしても不自然ではないのである。ハモ・ハヤの文は、そもそも、文脈上「愛惜」にも「賞賛」「希求」にも亘りうるような幅を持っているのだと考えられる。

ここまでは、主に両者の共通点を確認したが、ハモ・ハヤの文は差異を有してもいる。それを考える際、まず目につくのは連体修飾節部分の量だろう。ハモの文の場合、たとえば(j)のように、連体修飾節＋名詞という体制の中に、それなりにまとまった分量の叙述が存する。

(j) 高光るわが日の皇子の万代に国知らさまし島の宮はも（婆母）（萬葉 巻二 一七一）

一方、ハヤの文でハモの文並みの叙述部を持つのは、先にも引いた(k)程度である。

(k) ……大君に堅く仕へ奉らむと我が命長くもがと言ひし工匠はや（皤夜）あたら工匠はや（皤夜）（紀 七八）

さらには、次の(o)などのように、そもそも名詞のみからなる例もある。

(o) 御真木入日子はや（波夜）御真木入日子はや（波夜）己が命を盗み死せむと後つ戸よい行き違ひ前つ戸よい行き違ひ窺はく知らにと御真木入日子はや（波夜）（記 二四）

御真木入日子に逆心を抱く者がおり、このままだとその命が失われる旨、伝えるものである。ハモの文においては、この(o)の如き、名詞のみの例は見出されない。次掲(p)には連体修飾節こそないが、ともあれ「心の中の」という装定部分は存するのである。

(p)　色に出でて恋ひば人見て知りぬべし心の中の隠り妻はも（波母）　　（萬葉　巻十一　二五六六）

見られるように、連体修飾節の充実という点で、ハモ・ハヤの文は明らかに異なる。そして、これと表裏するのが、ハヤの文から看取される、上接名詞の繰り返しという現象であろう。ハヤの文では、(k)や(o)のように、ハヤ上接の名詞が繰り返されることが多い。「太刀、その太刀ハヤ」となる(d)も、そのヴァリアントとしてよいだろう。対するハモの文には、そうした例は見当たらなかった。

かかる両者の差異を際立たせて現代語で言ってみると、ハモの文が「家で私を待つ愛しい妻よ」なら、ハヤの文は「妻よ、妻よ」である。両者を一口に「喚体文」と称するにしても、ハモの文は、叙述の充実という点で「述体文」にも比肩しうるのに対し、ハヤの文は一語文的とでも言おうか、叙述というよりも対象への呼びかけの趣が強い。

さらに、こうした両者の相違は、そこに言語化される対象の相違へと結びつくことがある。

(m)　小山田の池の堤にさす柳成りも成らずも汝と二人はも（波母）　　（萬葉　巻十四　三四九二）

たとえば、再掲した(m)でハモに上接しているのは「二人」という名詞であるが、それは具体的なものではなく、「汝と二人でいられること」の云いである。そして、本書の見るところ、ハヤの文にはこうした例を見ない。ハヤの文は、みな具体的なものを対象とするのである。これは、ハヤの文の呼びかけ的な性格ゆえに、その対象には呼びかけの対者たりうる具体的なものが選ばれるためだろう。対するハモは、呼びかけというより、ある対象について叙述を展開する文を作るから、その対象も具体的なものである必要はひとまずない。したがって、(m)の如き、こと相当を述べる例も生じたのかと思われる。

また、ハヤの文の(h)などは、今は眼前にあるが、この後、失われることになる対象を言語化していた。ところが、ハモの文でそれに該当しそうなのは(j)程度。ただし、これとて「島の宮」を眼前にしての詠かどうかはわからない。

(h) 故、阿治志貴高日子根神は忿りて飛び去りし時に、其のいろ妹高比売命、其の御名を顕はさむと思ひき。故、歌ひて曰く、

天なるや弟棚機の項がせる玉の御統御統に穴玉はや（波夜）み谷二渡らす阿治志貴高日子根の神そ　（記　六）

(j) 高光るわが日の皇子の万代に国知らさまし島の宮はも（婆母）　（萬葉　巻二　一七一）

ハヤの文は、今は眼前にあるが、この後、失われることになる対象との親和性においてハモの文に勝ると言えようが、それも、ハヤの文の呼びかけ的性格と関係しているのだろう。普通、呼びかけとは眼前のものに向かう。ところが、ハヤの文は「非存在対象」を言語化するという性格も併せ持つ。この「非存在対象」を選ぶことと、呼びかけ的であることとの接点が、今は眼前にあるが、この後、失われることになる対象なのだ。即ち、ハヤの文は、その呼びかけ的性格ゆえに、非存在は非存在でも、それが差し迫った段階、つまりは未だ言語主体の眼前にありはする段階での言語化が、相対的に多くなるのではないか。

上述の如きハモ・ハヤの文の差異は、助詞モ・ヤの別をその所以としていよう。モは、用言終止形にも接続して、述語的意味の形成に参画していくような助詞である。一方のヤはそうした終止用法を持たず、また、ヤには呼びかけ的性格が認められるとの指摘もある。(8) 本書の考えるハモ・ハヤの文の性格は、こうしたモ・ヤの性格に対応したものかと思われる。

三

第一節に言う【C】「非主節の述語」に相当する用言類＋ハには、「形容詞及び助動詞ズの連用形＋ハ」と「動詞のテ形＋ハ」が該当した。本章の見るところ、これら「連用形＋ハ」と「テ形＋ハ」は性格を異にしている。以下、それぞれを【C1】【C2】とし、両者を区別して検討を進める。

まず、【C1】の連用形＋ハであるが、上代におけるそれらには、特に「主題」性も「対比」性も見出されず、基本的に仮定条件として了解されてきた。たしかに、次の(q)(＝形容詞連用形＋ハ)を「あなたがいなかったら」、(r)(＝助動詞ズ連用形＋ハ)を「あなたが来なかったら」の如く解することに、特段の異論は生じないであろう。

(q)　君なくは(無者)なぞ身装はむくしげなる黄楊の小櫛も取らむとも思はず　(萬葉　巻九　一七七七)

(r)　衣手にあらしの吹きて寒き夜を君来まさずは(不来者)ひとりかも寝む　(萬葉　巻十三　三二八二)

しかし、こうした仮定条件となるハを、助詞ハ全体の中でどう把握すればよいのかという点については未だ詳らかでない。前章でも少し触れたが、仮定条件のハを「文中の名詞類＋ハ」の「主題」性等に関連させようとする向きもある。(9)しかしながら、それらは主として現代語のテ形＋ハを対象とした考察であり、そのまま上代のハに持ち込むわけにはいかない。また、後述するとおり、上代における仮定条件のハには、ある限定的な質が見て取れる。「文中の名詞類＋ハ」の性格を経由させて、仮定条件のハを論ずる試みは、それを十分に汲み取ることができないように思われる。

その限定的な質を考えるにあたって、まず目を引かれるのは【C1】に現れる形容詞の偏りであろう。先の(q)もそうであったが、本書の確認した全十一例のうち、九例が「無し」となっているのである。さらに一例を追加しておく。

(s) 我が背子は仮廬作らす草なくは（無者）小松が下の草を刈らさね　（萬葉　巻一　十一）

これら「無し＋ハ」は、(q)なら「君」、(s)なら「草」といった、何らかの対象が存在しないことを仮定する。そして、これに通ずる性格が、「ずは」の先掲(r)からも見出されるだろう。(r)は、「君が来ないこと」の仮定であるが、それは即ち、言語主体の許に「君」という対象の存在しないことの仮定にほかならない。この類例を挙げよう。

(t) 仏造るま朱足らずは（不足者）水溜まる池田の朝臣が鼻の上を掘れ　（萬葉　巻十六　三八四一）

「ま朱足らず」という句形式の中で、「ま朱の存在しないこと」が仮定されている。

見てきたように、【C1】には、ある対象の存在しないことを仮定する例が見られる。それらを【C1・α】と呼ぶことにしよう。この、ある対象が存在しないことの仮定とは、換言すれば「非存在対象」の言語化である。即ち、【C1・α】は、この「非存在対象」の言語化という性格によって、前節で述べた【A】【B】と共通しているのである。【C1・α】においては、「白き花無し」「白き花見えず」といった句形式を通して、「白き花」の「非存在対象」であることが表される。それに対して、たとえば「白き花ハモ」などの場合。日本語では、no one のような言い回しが一般的ではないから、「白き花」が「非存在対象」だとしても、それを形態的には表示しがたい。「白き花」が「非存在対象」であることは文脈からの理解による。そうした差異はあれ、

【C1・α】と【A】【B】は「非存在対象」の言語化という基本的な点で等しいのだった。

このように、「非存在対象」の言語化という性格は、「文末のハ」（【A】【B】）と「述語＋ハ」（【C1・α】）の双方に亘って見出されるものであり、助詞ハの規定にあたって重要な観点になると考えられる。ただし、【C1】の中には、そこから展開を遂げて、仮定条件として独自の意義を担うようになったタイプも存する。それらを【C1・β】及び【C1・γ】として、【C1・β】から見ていくことにしたい。

(u)　三諸の神の帯ばせる泊瀬川水脈し絶えずは（不断者）我忘らめや　（萬葉　巻九　一七七〇）

(u)は、水脈が絶えなかったら、という否定を含んだ仮定条件を構成する。「水脈絶えず」とは、「水脈絶ゆ」という事態の非存在であるから、この(u)も、「ズに上接する事態の非存在」を意味してはいよう。しかし、先の【C1・α】は、「白き花見えず」という形式の中で、「白き花」が「非存在対象」であることを表していた。それこそが【A】【B】にも通う【C1・α】の要点だったわけである。しかし、【C1・β】に属する(u)はそのようではない。(u)においてズが構成する否定文は「白き花枯れず」の如きもので、ここでの「白き花」は「非存在対象」には当たらない。(u)における非存在とは、「ズに上接する事態の非存在」でしかなく、【C1・α】の「非存在対象」とは一線を画すのである。これら(u)等の【C1・β】は、そこに否定辞ズが伴われることから生じた、【C1】内部の展開例と言えるだろう。[10]そして、そこからさらなる展開を遂げた「ずは」の例が、次に示す【C1・γ】の(v)である。

(v)　かくばかり恋ひつつあらずは（不有者）高山の岩根しまきて死なましものを　（萬葉　巻二　八六）

(v)は前章で論じた「特殊語法・ずは」で、詳細についてはそちらを参照されたいが、これらの「ずは」は、否定を含んだ仮定条件なのではない。述語にズとあれ、「悲恋をしているなら」といった肯定の仮定条件相当で、ただしそこには、悲恋をしていることに対する不望の情意が漂うことになる。本章の【C1・γ】には、このように不望を意味するタイプの「ずは」が配されるのであるが、次の如き形容詞連用形＋ハも、その類例だと考える。

(w) 言痛くは（事痛者）かもかもせむを岩代の野辺の下草我し刈りてば　（萬葉　巻七　一三四三）

先にも触れたとおり、本書の見た【C1】の形容詞全十一例のうち、九例を「無し」が占めている。残り二例は、上に引く(w)のように「こちたし」であるが、その(w)は、「自身の恋路をめぐって他人からとやかく言われること」という、言語主体にとって望ましからぬ事態に関わる。つまり(w)では不望な事態の仮定がなされている。その点で、(w)は(v)等の「ずは」と同質であり、よって、等しく【C1・γ】に属することになるのである。

上代の連用形＋ハによる仮定条件は、「ずは」と形容詞＋ハをメンバーとし、そのうち「ずは」は、非存在から不望へという全体像を形作った。そんな「ずは」とちょうど対応して、もう一方の形容詞＋ハも、非存在（「無し」の例）から不望（「無し」以外の例）へという全体像をなすのである。

次いで【C2】（動詞テ形＋ハ）の検討に移る。本書の見るところ、【C2】は【C1】と逆の様相を呈している。即ち、【C2】に仮定条件と解すべき例はなく、かつ、それらのハには明瞭な「対比」性が認められるのである。たとえば次の(x)。

(x) 冬ごもり春さり来れば……咲かざりし花も咲けれど山をしみ入りても取らず草深み取りても見ず秋山の木の葉を見ては（而者）黄葉をば取りてそしのふ青きをば置きてそ嘆くそこし恨めし秋山そ我は

この「秋山の木の葉を見ては」は、春秋優劣という文脈において、「春」との「対比」を担うものであり、仮定条件とは無縁であろう。

（萬葉　巻一　十六）

(y)　妹とありし時はあれども別れては（和可礼弖波）衣手寒きものにそありける　（萬葉　巻十五　三五九一）

(z)　相見ては（而者）恋慰むと人はいへど見て後にそも恋増さりける　（萬葉　巻十一　二五六七）

一方、この(y)や(z)は、現代語の～タラに置き換えた解釈が可能のようでもあり、その点、仮定条件風とも言える。しかし、(y)の「別れては」からは、「妹と別れた現在」と「妹と共にあった時」との比較が明白に見て取れる。続く(z)の「相見ては恋慰む」とは「人」の発言、詠者にとってはいわば引用句として存するが、そこでは「詠者が、相見ていない現在（＝引用句の言語化当時）において、恋に苦しんでいること」と、「詠者が相見てからの段階では、恋の苦しみがおさまるであろうこと」が対比されている。実際は、相見てからも苦しさが増したわけだが、引用句の内部では、そのような対比がなされているのである。以上のとおり、～タラと読めば読めるような諸例においても、ハの「対比」性は明らかである。さらに、先掲（x）なども含めて総合的に捉えるならば、【C2】のハは、「対比」のハと解すべきものであろう。

こうした【C2】の振る舞いは、そこに現れる動詞がテ形であることを所以とするのではないか。よく知られるとおり、動詞テ形は、動詞連用形とは違って「連用修飾」に与ることがある。その意味で、動詞テ形は、文中に現れる連用語の類に近い側面を有してもいる。動詞テ形から副詞への転成が珍しくないことも、そうした性格の現れかと思われる。そして、【C2】の諸例に「対比」性が認められること、即ち、動詞テ形＋ハが、

	非存在		不望
	「非存在対象」	ズに上接の事態	
【A】	○		
【B】	○		
【C1・α】	○		
【C1・β】		○	
【C1・γ】			○

連用語＋ハ（ひいては「文中の名詞類＋ハ」全般）と「対比」性を持つ点において相並ぶことも、動詞テ形の、連用語に通ずる側面からもたらされた現象ではないか。外形上、いったんは「述語＋ハ」に配された【C2】の諸例であるが、その性格に基づけば、むしろ「文中の名詞類＋ハ」の方とこそ同質なのである。

ここまでに述べた特性の反面、もともとテ形は、よく似た中止法を作るなど、連用形と近しい関係にもある。それゆえ連用形＋ハが仮定条件を構成するなら、テ形＋ハがそれをするのも、原理上ありうることである。実際、現代語のテ形＋ハは仮定条件を構成しているのだ。したがって、本節で確認してきた【C2】の振る舞い（＝「対比」的であって、仮定条件は構成しない）とは、テ形＋ハの転変における一過渡である。そんなテ形＋ハが、いつ、いかにして、いかなる仮定条件を構成することになったのか。その検討は機会を改めたいが(11)、本書の範囲で注意しておくべきは、現代語テ形＋ハの仮定条件に見出される、ある性格である。

現代語テ形＋ハの仮定条件からは、多く「否定的含意」が読み取られる。また、そうは解釈できないものもニュートラルではなく、「尋常ではない事態」が言語化されているという(12)。かかる現代語テ形＋ハの性格は、本章が【C1】の中に認めた不望性と一脈通じていよう。即断は慎まなければならないが、テ形＋ハは、先んじて仮定条件を作っていた連用形＋ハに引かれるようにして仮定条件節を構成するに至り、連用形＋ハと同様、不望性をも帯びたのではあるまいか。そのような可能性を、今後の考察への展望としたい。

「文末のハ」と「述語＋ハ」に関する、ここまでの論考を右上に表としてまとめた。既述の如く、【C2】は

「文中の体言類＋ハ」の方に類するから、表には含まれていない。

四

前節までに本書は、上代における「文末のハ」と「述語＋ハ」に、「非存在対象」の言語化という性格が認められることを論じた。【C1】には展開的な例も生じていたが、それとて「非存在対象」の言語化の延長線上に布置されえたわけである。しかし、それにしても、なぜこれらのハは「非存在対象」と有縁的なのだろうか。そして、これらが「非存在対象」を言語化することと、「文中の名詞類＋ハ」における「主題」の提示とはどう関連しているのか。

どこかに実体は認めうるかもしれない、しかし、あくまで言語主体にとってはリアルではない（もしくは、今後リアルではなくなる）対象。それが本書の言う「非存在対象」であった。その非リアルさゆえに、言語主体は、自身の認識の中でそれを構成するほか、その存在に触知するすべがない。こうした、認識において対象を構成するという営為は、その対象を言語として捉えることと同然であろう。非リアルな存在「白き花」は、言語「白き花」としてのみ外形を得、定位されうるのである。したがって、「文末のハ」と「述語＋ハ」における「非存在対象」の構成とは、対象を言語上のものとして定位させることに等しい。むろん、ひとたび言語化された対象は、ハの有無に関わりなく、たとえば「パンダ」と言うだけでも、言語上に定位されたことにはなる。けれどもそれは、言語化された以上、当然、言語上に定位されてもいようという話にすぎない。それに対して、「文末のハ」及び「述語＋ハ」においては、パンダを言語上のものとして定位したことが、ハという語の意味するところとして明示される。ハは、対象が言語上のものとして定位されたことのマーカーとなるのである。

このように、あえて自身の認識の中でそれを構成し、触知しようとする対象とは、言語主体にとって、そうするだけの理由や意図の存する対象である。それゆえ【A】【B】という終助詞的な位置に現れたハは、愛惜の念など「非存在対象」に対する言語主体の情意を表出することになる。一方、【C1】で、従属節の述語+ハが仮定条件節を作るのも、それらのハが持つ、非リアルな存在を認識上に構成するという性格からの自然な展開であろう。つまり、仮定条件節に構成されるのは、基本的には現実世界に未だ現れたことのない事態である。その事態は、あくまで言語主体の認識の中に存在するにとどまる。かかる仮定条件節の性格が「述語+ハ」に馴染んだものかと思われる。

翻って「文中の名詞類+ハ」における「主題」である。「主題」とは、文において、それに纏わる言語主体の判断を展開するために、前提として特立されている対象を言う。「主題」となる対象は、言語主体により、判断の中核とすべく、その認識の中で構成されるのだから、言語化時点でのリアルな状況からは基本的に切断されている。「主題」のハを用いた文、たとえば「パンダは竹を食べる」が、ほぼ嘱目のパンダについての文にならないのは、こうした「主題」の性格に由来していよう(13)。そして、認識の中で対象を構成するということは、その対象を言語上のものとして定位することにほかならない。これは先にも触れた。だから、認識の中で構成された対象を提示する「主題」のハは、その対象が言語上に定位されたものであることを表しもする。ただし、これも上述したことだが、言語化された対象は、みな言語上に定位されてはいる。しかしハは、そういった結果論的なものではなく、言語主体が積極的にある対象を言語上に定位した旨、明示するのである。そんな道具立てを伴って言語化されるがゆえに、ハを下接した対象は、文の中で「主題」として取り立てられることになるのだ。

このように考えてみると、「文中の名詞類＋ハ」における「主題」の提示と、「文末のハ」「述語＋ハ」における「非存在対象」の言語化との間に、共通点の存することも明らかかと思われる。即ち、いずれの場合も、ハは、非リアルな、言語主体の認識の中で構成された対象＝言語上のものとして定位された対象を提示しているのである。そして、この性格こそが、ハという助詞の根幹をなすものであろう。文中・文末、名詞類・述語、どこで何に下接しようとも、この本質的な性格——言語主体の認識の中で構成され、言語上のものとして定位された対象を提示すること——には変わるところがない。しかし、現れ方の差異に応じて、現象上の姿は、「主題」の提示、或いは「非存在対象」の言語化という異なりを見せるのであった。

以上、前章における「ずは」の考察からの展開として、本章では、「文末のハ」と「述語＋ハ」の分析を行った。今後は、「文中の名詞類＋ハ」に関する考察を進める必要があるだろう。[14] ハをどのように規定するかということは、日本語の文構造をどう捉えるかということでもある。本章はそんな「係助詞ハ」の素描であったが、反実仮想をめぐる諸問題を論じた本書の第二部において、いささか遠い所まで来てしまったようである。

〔注〕

（1）挙例にあたって、萬葉集の表記は『日本古典文学全集』（小学館）、記紀歌謡は『日本古典文学大系・古代歌謡集』（岩波書店）、風土記は『日本古典文学大系』（岩波書店）によった。

（2）内田賢徳「主語的なる現象」（『日本語学』四—十、一九八五年）、同「主語をめぐる助詞の用法区分について」（『日本語学の新展開』くろしお出版、一九八九年）が参考になる。

（3）尾上圭介「『は』の係助詞性と表現的機能」（『国語と国文学』五八—五、一九八一年）、同「『は』の意味分化の論理—題目提示と対比—」（『言語』二四—十一、一九九五年）、川端善明「接続と修飾—『連用』についての序説―」(『国語国文』二七―五、一九五八年)。
(4) 内田賢徳『萬葉の知』(塙書房、一九九二年)。
(5) 森重敏「上代係助辞論」(『国語国文』十六―二、一九四七年)。
(6) 内田賢徳「係助詞ハの終止用法―上代―」(『萬葉』一三〇、一九八八年)。
(7) 注(4)の文献においても、ハヤの文が希求の意を持つ根拠が説かれている。
(8) 野村剛史「ヤによる係り結びの展開」(『国語国文』七〇―一、二〇〇一年)。
(9) 渡辺実『国語構文論』(塙書房、一九七一年)、川端善明「接続と修飾―『連用』についての序説―」(『国語国文』二七―五、一九五八年)、有田節子「テハ構文の二つの解釈について」(『国語学』一九九)など。
(10) 【C1】には、形容詞+ハの例も含まれるわけだが、「ズに上接する事態の非存在」という性格上、【C1・β】に属するのは、当然、ズ+ハのみということになる。
(11) 現代語テ形+ハの仮定条件は、動詞テ形には限られないから、【C2】とは内包に差異が存する。考察にあたっては、このことにも留意する必要があろう。
(12) 有田節子「テハ構文の二つの解釈について」(『国語学』一九九)。
(13) 「主題」のハによる「パンダは竹を食べています」という文が、パンダを目の前にして言語化されることも、ままあろう。しかしそれは、たとえば「いまパンダはどうしていますか?」などの問いを受けてのものである。ここでも「主題」化されているのは、問いを受け、言語主体の認識の中で構成されたパンダであって、たまたま実体も眼前に存するに過ぎない。
(14) その際、堀川智也「対比でも主題提示でもないハ」(『日本語の「主題」』ひつじ書房、二〇一二年)の指摘する「『主題』でも『対比』でもないハ」についての検証も課題となるであろう。

終　章　続紀宣命のケリと来

一

古代日本語を対象に、文に言語化された事態と現実世界がどのような関係にあるのかを考えた。本書に収められた論考の一篇一篇にはその続きがあって、今は、それを書いてみたいという感覚を覚える。中でも、古代日本語に見出されてきた時間的意味の再検討は、本書に引き続く主要な課題の一つとなるであろう。

たとえば、序説で論じたモコソ基本形とモゾ基本形。これらは「将来への危惧」という時間性を内包した概念によって規定される文ではなかった。モコソ基本形の言語主体は、そこに言語化される事態への配慮が必要であると考え、現時点でその配慮がなされていないことを非難する。モコソ基本形は、かかる言語主体の判断を示していた。一方、モゾ基本形の言語主体は、そこに言語化される事態への配慮を必要と考え、今後それがなされることを求める。モゾ基本形とは、そんな言語主体の判断を表す文だったのである。そして、モコソ基本形・モゾ基本形のこのような性格は、言語化されている事態が未来であるか非未来であるかの別とは関わりがなかった。モコソ基本形・モゾ基本形にとっては、時間的な性格が一義的に重要なものではなく、だからこそ、言語化される事態が未来か否かを問わないのだと言えよう。さらに、文中にモコソ・モゾを持たぬその他の基本形終止が、今後、テンス・アスペクトという時間的意味の観点を離れた考察を要することも既に序説で述べた。

或いは、第二部第三章で扱った、助動詞キのサ行系セ・シ・シカ。カ行系と相補的な関係を取り結ぶ前のサ行系は、過去や完了といった通行のテンス・アスペクト的意味を担うものではなく、現在、言語主体が直面しているリアルな事態と同質である限りにおいて、今ここにはない非リアルな事態が構成されるような形式であった。そして、その非リアルとは過去／未来の別を問わない。ゆえに、サ行系は過去の事態のみならず、未来の事態をも言語化しえたのである。

以上の如く、事実・非事実・反事実に跨って事態を構成する言語形式の検討から、従来、設定されてきた時間的意味には、古代日本語に対する規定としてはあてにならない面のあることが見えてくる。時間的意味の枠内でその再構を試みること、もしくは、時間的意味の適用自体を止め、他の視点に基づいて考え直すこと、いずれにしても、再検討を要するように思われる。そんな例の一つとして挙げられるのが、助動詞ケリではないか。

従来、ケリは「過去の助動詞」として、キと並び称されることの多い語であった。しかし、それを、単なる「過去の助動詞」ともしがたいことは、現在、衆目の一致するところだろう(1)。たしかにケリは、すべて既実現の事態を言語化していて、そこに一定の時間的性格を認めてみることも不可能ではない。しかし、既実現の事態とは、要するに事実のことであるから、ケリは、事態の事実性に関する何らかの述べ方、つまりは、「モダリティ」の方向で解される素地を有してもいる。結局、その概念によって、ケリの示す諸現象をいかに過不足なく規定しうるのかに尽きるのである。その際、まず注目されるのは、やはりケリによる終止のあり方であろう。それは大きく「気づき」と「語り」という二つの解釈に収斂していく。以下、例を示す。[2]

(a)　雨隠り情いぶせみ出で見れば春日の山は色づきにけり（二家利）　（萬葉　巻八　一五六八）

(b)　しなが鳥安房に継ぎたる梓弓末の珠名は……人皆のかく迷へればうちしなひ寄りてそ妹はたはれてありける（有家留）　（萬葉　巻九　一七三八）

(c)　山背の久世の鷺坂神代より春は萌りつつ秋は散りけり（散来）　（萬葉　巻九　一七〇七）

(a)は「気づき」の例である。この「気づき」については、何にどう気づくのかという点で、さらなる細分も可能ではあろうが、現時点での本書の論述にとって、そのことはさほど重要ではない。ゆえに、単に「気づき」とするにとどめておく。一方「語り」の例と目されるのは(b)(c)である。まず(b)は「珠名娘子」の伝説を詠むもので、上代の「語り」のケリは、この(b)のように、その多くが伝承に関わっている。伝承とは、既に完結したひとまとまりのストーリーが、人から人へと語り継がれるものであるが、ケリは、そんなストーリーの一角を構成する事態を語るのに適した性格を持つということだろう。ただし、「語り」のケリとは伝承の例に限られるわけではない。「鷺坂」という地の属性を説く(c)は、そうした非伝承のタイプかと思われる。

かかる「気づき」と「語り」に跨って現象するケリを規定するために、既に多くの概念が提出されている。その一つに「過去からの継続」があり、この見解の特徴は、ケリという語の起源についての解釈と相俟ったものであるという点だろう。ある語の起源とは、わからなければわからなくても構わないようなことに属するが、意味の規定と連動して明らかになるのであれば、それに越したこともない。この「過去からの継続」説の場合、ケリは、補助動詞的に用いられる動詞「来」（以下、クルと称する）にアリの下接した語形に由来するとされている。次に引く(d)は、クル＋アリでケリ語形が生じた、その具体例である。

(d)　……見まく欲り思ふ間に玉梓の使ひのけれ（家礼）ば嬉しみと……　（萬葉　巻十七　三九五七）

見られるように、(d)のケリ語形は空間的意味の例であるが、これが時間的意味に用いられると、「〜してきている」の如き意を表すことになる。それに名称を与えれば、「過去からの継続」ということになるわけだ。その実例を示す。

(e)　……そらみつ大和の国は皇神の厳しき国言霊の幸はふ国と語り継ぎ言ひ継がひけり（伊比都賀比計理）……　（萬葉　巻五　八九二）

ところで、このクル＋アリ起源説に関しては、ケリの表記法という観点からも、それをサポートするような現象が指摘されている。よく知られるとおり、萬葉集などにおいて、ケリは「来」字を用いて記されることがあり、そうした「来」字表記は「訓仮名」ではなくて、「正訓的」なものであるとの言及が見られる。(3)「来」字は、ケリ・ケル・ケレなど、音形態の違いを問わず諸活用形に用いられるのだが、ある訓仮名が、音形態の異なる諸活用形に広く充てられる例は他にないというのである。以下、私に例を補う。

(f)　年のはに梅は咲けどもうつせみの世の人我し春なかり来　（ケリ　萬葉　巻十　一八五七）

(g)　石走る垂水の上のさわらびの萌え出づる春になりに来かも　（ケル　萬葉　巻八　一四一八）

(h)　紀伊道にこそ妹山ありといへ玉くしげ二上山も妹こそあり来　（ケレ　萬葉　巻七　一〇九八）

注(3)の文献は、この「来」字が「正訓的」であっても、それがただちにケリの起源をクル＋アリと見ることに結びつくものでもないとするが、意味上の同質性が感じ取られていたことの現れではあると述べている。

　以上より、本書は「過去からの継続」を出発点として、ケリの意味するところを考えることに、それなりの有効性があると思う。しかし、ケリの語源に関しては、「過去からの継続」とはまったく異なる見解も存在していた。「助動詞キにアリの承接したケリ語形」を想定するものである。[4] ただ、ここでまず疑問に感じられるのは、キにアリが承接するとは、いったいどのような現象なのかという点だろう。我々の知る日本語の構文上、キを持つ述語にアリが承接するとは、なかなか考えにくいことである。もっとも、この点を考慮して、たとえば注(4)の文献は「キで終止しているテンスを持った文全体をアリが統括するようになった」と述べている。しかし、そう言及された内容それ自体が、どのような現象を指すのか判然としないようだ。また、そう考えたとしても、なぜ他の助動詞で終止する文ではアリが「統括するように」ならないのかという問題も生じるであろう。キ＋アリを起源とする論には、それを裏打ちする言語事実が想定しにくいという難点が残るのである。

　けれども、注(4)の文献は、ケリの表記に関して、次にまとめるような言及をしており、それには注意を要するかと思われる。

・続日本紀の宣命（続紀宣命と略称する）において訓字「来」が用いられるのは、補助動詞クル、及び、それにアリの下接した補助動詞ケリである。

・助動詞ケリは、音仮名で表記されることによって、補助動詞ケリと区別されている。

助動詞ケリの起源をキ＋アリと見る立場から、助動詞ケリとクルとの間に関連のないことが、表記の違いに現れていると主張するわけである。

　このような見解を受けて、以下、本章では続紀宣命の表記を考察する。続紀宣命の表記には、注(4)の文献が述べるような、助動詞ケリとクルとの無縁性が反映されているのかどうか、実例を確認していきたい。本書にとってその検討は、クルを起源に置く「過去からの継続」という解釈と、助動詞ケリの示す「気づき」「語り」等の振る舞いとが、有機的に関連づけられるのかを考えるための準備でもある。

二

本書の観察するところにおいても、続紀宣命で訓字「来」が用いられるのは、補助動詞クル・ケリの例であり、助動詞のケリは音仮名で記されている。その点、本書も注(4)の文献の見解に異論はない。次にその例を示そう。

(i) 皇祖の御世を始めて、天皇が御世御世聞し看し来食國天つ日継高御座の業となも、神ながら念ほしめさくと、（十四詔）

(j) 去年の九月、天地の貺へる大き瑞物顕れ来理（五詔）

(k) 此を見るに仲麻呂が心の逆に悪き状は知りぬ。然れば先にしが奏しし事は、事毎に奸み諂ひてあり家利（二八詔）

(i)は、歴代皇位が受け継がれてきたことを述べるもので、補助動詞クルの時間的な用法と考えられる。(j)では日本に瑞兆の出現したことを言い、非時間的な用法の補助動詞クル＋アリである。また、(k)は、現状に照らせば、かつて藤原仲麻呂の述べた内容は諂いであることがわかったという例で、助動詞ケリの「気づき」の解釈によく馴染むようである。

以上のように、続紀宣命において、「来」字が充てられるのは補助動詞の例であり、助動詞ケリは音仮名表記されている。しかしながら、まだ問題も残る。補助動詞クル・ケリのすべてが訓字「来」で記載されているわけではないのである。

(l)　かくして、今の帝と立ててすまひ久流間に、うやうやしく相従ふ事は無くして、とひとの仇のあることのごとく、言ふまじき辞も言ひぬ、為まじき行も為ぬ。　（二七詔）

(m)　また吉備朝臣は朕が太子と坐しし時より、師として教へ悟し家流多の年歴ぬ。今は身も敢へずあらむものを、夜昼退らずして護り助け仕へ奉るを見れば、かたじけなみなも念ほす。　（四一詔）

(l)は、淳仁天皇が孝謙上皇に対して非礼であったという内容で、続く(m)は、吉備真備が長年、称徳天皇を教導してきたとするものである。いずれも、文脈上、補助動詞の例と考えることに特段の問題はなかろう。そして、見られるとおり、これらには音仮名が用いられている。「補助動詞のクル・ケリは訓字表記」とするのであれば、こうした例の説明がつかなくなるだろう。

これら(l)と(m)のそれぞれについて、注(4)の文献は以下のように述べている。まず(l)に大字が用いられていることに関しては、[5]「これが助動詞的意味ではないと考えられていたことを示すもの」であるとされる。たしかに「字音仮名については、自立語は大字表記、附属語は小字表記」との報告もあって、[6]助動詞に音仮名を用いるなら、小字で表記されることになるのであろう。しかし、それと同時に、「附属語的な動詞」「複合動詞の後項」には原則の例外（つまりは小字表記）になるものがあると指摘されてもいる。[7]本書の調べる範囲でも、補助動詞（用例(n)）や複合動詞後項（用例(o)）が小字の音仮名で記された例を見るのである。[8]

(n)　貞しく明かに浄き心を以て、朕が子天皇に侍へ奉り、護り助け麻都禮。　（四五詔）

(o)　かにかくにと念ひ佐末多久事なくして、教へ賜ひのまにまに侍へ奉れと、（三一詔）

このように、補助動詞（や複合動詞後項）を小字で表記する例が存する以上、(l)のクルに大字が用いられているからといって、それが助動詞ではないことを示すものであるとは言えまい。

一方の(m)に関して。注(4)の文献は、このケリが「現在と断絶した過去の出来事」を表す助動詞の例だと主張している。引用中の「師」（吉備真備を指す）が「みふみよみ」と訓ぜられていることから、これを「講読の師」とし、真備の教育は「皇太子時代には続けられたものであろうが、五十歳になろうという称徳天皇の現在の年齢に至るまで続けられたとは考えにくい」と述べるのである。しかし、そのような想定を持ち込まずに実際の言語を見れば、「太子と坐しし時より教え悟しケル」とあるのだから、皇太子時代は「教へ悟すこと」の「起点」と考えるべきである。また、この句は全体として「多の年」にかかっていくわけで、よって「教へ悟し」が、長年にわたって継続したものであることも明らかであろう。そして、その長い年月が経った今、真備は老体にも関わらず、天皇に近侍して仕える。この四一詔は、その長年の功績に報いて、真備を右大臣に任じようとするものなのだから、やはりその「師」とは単なる若年時の「講読の師」ではあるまい。真備は、漢籍の読み方を教えるにとどまらず、そのことを通して薫育を行い、長じた後も助言を行ってきたのであろう。以上に基づくと、「教へ悟す」に承接するこのケリは、「現在と断絶した過去の出来事」を表すものではなくて、皇太子時代から今に至るまでの時間の継続を表すもの、つまり、補助動詞の例ととるのがよいかと思われる。[9]

確認してきたように、補助動詞クル・ケリには、訓字表記の例と音仮名表記の例があって、注(4)の文献が主張するような、「補助動詞は訓字／助動詞は音仮名」という表記上の区別は見出されなかった。本書の当初の目的からすれば、考察すべきことは以上で尽きている。しかし、ここで新たな疑問も生じるであろう。この、補助動詞に訓字を用いる／用いないという別は、何らかの基準に基づく有意の現象なのであろうか。次節ではこの点について検討を進める。

三

クル、或いはそれにアリが下接したケリは、他の場所から言語主体のもとに現れる動作を指すのが、その基本であろう。補助動詞として用いられた場合でも、上接動詞の動作と相俟って現れたというだけで、同様かと思われる。そうした空間的な内容の例は、いかにも訓字「来」の意義に適いそうであり、事実、「来」字によって記載されている。

(p)　軍を敗り糧を費やして還り参ゐ来つ。　(六二詔)

(q)　卿等の問ひ来む政をば、かくや答へ賜はむ、かくや答へ賜はむと白し賜ひ、　(六詔)

(p)では「陸奥平定の軍が破れて都に戻ったこと」、(q)では「諸臣が政務の件で伺いを立てにくること」を述べる。見られるように、これらは、都に帰還・近傍を訪問と、空間の範囲や具体的な様態は様々であるが、いずれも言語主体・天皇のもとに現れる動作を指すと考えられる（挙例は省略に従うが、五一詔にも例がある）。これらに加えて、次に再掲する(j)、及び(r)は、その展開的な例であろう。

(j)　去年の九月、天地の貺へる大き瑞物顕れ来理　(五詔)

(r)　聖の君と坐して賢き臣供へ奉り、天下平らけく、百官安くしてし、天地の大瑞は顕れ来となも、　(六詔)

共に「日本に瑞兆の出現したこと」が述べられる。この類は、別の場所を起点とするわけでも、そこからの移動があったわけでもない点、(p)(q)などとは一線を画するが、言語主体たる天皇のいる地・日本への出現を表す点では、それら空間的な例の延長線上に把握されるであろう。このように、続紀宣命の補助動詞クル・ケリのうち、空間的意味の例とその延長線上にある例では、そのすべてに訓字「来」が充てられている。

一方、クル・ケリには時間的意味の例があった。補助動詞であれば、上接動詞が表す動作の推移が、ある時点に発して、言語主体が身を置く時間に至ったことを述べるものである。続紀宣命にもその例を見ることができるのだが、まず、その構文的環境に注意しておく。

【訓字「来」使用例の分布】

1　時間的意味、連体　　十四例
2　時間的意味、非連体　　三例
3　非時間的意味、連体　　三例
4　非時間的意味、非連体　五例

右記は、訓字「来」の使用例を、まず意味の上から時間的か否かに区分し、さらに、出現する構文的環境によって連体法か否かに区分したものである。時間的意味の「来」字が、連体法に現れやすいという傾向が窺えるであろう。時間・非時間を問わぬ連体法の総数は、1、3より十七であるが、うち時間的意味の占める割合は八二％に上る。また、時間的意味の内部で見ても、その総数が1、2より十七。連体法に現れる例の比率は八二％となるのである。これを見る限り、時間的意味において「来」字と連体法との間には親和性があると言えそうである。そこで、同様の調査を訓字「来」を用いぬ、音仮名のみの例に対しても行うことにする。

【音仮名表記例の分布】

①　時間的意味、連体　三例
②　時間的意味、非連体　一例
③　非時間的意味、連体　一例
④　非時間的意味、非連体　十七例

①③より、連体法総数に占める時間的意味の割合は七五％。また、①②より、時間的意味の総数における連体法出現例の割合も七五％である。「来」字を用いる場合に比して、若干、比率は低めであるが、それでも八二％と七五％。四捨五入すれば共に八割である。有意差があると言えるほどではなかろう。即ち、時間的意味のクル・ケリ自体が連体法に出現しやすいのである。だからこそ、「来」字を用いるか否かに関わらず、連体法の比率が高くなるものと考えられる。本書の目的に沿って換言すれば、連体法への出現は、訓字「来」の選択には関わらないということだ。思うに、時間的意味のクル・ケリは、過去のある時点からの継続を述べるものである。来歴を語ると言ってもよい。そして来歴とは、一定期間、継続して（もしくは恒常的に）認められるものなのだから、ある物の属性的にも把握されうるであろう。たとえば、ある演奏会がこれまで毎年五月に開かれてきたとする。かかる来歴が、その演奏会の特徴の一つとして把握されるようになるというのも自然なことである。このように、来歴は属性規定に馴染み、それゆえ来歴を表す時間的意味のクル・ケリは、名詞の属性規定を行う連体法に現れやすいのである。また、連体法は名詞の属性を規定する場所であるから、それに伴って連体法述語も状態性の意味を持つことが多い。そして、時間的意味のクル・ケリが表す来歴、つまり過去からの継続には、その継続ということからして、状態的とも言いうるような一面がある。この点からも、時

間的意味のクル・ケリは、連体法と縁が深くなるのかと思われる。

以上、時間的意味に現れる「来」字の構文的環境を眺めたが、連体法に傾向することと、訓字「来」を用いて表記することとは、直接の関わりを持たないようだった。ゆえに、今度は表されている事態内容に目を転じよう。そして、「来」字は、たしかにある特定の内容を表す場合にのみ現れるようなのである。

(s) 遠皇祖の御世を始めて、天皇が御世御世聞し看し来食國天つ日継高御座の業となも、神ながら念ほしめさくと、 (十四詔)

(t) 高天原ゆ天降り坐しし天皇が御世を始めて中今に至るまでに、天皇が御世御世天つ日嗣と高御座に坐して治め賜ひ恵び賜ひ来流食國天下の業となも、神ながらも念ほしめさくと宣りたまふ大命を、衆聞し食さへと宣る。かく治め賜ひ恵び賜ひ来流天つ日嗣の業と、今皇朕が御世に当たりて坐せば、 (十三詔)

(s)と(t)は、いずれも、代々の天皇によって日本の統治が受け継がれてきたことの正当性を述べる。こうした表現に現れるのが、時間的な「来」字使用の一つである(三、四、五、十九、二三の各詔にも例がある)。他方、(u)や(v)の如き例も見られる。

(u) 又、大伴佐伯宿禰等は、遠天皇の御世より、内の兵と為て仕へ奉り来、又大伴宿禰等は吾が族にもあり。 (十七詔)

(v) 藤原の卿等をば、掛けまくも畏き聖の天皇が御世を重ねておもしき人の門よりは、慈び賜ひ上げ賜ひ来流家なり。今又過ちなく仕へ奉る人をば、慈しび賜ひ治め賜ひ忘れ賜はじと、 (二五詔)

大伴氏・藤原氏といった氏族が代々、天皇に仕え、用いられてきた紐帯を確認する際に「来」字が現れる(他の例としては十三、五二、五七の各詔）。これが、「来」字使用の類型のもう一つということになるのだが、実はこれらも先の天皇の統治の例と一括されうるであろう。つまり、氏族の臣従とは天皇による統治の裏返し、いわば後者は前者のヴァリアントである。したがって、時間的意味の「来」字は、代々の天皇が日本の統治を継承してきた流れ、有力氏族がそれに服属してきた流れのそれぞれを、正当なものとして確認する文脈にのみ現れると言える。[10] 以下、こうした訓字「来」の充てられる時間の流れを「統治・服属の継承」と呼ぶ。これを、時代の別に応じていま少し細かく観察しよう。その際、称徳期宣命（但し、淳仁期のものでも孝謙上皇＝称徳天皇による宣命はこれに含める）を時代区分の基準とした。よく知られるとおり、称徳期宣命には、時に他の時期には見られぬ独特の性格が窺われる。その点を考慮したのである。

　まず、称徳期より前。この期間の宣命では、時間的意味のクル・ケリすべてが、「統治・服属の継承」を表す。資料の性格を考えれば、この手の内容が多くなるのはありそうなことである。が、そうである以上、「統治・服属の継承」の例にのみ「来」字が用いられていても、それは単なる結果論、時間的意味すべてに「来」字を用いただけという可能性が否定できない。

　次いで称徳期は、「統治・服属の継承」の例を見ず、それ以外の時間的なクル・ケリが現れる。次に再掲する(l)と(m)の二つがそれに当たるであろう。

(l)　かくして、今の帝と立ててすまひ久流間に、うやうやしく相従ふ事は無くして、とひとの仇のあることのごとく、言ふまじき辞も言ひぬ、為まじき行も為ぬ。（二七詔）

(m)　また吉備朝臣は朕が太子と坐しし時より、師として教へ悟し家流多の年歴ぬ。今は身も敢へずあるらむものを、夜昼退らずして護り助け仕へ奉るを見れば、かたじけなみなも念ほす。（四一詔）

(l)は淳仁天皇が孝謙上皇に対して非礼であったとするもの、一方の(m)は吉備真備が長年、称徳天皇を教導してきたという内容である。見られるとおり、これらには音仮名が用いられているわけだ。そして、これについては、二つの考え方が成り立つかと思われる。

既に指摘のあることだが[11]、称徳期は、他の時期に比して音仮名の使用率が高い。これら(l)(m)の補助動詞クル・ケリが音仮名で表記されるのも、それを反映しているのかもしれない。これが一つ目の考え方である。一方で、称徳期宣命には、訓字使用を天皇に関わる文脈に限って、他は音仮名で表記するという用字法が指摘されている[12]。

・臣下に対する尊敬表現には「賜」を積極的に用いず、タブと仮名表記する。
・天皇に対するマツルには「奉」。天皇自身が謙譲表現を用いねばならない場合には「奉」を用いず、仮名表記をするように見受けられる。

いずれも、訓字使用を天皇が尊敬される例に限定して、他と区別しようとする用字法である。本書が扱う時間的意味の「来」字は、むろん敬語表現ではないけれど、これらに通底する現象とは言えないだろうか。続紀宣命は、(s)(t)のように、日本の統治は代々の天皇が受け継いできた、と繰り返し主張する。「統治・服属の継承」とは、続紀宣命に叙される時間の推移の中では、特権的なものなのであろう。そうした意識の下、称徳期より前には「統治・服属の継承」に限って用いられてきた（結果論の可能性はあるにせよ）訓字「来」を、他の時間の推移には充てず、それによって、特権的な「統治・服属の継承」を、表記の上からも他と区別したのではないか。翻って、先の敬語の用字法も、天皇を尊敬する表現において、訓字使用をそれに限定して、天皇の特権性を際立たせたものと言える。その意味で、天皇の統治の正当性を述べる文脈において、用字によっても差別化を行う「来」字の場合に通うと思われるのだ。これが、先に二つと述べた考え方のもう一つである。そして、音仮名の使用率が高いこと、訓字の使用を天皇に関わる文脈に限定すること、という二つの考え方のいずれに立つにしても、それらが称徳期宣命に見出される特性を反映していることに注意すべきであろう。既述の如く、称徳期宣命には、他の時期の宣命と異なる性格が散見される。本書の扱う「来」字にも、その一環として把握しうる側面が見出されるわけである。

　最後に称徳期より後の期間では、時間的意味の例に「来」字と音仮名が併用されている。「来」字を用いたものには(w)がある。

(w)　みまし大臣の仕へ奉り来状は、今のみにあらず、掛けまくも畏き近江大津宮に御宇しめしし天皇が御世には、大臣の曾祖藤原朝臣内大臣、明き浄き心を以ちて、天皇が朝を助け奉り仕へ奉りき。（五二詔）

ここでは、特定の個人（藤原永手）が天皇に仕えてきたという内容を述べており、一見、「統治・服属の継承」の例とは言えないようでもあるが、その反面、永手の忠勤は、その先祖に発する忠勤の系譜に属するものともされている。よって、これも「統治・服属の継承」の例と見てよいであろう。一方、それ以外の時間的な例は次の(x)である。

(x)　本より朝の使其の國に遣はし、其の國より進し渡し祁里。此に依りて使の次と遣はすものぞ。（五六詔）

見られるとおり、ケリに音仮名が充てられている。この(x)は、唐との往来が古くから続いているという補助動詞の例と解しうる反面、助動詞ケリの「語り」的な解釈も妨げられないかと思われる。しかし、本書の論述にとっては、そのいずれと決する必要はひとまずない。補助動詞クル＋アリの可能性を有する(x)は、内容上、

「統治・服属の継承」とは関わりがなく、そうした例が音仮名で記されている、このことが重要なのである。このように、称徳期より後の例でも、時間的意味の「来」字は、「統治・服属の継承」に限って用いられているとは言える。ただし、その例はわずかに一つずつ。何とも言い難いものがあるだろう。

以上、時間的意味において、訓字「来」は、「統治・服属の継承」を表す場合にのみ用いられ、そのことに例外はない。とりわけ称徳期においては、訓字使用を天皇に限る現象が他にも指摘されており、この「来」字の場合も、「統治・服属の継承」を他から区別するための限定と考えることができるかと思われる。しかし、その称徳期にしても、他の時期に比して音仮名の使用率が高いという指摘も別にあったわけで、そちらの方が原因なのかもしれなかった。さらに、称徳期前後の時期は、用例の分布や数の点から速断が慎まれるような状況にあった。この点について、現時点で論じられることは以上であろう。本書は、時間的意味の「来」字に関し、「統治・服属の継承」が、その使用基準になっているという可能性を提示するものである。

四

前節で述べたとおり、訓字「来」が用いられるのは、ある種の補助動詞の例に限られる。そのうち、仮名を送るものの中には、「理」字が送られるケリの確例が一つある。次に再掲する(j)である。

(j)　去年の九月、天地の貺へる大き瑞物顕れ来理　（五詔）

しかし、この(j)の他は「来＋留」や「来＋流」とあってケリともクルともつかない。また仮名を送らぬものはそもそも判別しがたい。そして、これまでの訓読も、何となく「けり」なり「くる」なりと訓むものであって、場当たり的と言えなくもなかった。では、何か明らかな根拠に基づく訓読は可能であろうか。本節ではその検討を行うが、はじめに、時間的意味を表す次の四例を示す。

(y) かく治め賜ひ慈しび賜ひ来留天つ日継の業と、今皇朕が御世に当たりて坐せば、（四詔）

(t) 高天原ゆ天降り坐しし天皇が御世を始めて中今に至るまでに、天皇が御世御世天つ日嗣と高御座に坐して治め賜ひ恵び賜ひ来流食國天下の業となも、神ながらも念ほしめさくと宣りたまふ大命を、衆聞し食さへと宣る。かく治め賜ひ恵び賜ひ来流天つ日嗣の業と、今皇朕が御世に当たりて坐せば、（十三詔）

(z) 天皇が御世御世聞し看し来天つ日嗣高御座の業となも、神ながら念ほしめさくと宣りたまふ天皇が勅を、衆聞し食さへと宣る。かく聞し看し来天つ日嗣高御座の業は、天に坐す神地に坐す祇の相うづなひ奉り相扶け奉る事によりてし、（二三詔）

(s) 遠皇祖の御世を始めて、天皇が御世御世聞し看し来食國天つ日継高御座の業となも、神ながら念ほしめさくと、（十四詔）

(y)(t)が「来」字と仮名、(z)(s)が「来」字単独の例である。まず、「来」字と仮名の場合であるが、(y)に一つ、(t)には二つの例を見る。そのうち、(y)の例と(t)の二つ目の例は、まったく同じもの。受け継がれてきた皇位に、現在、自身があることを述べる文である。そして、その「現在」が「今」という語によって表されているのは点線部に見られるとおりであろう。また、(t)の一つ目の例では、皇祖以来現在に至るまでと、代々の皇位継承の着点たる「中今」が明記されている（波線部）。即ち、「来」字と仮名の例は、「今」乃至「中今」（以後、これら現在性を示す副詞を【今】と総称する）によって、過去からの継続が現在に至ることを明示する文脈に現れるのである。一方で、「来」字単独の例である(z)と(s)は（(z)に二つ、(s)には一つの「来」字がある）、代々、皇位が受け継がれてきたことに言及する点では(y)(t)と共通する。しかし、これら(z)(s)の場合、(w)(t)と異なって【今】と共に現れてはいない。たとえば、(s)と(z)の一つ目の例では、代々「聞し看」してきた経緯を述べるのみで、その流れの着点たる現在には言及しない。また、(z)の二つ目の例は、代々の皇位継承が神慮によるものであるという一般論に続き、先の(y)などのようには、今、自身がその地位にあることを述べないのであった。

Aとしてまとめておこう。

A「来」字と仮名の例は、【今】によって現在であることを明示する文脈に現れる。

「来」字単独の例は、一般論的内容で現在性も明示されない文脈に現れる。

この現象は、後で触れる幾つかの例を措けば、時間的な「来」字全体において確認される。【今】によって現在であることが明示される文脈に「来」字と仮名の例が現れるのは、他に先に引いた(v)、及び二五詔。一方、【今】もなく、現在性の明示というよりは一般論的な内容に単独の「来」字が現れるものとしては、先掲の(w)及び三詔に例を見る。(13)

次に、時間的意味以外の例を観察しよう。再掲であるが(j)と(r)を引く。(j)が「来」字と仮名、(r)が「来」字単独の例である。

(j) 去年の九月、天地の貺へる大き瑞物顕れ来理 （五詔）

(r) 聖の君と坐して賢き臣供へ奉り、天下平らけく、百官安くしてし、天地の大瑞は顕れ来となも、 （六詔）

両者は瑞兆の出現を言う点で共通するが、文脈が異なっていよう。(j)は、「去年の九月」という具体的な時間に、実際、瑞兆が現れたことの記述である（点線部）。一方の(r)では、聖代において瑞兆が現れると一般論が述べられる。つまり(j)からは、(r)に比して、より具体的・現実的な性格が看取される。そして、そのような(j)は、一般論の(r)が「来」字のみなのに対して、仮名を送る例であった。以上をまとめてBとする。

B「来」字と仮名の例は、瑞兆が現実に出現した文脈に現れる。
「来」字単独の例は、瑞兆の出現を一般論的に語る文脈に現れる。

これを先のAと合わせれば、次のCのようになろう。

C「来」字と仮名の例は、現在性・現実性が明示される文脈に現れる。
「来」字単独の例は、一般論的文脈に現れる。

この現象を理解するために重要なのは、存在詞述語が動詞に承接したものであっても、そこには「存在表出性格」が認められるという指摘である。[14] たとえば「クジラは海に棲む」と「クジラは海に棲んでいる」では、後者に「より現実的な印象」があると述べられており、本書もこれはいかにもそのとおりであると思う。このことはまた、同じ注(14)の文献が指摘する、「ある」が他の動詞とは異なり、「あった」との対立において積極的にテンス的現在を示すことにも通じていよう。即ち、存在詞の下接によってもたらされるものとは、現在性・現実性の表出である。そして、この点が重要かと思われるのである。本書の考察対象である補助動詞のケリ・クルを分かつものとは、当然のことながら、存在詞アリ下接の有無であった。そして、アリの下接によって現在性・現実性の表出がもたらされると考えられる以上、現在性・現実性はクルではなくて、ケリの方にこそ観察されてよい。ここで先のCに戻ることになる。【今】や「去年の九月」といった語によって、現在性・現実性が明示される際に現れるのは、「来」字と仮名の例であった。したがって、「来」字と仮名の例も、現在性・現実現実性という文脈に適うケリの例であると考えられよう。一方で、「来」字単独の例は、特に現在性・現実性が示されぬ一般論的な文脈に現れていたが、こちらは、存在詞を下接させぬクルであると言える。存在詞を下接させて、現在性・現実性を表出するケリとの関係性の中で、クルは一般論的内容の方に分属していくのである。たしかに、先に引いた「クジラは海に棲む」の場合でも、「クジラは海に棲んでいる」がより現実的であったのに対し、一般論的な性格が窺えたわけだ。

このように考えて本書は、「来」字に仮名を送る例をケリ、「来」字単独の例をクルとするのであるが、このことが、続紀宣命全体に亘って妥当であることを確認しておきたい。

(イ) うつくしも皇朕が御世に當りて顕はるる物にはあらじ。今嗣ぎまさむ御世の名を記して、応へ来、顕れ来|留物にあるらしと念ほし坐して、今神亀の二字を御世の年名と定めて、（五詔）

(j)同様、五詔の例で、「去年の九月」に実際に現れた瑞兆についての言及である。ここでは「応へ来、顕れ来留」とあって、連続する二つの「来」字のうち、二つ目にのみが仮名が送られる。同じ瑞兆の出現を言うにも関わらず、仮名の有無が食い違っているのである。が、これは、並列する「応へ」「顕れ」の両者に対してアリが関わっているのではないか。たとえば現代語で「最近は、午前中に勉強して、午後はアルバイトに行っています」という時。この文は、結局「勉強している」「行っている」と、並列される述語の両方にシテイルが関わるのであろう。この(イ)も同様であると考える。実質的には「応へケリ」「顕れケリ」なのであって、「去年の九月」という現実に現れた瑞兆を言うに相応しく、共にアリが承接するのである。次いで、時間的意味の例に関する補足。

(ロ)　朕に宣りたまひしく、大臣の御世重ねて明き浄き心を以て仕へ奉る事に依りてなも、天日嗣は平けく安く聞こしめし来流、此の辞忘れ給ふな棄て給ふなと宣りたまひし大命を、受け賜はり恐まり、汝たちを恵び賜ひ治め賜はくと宣りたまふ大命を、衆聞し食さへと宣る。（十三詔）

(ハ)　遠天皇の御世御世、年の緒落ちず間む事無く、仕へ奉り来流業となも念ほしめす。又天津日嗣受け賜はれる事をさへ歓び奉出せれば、辱しみ歓ばしみなも聞こしめす。（五七詔）

共に、「来」字に仮名の例であるが、【今】とは共起していない。しかし(ロ)は「大臣の忠勤によって、代々の統治がうまくいってきたこと」を確認し、それを忘れぬよう求めるものである。また、現在の統治もそのことをふまえてなされていると述べられており、過去からの継続によって現在が規定されている旨を明示する。換言すれば、文中に【今】がないという現象はそれとして、内容的には、それがあるのと同然の文脈なのである。一方の(ハ)では、長年欠かさず続いてきた渤海からの使節が、天皇即位に際してまた来朝したことを歓迎するもの。現在を過去からの継続の系譜に位置づける発言であり、実際に言語化はされていないものの、【今】があってもよいような文脈と言える。このように、(ロ)と(ハ)には、【今】こそないけれど、文の意味するところからは現在性が表出されていた。同じく【今】と共起しない「来」字単独の例（用例(s)など）が、あくまで一般論的内容を述べていたことを考えると、やはり(ロ)と(ハ)は、存在詞を含むケリと見てよいであろう。しかしながら、ここに一つ解消しておかなければならない問題があった。

(ニ)　高天原より天降り坐しし天皇が御世を始めて、中今に至るまでに、天皇が御世御世天つ日嗣と高御座に坐して、治め賜ひ慈び賜ひ来食國天下の業となも、神ながら念めしめさくと詔りたまふ命を、衆聞こしめさへと宣る。かく治め賜ひ慈び賜ひ来留天つ日嗣の業と、今皇朕が御世に当たりて坐せば、（四詔）

同種の表現が反復的にあって、先の(t)や(z)と同じ類型に属する（なお、先の用例(y)は、この用例(ニ)の一部である）。しかし、(t)(z)と異なり、ここでは表現が繰り返される際に、送り仮名の有無が変わっている点に注意される。つまり、一度目が「来」字のみなのに対し、二度目には仮名を送るのだ。そして、一度目（「来」字単独、即ち本章によればクルとされる）における時の表現を見れば、そこに【今】が認められる（波線部）。「来」字と仮名の例をケリと考えるにあたり、【今】による現在性の明示に注意した本書にとって、これはいささか不都合と言えそうである。しかし、次に引く例を考慮してみた場合はどうであろうか。

(ホ) 遠皇祖の御世を始めて、中今に至るまで、天つ日嗣と高御座に坐して、此の食國天下の業を撫で賜ひ慈び賜はく、時時状状に従ひて、治め賜ひ慈び賜ひ来業と神ながら念しめす。（五詔）

(ヘ) 神代より言ひ伝てくらく（久良久）そらみつ大和の国は皇神の厳しき國言霊の幸はふ國と語り継ぎ言ひ継がひけり（計理）……（萬葉　巻五　八九四）

(ホ)は(ニ)などの類型。(ヘ)は萬葉歌であって多少、趣を異にするが、「言い継ぐ」の類を繰り返して言語化する、その反復性において(ニ)などに通う。ここで注目されるのは、(ホ)(ヘ)各例の繰り返し部分である。まず(ホ)では、「撫で賜ひ慈び賜はく」とあり、その後「治め賜ひ慈び賜ひ来業」と受ける。一度目は、「来」字に関わる要素を伴わず、二度目に仮名を送らぬ「来」字が現れるわけである（なお、三詔にも同様の例がある）。一方の(ヘ)は、一度目が「言ひ伝てくらく」、二度目が「言ひ継がひけり」で、クルのク語法の後はケリとなる。つまり、これら(ホ)と(ヘ)では、同種の表現が繰り返されることにおいて、前後の述語に時間情報の異なりがあるのだ。

これを模型化して述べてみよう。甲「する」、乙「してくる」、丙「してきている」。甲に対して乙には、過去からの継続の意味が加えられ、乙に対して丙は、その継続が現在に至ることを明示する。(ホ)をこの模型になぞらえれば、一度目は甲、二度目が乙。(ヘ)はさらに一段階ずれて、乙、丙の順となる。いずれも、繰り返される際、述語の時間的情報は、前のそれに比して細かくなっていると言える。続紀宣命やその周辺の文章には、近接して表現が反復される例を見るけれど(15)、その場合、後の述語において、情報（この場合、時間に関する）が細密になるということも、まま見られるようなのである。それをふまえて、再度(ニ)を検討したい。既述の如く、(ニ)においては、一度目が「来」字単独で、二度目に仮名を送る。本書は、「来」字単独ならクル、送り仮名があればケリと見ようとしており、(ニ)もそのとおりにしてみると、先の模型で言うところの、乙、丙の順、反復後の述語に時間の情報が細密となる(ホ)(ヘ)の類例ということになるのである。つまり、先に見た【今】との関係においては、むしろケリとされそうな(ニ)の「来」字も、この観点、反復後の述語からは、クルと見ることの根拠を得る。或いはこうも言えよう。上代の文章に、繰り返されることにおいて、述語の情報がより細かくなるという一つの型がある。その型に保証されて、(ニ)の「来」字は、【今】と共起していたとしても、クルと考えることができるのである。なお、次の(ト)も同じように考えられるだろう。

(ト)　又大伴佐伯宿禰は、常も云ふ如く、天皇が朝守り仕へ奉る事顧みなき人等にあれば、汝たちの祖どもの云ひ来久……と云ひ来流人等となも聞し召す。（十三詔）

送り仮名を持たぬ（むろんク語法に関しては送っているが、問題としてきた意味ではそうなのである）一度目の「来久」は「くらく」、対して二度目の「来流」は「ける」と訓むことになる。

以上、続紀宣命の「来」字において、その送り仮名の有無が、ケリ・クルというアリ下接の有無に対応すると考えた。しかし、こうした送り仮名の有無には、ケリ・クルの差異を表示する目的などないと見る向きもあろう。たとえば、続紀宣命には、よく似た文章が散見され、それらは、起草にあたって先行の宣命を参照したための類似であるとされる。「来」字の場合も、参照例にたまたま送り仮名がある（もしくは、ない）ことに倣ったに過ぎぬという想定がなされるかもしれない。しかし、当然のことながら、「来」字は、参照が取り沙汰されるような、類似の文章にのみ現れるものではない。また、類似の文章に確認される際も、むしろ表記を変更している例が見出されるのだ。再び、用例(t)（十三詔）と(ニ)（四詔）を見ることにしよう。

(t) 高天原ゆ天降り坐しし天皇が御世を始めて中今に至るまでに、天皇が御世御世天つ日嗣と高御座に坐して治め賜ひ恵び賜ひ来流食國天下の業となも、神ながらも念ほしめさくと宣りたまふ大命を、衆聞し食さへと宣る。かく治め賜ひ恵び賜ひ来流天つ日嗣の業と、今皇朕が御世に当たりて坐せば、（十三詔）

(ニ) 高天原より天降り坐しし天皇が御世を始めて、中今に至るまでに、天皇が御世御世天つ日嗣と高御座に坐して、治め賜ひ慈び賜ひ来食國天下の業となも、神ながら念めしめさくと詔りたまふ命を、衆聞こしめさへと宣る。かく治め賜ひ慈び賜ひ来留天つ日嗣の業と、今皇朕が御世に当たりて坐せば、（四詔）

見られるとおり、この二例はきわめてよく似ており、十三詔が四詔を参照したとの見解も提示されている[16]。ここで、(t)の一つ目の「来」字（二重傍線部）に注意したい。「来流」と仮名が送られている。一方、それに対応する(ニ)の一つ目の「来」字（二重傍線部）はどうであるか。仮名が送られていないのは見られるとおりであろう。つまり、十三詔の当該箇所は、全体として四詔を参照したものかもしれないけれど、「来」字に関しては、そのままそれを受け継いではいないのである。たしかに、参照が云々される類似した文章の間に、この程度の微差が生じるのは他にも例を見、十三詔の言語化の際に、たまたま仮名を送ってみたにすぎぬ可能性もあろう。しかしそれは、可能性があるために否定こそされないものの、結局、検証が不能であるようなことに属する。これらをふまえると、「来」字と送り仮名の問題は、先行宣命の参照といったことで説明がつくわけでもない。

一度は言語という具体的な現象に即して考察されるべきかと思われる。そして、これまでの観察に基づくならば、送り仮名の有無は、アリ下接の有無に対応すると考えられるのである。

以上、続紀宣命の表記を検討し、次のことを述べた。

・訓字「来」は、補助動詞クル・ケリの表記に用いられる。時間的意味及びその延長線上の意味の場合、すべてが「来」字で表記されるが、時間的意味における「来」字の使用は、「統治・服属の継承」を表す例に限られている。

・「来」字に仮名を送るものはケリ、送らぬものはクルと考えるのが適当である。

・「助動詞のケリは音仮名表記、補助動詞のケリは訓字表記」という区別がなされ、それは、両者の起源上の無縁性を反映するものであると見る向きもあるが、そのような現象は確認されない。

これに続く課題は、クル＋アリを助動詞ケリの起源と見なす「過去からの継続」という概念が、ケリの示す諸現象の理解に有意のものであるかどうかを確かめることである。また、それは古代日本語において時間的意味を再検討することの一つの試みでもある。この終章をそれへの序説に充てて、本書の擱筆としたい。

〔注〕

（1）　ケリの研究史については、井島正博「古典語過去助動詞の研究史概観」（『武蔵大学人文学会雑誌』三二―二・三、二〇〇一年）に詳しい。

（2）　続紀宣命の本文は『続日本紀宣命』（岩波文庫）によるが、適宜、新日本古典文学大系『続日本紀』（岩波書店）や、『続日本紀宣命』（吉川弘文館）を参照している。萬葉集については、日本古典文学全集『萬葉集』

（小学館）によった。いずれも、引用に際して字体を私に改めた場合がある。

（3）野村剛史「源氏物語のテンス・アスペクト」（『源氏物語のことばと表現』おうふう、二〇〇七年）。

（4）鈴木泰「助動詞からのぞかれるべき『けり』について」（『東京大学国語研究室創設百年記念　国語研究論集』汲古書院、一九九八年）。

（5）引用の「久流」は「大字＋小字」であるが、「大字＋大字」となる本文が中心である。しかし、その異同は以降の論述と特段の関わりがなく、よって本書においてそれが問われることはない。

（6）北川和秀「続紀宣命の大字小字について」（『国語学』一二四、一九八一年）。

（7）注（6）の文献。

（8）いずれも二七詔同様、称徳期の宣命である。

（9）用例(x)においても、この(m)同様、助動詞ケリと見ようとすることによって、文脈の解釈に不自然さが生じる。が、行論としては重複となるため、具体的な言及は省略する。

（10）五七詔には「仕へ奉り来流」とあるが（用例(ハ)として後に引く）、渤海使に対する例である。もちろん渤海は国内の氏族ではないけれど、続紀宣命においては、同じく代々、天皇に服属する存在とされており、本書でもその差異は捨象した。

（11）長尾勇「『続紀宣命』についての研究　仮字の用字法を中心として」（『日本大学文学部研究年報』一、一九五一年）、山田瑩徹「続紀宣命における宣命書について」（『語文』十八、一九六四年）など。

（12）沖森卓也『日本古代の文体と表記』（吉川弘文館、二〇〇〇年）。

（13）単独の「来」字が用いられる用例(w)にも「今」の語がありはする。しかしながら、ここでの「今」は、過去からの継続が現在に至ることを明示するためのものではない。「今のみにあらず」と述べることによって、むしろ一般化を行う文脈なのである。

（14）野村剛史「存在の様態―シテイルについて―」（『国語国文』七二―八、二〇〇三年）。

（15）清水好子「物語の文体」（『国語国文』十八―四、一九四九年）などに言及がある。

（16）注（12）の文献。

後記

もはや自分が書いたもののようにも思えない旧稿を、私の名前で書籍にまとめることにしました。今時、単著の一冊もなければ、世の中を渡って行けないのかもしれない、と考えたのが動機の一つではあります。しかし、実のところ、私に出版を決心させたのは、大学院時代にご一緒していたある方の言葉が心を離れず、やはり出せる機会に出しておきたいと思ったからでした。

その方が院を離れるときに、ご挨拶の葉書を頂戴しました。そこには、将来、私の書いた本を手に取ることを楽しみにしている、といったことが書かれていました。むろん、それは何気ない励ましであったに違いありません。けれども、私にとっては今日まで忘れることのできない言葉となりました。あれから随分と時間が経ちましたが、その本が形になろうとしています。

出版に際して、まず御礼を申し上げたいのは、歴代ご指導を賜ったお三方、渡辺実先生、内田賢徳先生、野村剛史先生、並びに、学部時代から見守ってくださった故野口元大先生です。先生方には、論文を書く人間とはどのような人間であるのかということを教えて頂きました。また、異郷での毎日にあって、私に本を作るだけの気力が残されたのは、困難なときに徐翔生先生が手を差し伸べてくださったからです。そして、この出版に関して最初に相談に乗って頂いたのは山藤夏郎先生でした。お二人に深く御礼を申し上げます。さらに、清文堂出版の前田正道様には、唐突なお願いにもかかわらず出版を快諾して頂き、様々なお力添えも頂戴しました。ありがとうございました。最後に、いま自分が論文を書くことができているのは、祖父母両親から蓄積されたものの結果にほかならず、私事にはなりますが、一言、礼を申し述べたく思います。

本書は、以下の既発表論文（二〇一八年十月現在）に基づきます。

「モコソ・モゾと基本形終止」『日本文化環境論講座紀要』三　二〇〇一年
「三代集のつ、留について」『中古文学』七四　二〇〇四年
「上代のセ・シ・シカ」『言語情報科学』四　二〇〇六年
「続紀宣命のケリと来」『萬葉』二〇一　二〇〇八年
「才さかし出ではべらむよ―『紫式部日記』の一文―」『言語情報科学』八　二〇一〇年
「上代特殊語法攷―『ずは』について―」『萬葉』二〇七　二〇一〇年
「『しづ心なく花のちるらむ』―ム系助動詞と『設想』―」『日本語の研究』七―一　二〇一一年
「『事実』と『非事実』を共に構成する言語形式について―古代日本語における―」
東京大学大学院総合文化研究科言語情報科学専攻課程博士論文　二〇一一年
「マシの『反事実』と『非事実』」『萬葉語文研究』九　二〇一三年
「マシ追考」『萬葉語文研究』十　二〇一四年
「連体修飾のム―『思はむ子』をめぐって―」『言語・情報・テクスト』二一　二〇一四年
「助詞ハの諸相」『萬葉』二二三　二〇一七年

たとえば何か所在ない気分のする夕方などに、この本を読んでみることにしたら、いつの間にかほどよく時間が過ぎていた。もし、誰かにそんな経験をして頂けるなら、本書にとってこれ以上の喜びはありません。

著者識

栗田　岳（くりた　がく）

2012年　博士（学術）　東京大学大学院総合文化研究科
現　在　國立政治大學（台湾）専任約聘助理教授

古代日本語と現実の諸様態

2019年１月20日　初版発行

著　者　栗田　岳
発行者　前田博雄
発行所　清文堂出版株式会社
〒542-0082 大阪市中央区島之内２－８－５
電話06-6211-6265　FAX06-6211-6492
http://www.seibundo-pb.co.jp
印刷：亜細亜印刷株式会社　製本：株式会社渋谷文泉閣
ISBN978-4-7924-1097-1　C3081